本书为 2015 年度江西省社科规划基金项目（15YY10）、2016 年度江西高校人文社会科学研究项目（YY161002）、江西省普通本科高校中青年教师发展计划访问学者专项基金项目（2016109）的部分成果，同时获得江西师范大学外国语言文学学科建设经费的资助

江西师范大学外国语言文学学术文库

现代汉语缩略语的
认知研究

蒋向勇 著

中国社会科学出版社

图书在版编目(CIP)数据

现代汉语缩略语的认知研究/蒋向勇著.—北京:中国社会科学出版社,2017.12

(江西师范大学外国语言文学学术文库)

ISBN 978-7-5203-1477-0

Ⅰ.①现… Ⅱ.①蒋… Ⅲ.①现代汉语-缩略语-研究 Ⅳ.①H136.6

中国版本图书馆 CIP 数据核字(2017)第 280172 号

出 版 人	赵剑英
责任编辑	李庆红
责任校对	周 昊
责任印制	王 超

出　　版	中国社会科学出版社
社　　址	北京鼓楼西大街甲 158 号
邮　　编	100720
网　　址	http://www.csspw.cn
发 行 部	010-84083685
门 市 部	010-84029450
经　　销	新华书店及其他书店

印　　刷	北京明恒达印务有限公司
装　　订	廊坊市广阳区广增装订厂
版　　次	2017 年 12 月第 1 版
印　　次	2017 年 12 月第 1 次印刷

开　　本	710×1000　1/16
印　　张	15.75
插　　页	2
字　　数	236 千字
定　　价	65.00 元

凡购买中国社会科学出版社图书,如有质量问题请与本社营销中心联系调换
电话:010-84083683
版权所有　侵权必究

前　言

　　人类社会的高速发展，使得人们的生活节奏越来越快，效率至上、速度优先的行为准则在潜移默化中影响着人类生活的方方面面。人们追求省力、追求快捷在语言中的直接反映就是缩略语的大量使用。换而言之，缩略语正是经济原则在语言中的直接体现。主观上，求简求快的社会心理和人类追求省时省力的本性促使人们有意识地用简短的形式去代替冗长的形式进行沟通交流。客观上，人类记忆容量的有限也会促使人们有意或无意地删繁就简，以简代繁。

　　事实上，无论是报纸、杂志等传统媒体，还是网络、手机、数字电视等新媒体均对缩略语青睐有加。在人们的日常沟通交流中，缩略语同样扮演着举足轻重的角色，而在QQ、微信等即时聊天工具中缩略语更是"泛滥成灾"。一言以蔽之，我们的语言生活中充斥着形形色色，或熟悉或陌生的各种缩略语。甚至可以毫不夸张地说，我们生活在一个被缩略语包围的世界，离开了缩略语人们甚至无法正常地进行沟通交流。

　　现代汉语缩略语的研究经历了从修辞学到词汇学的转变。学者们对这一生动活泼的语言形式进行了诸多研究，成果丰硕，成绩显著。出版的代表性著作有王吉辉先生的《现代汉语缩略词语研究》（天津人民出版社2001年版）和俞理明先生的《汉语缩略研究——缩略：语言符号的再符号化》（巴蜀书社2005年版）。但是过往的研究多集中在缩略语的界定与分类、缩略语的属性与语法功能，以及缩略语的构造原则等方面，而对汉语缩略语的语义建构和语义拓展缺乏研究。此外，学者们采取的是以描述为主的研究范式，缺乏对现代汉语缩略语构造原则等的合理解释。虽然随着认知语言学的发展，有部分学者尝试从认知的角度对现代汉语缩略语进行研究，但都不够深入，并且缺乏系统性。作为汉语中一种相当重要的词语形式，缩略语受到的关注度，以及研究的深度和广度还远远不够。

认知语言学认为语言是对客观世界进行概念化后编码的结果，是受人类认知驱使和决定的。缩略语是一种语言现象，但更是人类认知在语言中的体现。鉴于以往对现代汉语缩略语研究的不足，本书采取有别于前人以描述为主的研究范式，而主要采取以解释为主的研究范式。充分应用当代认知语言学学派的代表性理论——概念转喻理论、概念隐喻理论和概念整合理论深入研究现代汉语缩略语的生成、语义建构和语义拓展背后的认知机制，揭示人类认知在现代汉语缩略语的生成、语义建构和语义拓展过程中的重要作用。

从认知的角度对现代汉语缩略语进行研究，有助于发现隐藏于其生成、语义建构和语义拓展背后的认知规律，拓宽了其研究范围。当前研究可以为现代汉语缩略语的翻译、缩略语词典的编纂以及对外汉语教学提供参考，并可以为现代汉语词汇研究提供新的视角。

我们主要运用认知语言学的概念转喻理论、概念整合理论以及概念隐喻理论，采取定性分析为主，数据分析论证为辅的研究方法来对现代汉语缩略语进行深入的研究。我们的语料主要来源于两部相对较新的缩略语词典：《实用缩略语词典》《现代汉语缩略语词典》，以及以《人民日报》《光明日报》为代表的主流报纸。

通过对汉语缩略语生成的认知理据、语义建构以及语义拓展的研究，主要有以下发现：

1. 现代汉语缩略语的生成是基于转喻认知的有理据性行为

从语用的角度来看，汉语缩略语生成的理据是经济省力。但经济省力不能仅从缩略语生成者的角度考虑，而要兼顾理解者的方便，实现双方共同的经济性。由于经济性必然会带来理据性的磨蚀，因此缩略语生成时在满足经济性的前提下，要尽可能使其语义透明，理据性强。

汉语缩略语的生成理据是"部分的语言形式代替完整的语言形式"的概念转喻。正是"部分代整体"的转喻认知机制才使得我们可以用缩略语来代替原式，实现表达上的经济。

对现代汉语缩略语语料统计分析发现，汉语缩略语生成时一般遵守取首原则、显豁原则和避歧原则。汉语缩略语的这些构造原则其理据同样是概念转喻。汉语缩略语构造时的取首原则其实是一种位置突显。从认知的角度看，居首的位置常常是最为重要、最容易引起注意和最方便记忆的；并且首字处于突显位置，在还原时易于联想记忆、扩展激活，具有更好的启动效应。缩略语构造时的语义显豁原则其实是一种语义突显，保留意义显豁的成分可以增强语义透明度，方便解读者理解。避歧原则可以被视为一种词形突显，按避歧原则生成的缩略语相对容易激活，还原时所付出的认知努力相对较少。缩略语构造的取首原则、语义显豁原则和避歧原则，其实质都是一种突显，都是将最为突显的部分保留，以这一突显的"部分"去代替"整体"。

2. 现代汉语缩略语基于概念整合和概念转喻来实现语义建构

汉语缩合式缩略语和拼缀式缩略语诞生之初对于人们而言往往是新词语，因此它们的语义建构是由缩略语解构的语素充当认知参照点，激活相关词汇概念进行概念整合的结果。整合的结果还可能发生进一步的整合，从而实现缩略语隐喻意义的建构，也可能充当认知参照点实现缩略语转喻意义的建构。节略式缩略语因其保留下来的往往是一个意义相对完整的单位或者是单音节的语素，无法进行概念整合，因此其语义建构是一个以高度突显的缩略语为参照点，引导通达其原式的推理还原过程。语境在缩略语的语义建构过程中扮演着至关重要的提示和限制作用。

3. 现代汉语缩略语的语义拓展主要依赖概念转喻和概念隐喻

对认知经济性的追求促使人们基于现有的缩略语，不断拓展其语义。概念转喻和概念隐喻是汉语缩略语语义拓展背后的主要认知机制。相对于隐喻拓展而言，汉语缩略语语义的转喻拓展更多，印证了认知语言学派关于转喻是更为基本的意义拓展方式的主张。此外，在缩略语的语义拓展过程中概念转喻和概念隐喻常常交织在一起，既有基于转喻的隐喻拓展，也有基于隐喻的转喻拓展，体现了概念转喻和概念隐喻的连续体关系。

现代汉语缩略语是一种十分复杂的语言现象，尽管作者努力做到系统的研究，但难免挂一漏万。此外，当前研究主要运用认知语言学理论对现代汉语缩略语进行定性分析研究，也不可避免地在一定程度上带有主观性，我们的结论有待今后进一步的验证。

目 录

第一章 绪论 ……………………………………………… （1）
  第一节 选题缘起 …………………………………………（1）
  第二节 研究目标和意义 …………………………………（2）
  第三节 研究方法 …………………………………………（5）
  第四节 语料来源 …………………………………………（6）
  第五节 本书结构 …………………………………………（6）

第二章 现代汉语缩略语研究综述 ……………………（8）
  第一节 现代汉语缩略语的界定及分类研究 ……………（8）
    一 现代汉语缩略语的界定研究 ………………………（9）
    二 现代汉语缩略语的分类研究 ………………………（10）
    三 本书对现代汉语缩略语的界定 ……………………（12）
    四 本书对现代汉语缩略语的分类 ……………………（25）
  第二节 现代汉语缩略语的生成理据研究 ………………（33）
    一 汉语缩略语生成的经济理据研究 …………………（33）
    二 汉语缩略语生成的构造原则研究 …………………（35）
  第三节 现代汉语缩略语的属性和语法功能研究 ………（38）
    一 汉语缩略语的属性研究 ……………………………（39）
    二 汉语缩略语的语法功能研究 ………………………（40）
  第四节 现代汉语缩略语的语义建构研究 ………………（41）
  第五节 现代汉语缩略语的认知研究 ……………………（43）
  第六节 小结 ………………………………………………（44）

第三章 理论基础 ………………………………………（46）
  第一节 概念隐喻理论 ……………………………………（46）

一　概念隐喻的运作方式……………………………（46）
　　二　隐喻作为意义拓展的重要手段…………………（49）
第二节　概念转喻理论………………………………………（51）
　　一　概念转喻的运作方式……………………………（51）
　　二　转喻作为一种认知参照现象……………………（56）
　　三　转喻作为词义拓展的重要机制…………………（59）
第三节　概念整合理论………………………………………（61）
　　一　概念整合理论的运作方式………………………（61）
　　二　概念整合作为语义建构的认知机制……………（64）
第四节　本书的理论框架……………………………………（66）

第四章　现代汉语缩略语生成的认知理据…………………（69）
第一节　缩略语生成的经济理据……………………………（69）
　　一　缩略语生成的简缩法则…………………………（70）
　　二　借形缩略语生成的经济理据……………………（74）
　　三　缩略语的经济性导致理据性的磨蚀……………（77）
第二节　缩略语生成的认知转喻理据………………………（81）
　　一　语言本身基于形式转指概念……………………（81）
　　二　语言形式部分代整体的转喻机制………………（85）
第三节　缩略语的构造理据…………………………………（86）
　　一　取首原则及其认知理据…………………………（87）
　　二　语义显豁原则及其认知理据……………………（107）
　　三　避歧原则及其认知理据…………………………（114）
第四节　小结…………………………………………………（120）

第五章　现代汉语缩略语的语义建构………………………（122）
第一节　缩合式缩略语的语义建构…………………………（125）
　　一　截搭型概念整合…………………………………（126）
　　二　截搭型概念整合基础上的糅合型整合…………（136）
　　三　截搭型概念整合基础上的认知参照模式………（140）
第二节　拼缀式缩略语的语义建构…………………………（143）
　　一　截搭型整合………………………………………（143）

二　截搭型概念整合基础上的糅合型整合 …………………（147）
　第三节　节略式缩略语的语义建构 ………………………………（151）
　　一　简单认知参照模式下的语义建构 ……………………（152）
　　二　复杂认知参照模式下的语义建构 ……………………（157）
　第四节　汉语缩略语语义建构的本质 ……………………………（160）
　　一　认知参照模式和概念整合互为基础 …………………（160）
　　二　整合与分解的辩证统一 ………………………………（164）
　第五节　小结 ………………………………………………………（168）

第六章　现代汉语缩略语生成后的语义拓展 …………………（170）
　第一节　基于概念转喻的语义拓展 ………………………………（172）
　　一　范畴典型成员转指范畴 ………………………………（173）
　　二　范畴转指范畴成员 ……………………………………（175）
　　三　同一ICM内相邻概念之间的转指 ……………………（178）
　　四　动作与语义角色之间的互相转指 ……………………（181）
　　五　范畴属性转指范畴 ……………………………………（198）
　　六　范畴转指范畴属性 ……………………………………（200）
　第二节　基于概念隐喻的汉语缩略语语义拓展 …………………（206）
　　一　基于相似性隐喻的缩略语语义拓展 …………………（207）
　　二　基于创造相似性隐喻的缩略语语义拓展 ……………（210）
　第三节　转喻和隐喻共同作用下的缩略语语义拓展 ……………（212）
　　一　转喻义基础上的隐喻拓展 ……………………………（213）
　　二　隐喻义基础上的转喻拓展 ……………………………（215）
　第四节　小结 ………………………………………………………（216）

第七章　结论与展望 ………………………………………………（218）
　第一节　研究的结论 ………………………………………………（218）
　第二节　研究的不足之处 …………………………………………（221）
　第三节　进一步研究的展望 ………………………………………（222）

参考文献 ……………………………………………………………（224）

后记 …………………………………………………………………（240）

第一章

绪　　论

第一节　选题缘起

人类社会的高速发展，使得人们的生活节奏越来越快，效率至上、速度优先的行为准则在潜移默化中影响着人类生活的方方面面。伴随着人类生活节奏的加快，速食文化成了现代人们的首选。与此同时，现代科技的高速发展在带给人们便利的同时，也在潜移默化中改变着人类的社会生活方式。网络的普及更是对这一"求快"的心理推波助澜。语言是人类社会生活的产物和直接反映，它必然会随着社会的发展而处于不断的发展演变之中。省力原则，又称经济原则，是指导人类行为的一条基本原则。人类社会追求省力、追求快捷反映在语言中就是人们往往采用缩略形式，甚至省略形式，此即语言的经济原则。

事实上，无论是报纸、杂志等传统媒体，还是网络、手机、数字电视等新媒体均对缩略语青睐有加。在报纸、杂志等无声媒体上缩略语随处可见，在电影、电视等有声媒体中缩略语也随耳可闻。在人们的日常沟通交流中，缩略语同样扮演着举足轻重的角色，而在QQ、微信等即时聊天中缩略语更是"泛滥成灾"。一言以蔽之，我们的语言生活中充斥着形形色色，或熟悉或陌生的各种缩略语。我们对"泰斗"、"武汉"、"安徽"、"江苏"、"青藏"、"安检"、"安保"、"语文"、"财经"、"动漫"、"超市"、"城管"、"地税"、"调研"、"放疗"、"基建"、"环保"等不胜枚举的缩略语熟视无睹，习以为常。与此同时，又有诸如"手游"、"脱欧"、"北马"、"军演"、"商演"、

"刚需"、"风投"、"网红"、"商保"、"独董"、"醉驾"、"标配"、"高铁"、"延退"、"传谣"、"暴恐"等许许多多新出现的缩略语正悄无声息地进入我们的语言生活。缩略语的大量使用正是人类追求经济原则的真实写照。甚至可以毫不夸张地说，我们生活在一个被缩略语包围的世界，离开了缩略语我们甚至无法与人正常地进行沟通交流。主观上，求简求快的社会心理和人类追求省时省力的本性使得人们会有意识地用简短的形式去代替冗长的形式进行沟通交流。客观上，人类记忆容量的有限也会促使人们有意或无意地删繁就简，以简代繁。

追求省时省力是人类的本性，缩略语正是经济原则在语言中的直接体现。缩略法也是一种重要的造词方法，人们利用它可以不断地创造出大量的新词。但以往对现代汉语缩略语的研究，多集中在缩略语的界定与分类、缩略语的属性与语法功能，以及缩略语的构造原则等方面。尽管研究的视角从最初的修辞学发展到词汇学，学者们采取的还是以结构语言学为主导的研究方法。虽然随着认知语言学的发展，有为数不多的学者试图从认知的角度对现代汉语缩略语进行研究，但都研究得不够深入和系统。作为汉语中一种相当重要的词语形式，缩略语受到的关注度，以及研究的深度和广度还远远不够。认知语言学认为语言是对客观世界进行概念化后编码的结果，是受人类认知驱使和决定的。缩略语是一种语言现象，但更是人类认知在语言中的体现。鉴于以往对汉语缩略语研究的不足，我们认为有必要从认知语言学的角度去深入研究现代汉语缩略语生成、语义建构和语义拓展背后的认知机制，揭示人类认知在现代汉语缩略语的生成、语义建构和语义拓展过程中的重要作用。

第二节　研究目标和意义

词汇是语言系统中最为开放、最为活跃的部分。一方面，新词语源源不断地产生；另一方面，不适应社会需要的旧词语则悄无声息地消亡，这种动态性使得词汇研究相应地成为语言系统中最为薄弱的环节。以汉语缩略语为例，尽管其历史可以追溯至久远的年代，但对汉语缩略语的研究无论是从深度上而言，还是从广度上而言，都存在很大的不足。语言不是自主的系统，语言能力是人类认知能力的一部分。研究语言和语言现象不能脱离人类认知这一重要决定因素的影响。割裂语言和认知之间紧密的关系，将缩略语视作独立于人类认知之外的所谓纯粹语言现象孤立地进行研究，是难以深入，并且缺乏说服力的。因此，本书致力于从认知的角度，系统深入地研究汉语缩略语的生成理据、语义建构和语义拓展，揭示隐藏于语言现象背后的认知机制。

　　本书研究目标之一是揭示现代汉语缩略语生成背后的认知理据。众所周知，语言缩略的动因是经济原则，但仅以经济原则一言以蔽之，则掩盖了汉语缩略语生成背后人类认知机制的参与和决定作用。经济原则只是一条语用原则，经济性还必须从说话人和听话人双方的角度去考量。此外，经济原则也并不意味着缩略语越简短越好，毕竟经济性与理据性之间还存在竞争。缩略语能够以部分的形式代替完整的原式实现表达上的经济，离不开人类认知的作用。即便过往有不少学者探讨了汉语缩略语生成的各种具体构造原则，但都是基于语言事实对汉语缩略语构造规律性的简单归纳，而欠缺对这些构造原则的合理性解释。

　　本书研究目标之二是揭示现代汉语缩略语的语义建构过程。传统观点认为，汉语缩略语不同于英语缩略词，一个重要的方面就是汉语缩略语具备很好的还原性。原因在于汉语是表意文字，从缩略形式很容易推及其缩略前的原式，不存在理解的问题。但认知语言学认为，看似简单的语言理解背后隐藏着复杂的、不为我们所看见的认知机制的作用。随着社会发展速度的加快，缩略造词的速度也大大加快，人们甚至根本无从知晓缩略语的原式，其缩略形式已经在社会上迅速传播开来。更为重要的是，汉语缩略语生成时取"代表字"的特点，决定了其意义并非构成成分意义的简单相加。此外，许多缩略语还会通过隐喻和转喻来实现意义的拓展。所有这一切决定了汉语缩略语的意义需要在线建构才能得出，因此有必要从认知的角度深入揭示汉语缩略语的语义建构过程。

本书研究目标之三是分析现代汉语缩略语生成之后的语义拓展方式及其认知机制。语言并非一成不变的，现代汉语缩略语生成之后，一部分具有鲜明时代特征的缩略语可能会随着时间的流逝而渐趋消亡，但也不乏数量众多与人们日常生活联系紧密的缩略语得以保留下来，并且保留下来的缩略语中相当多还会发生各种各样的语义引申，从另一方面体现着语言的经济性。因此，有必要进一步分析现代汉语缩略语生成之后的语义拓展方式及其认知机制，并比较其与普通词语语义拓展的异同。

从认知的角度深入系统地对现代汉语缩略语进行研究具有重要的理论和实践意义。系统地从认知的角度对现代汉语缩略语进行研究，可以弥补之前主要从结构语言学的角度在语言内部来研究缩略语的不足，并且我们主要采取解释性的路径，不同于过往描述性的路径，因此对现代汉语缩略语的研究具有重要的理论意义。与此同时，我们的研究也丰富了认知语言学的理论内涵。从认知的角度对现代汉语缩略语的生成理据进行研究，还有助于厘清汉语缩略语各种构造原则背后的认知理据，透过纷繁的缩略语构造原则，找到影响缩略语生成的认知本质。

概念整合理论坚持意义的在线、动态建构观点，认为任何语言表达式的意义都不是静态不变的。对现代汉语缩略语的语义建构进行研究有助于人们对现代汉语缩略语的理解，了解在看似简单的语义理解背后隐藏的复杂认知机制。

语言并非静止、停滞不前的，而是一直处于动态、发展之中。汉语缩略语生成之后其语义也会发生各种各样的拓展引申。汉语缩略语可以成为很好的样本，为我们研究语义的发展演变提供重要的参考，使我们得以见微知著，窥一斑而见全豹。

此外，从认知的角度对现代汉语缩略语进行系统的研究也能对缩略语的翻译、对外汉语教学，以及相关缩略语词典的编纂具有一定的指导作用，并对汉语词汇研究具有一定的启发意义。

第三节 研究方法

  我们主要运用认知语言学的概念转喻理论、概念整合理论以及概念隐喻理论，采取定性分析为主，数据分析论证为辅的方法来对现代汉语缩略语进行深入的研究。我们首先对现代汉语缩略语语料进行观察、统计和分析，确定现代汉语缩略语的构造原则，并运用认知语言学理论对汉语缩略语的构造原则进行合理的解释。随后，我们还将分析不同类型汉语缩略语的意义建构过程，并运用概念整合理论和概念转喻理论的认知参照活动模式对现代汉语缩略语的语义建构过程进行解释。此外，在对现代汉语缩略语语料进行充分分析的基础上探讨其语义拓展方式，发掘其语义拓展背后的认知机制。

  从共时、历时的角度来看，主要采取共时和历时相结合的方法。一般认为现代汉语是"五四运动"以来的汉语。但是，在20世纪40年代前，汉语缩略语一直被视作一种修辞手法进行研究。20世纪40年代以后学者们才从词汇学的角度对现代汉语缩略语进行研究。因此，我们同样以20世纪40年代为分界线，从时间上对现代汉语缩略语进行界定。但事实上，汉语缩略语的大量出现发生在改革开放（20世纪70年代末）之后。从这个角度来讲，现代汉语缩略语主要指自20世纪70年代末以来以缩略方式产生的词语。

  词汇是语言系统中最为开放和动荡的部分。虽然我们的研究对象是现代汉语缩略语，致力于从共时平面去探究当前汉语缩略语的现状，但少数现代汉语缩略语是从古代汉语缩略语发展演变而来的，即使是产生在现代的汉语缩略语，其语义也可能会发生各种拓展。现代汉语缩略语的这些特点决定了我们不能以一种静态的眼光，孤立静止地仅从共时平面上来进行研究，而要采取共时和历时相结合的方法。一些学者在进行缩略语研究时，将已经进入普通词汇行列的缩略语排除在外，我们认为这是不可取的。这些已经词汇化了的缩略语同样具有研究价值，甚至更能说明现代汉语缩略语发生、发展和演变的过程。

第四节　语料来源

汉语中缩略语与日俱增，所占比例也越来越高，但现代汉语缩略语词典的编纂严重滞后，我们所能找到距今最近的词典出版于2003年。因此，本书在对汉语缩略语进行构造原则和语义拓展分析时，语料主要取自王吉晖主编的《实用缩略语词典》（上海辞书出版社2003年版）和袁晖、阮显忠主编的《现代汉语缩略语词典》（语文出版社2002年版）。此外，我们还补充了一些来自国内主流报刊、网络媒体上最新的缩略语。而本书中作为例证引用的缩略语语料，则主要来自以《人民日报》、《光明日服》为代表的主流报纸，少数来自网络媒体。

第五节　本书结构

本书共分为七章。

第一章为绪论。介绍本书的选题缘起，概述本书的研究目标和意义、主要研究方法、语料来源和结构。

第二章为现代汉语缩略语研究综述。着重对过往现代汉语缩略语的研究进行梳理。之前学者对现代汉语缩略语的研究主要集中在缩略语的界定和分类、生成理据、属性和语法功能、语义建构等上。鉴于前人在汉语缩略语的界定上较为混乱，由此带来分类不统一的问题，我们在本章中将对其进行重新界定，着重就缩略语和简称之间的关系，数字统括语、字母词、合音词等是不是缩略语等进行详细的探讨。在界定的基础上，我们还将对汉语缩略语进行重新分类。汉语缩略语的重新界定和分类为随后对其从认知角度进行研究奠定了良好的基础。

第三章为认知语言学理论基础。着重介绍本书所使用的主要理论工具：概念隐喻理论、概念转喻理论和概念整合理论。作为普遍存在于人类思维和行动之中的三种主要认知机制，概念隐喻、概念转喻和概念整合普遍用于解释各种语言现象，成为人们透过语言现象认识幕后本质的窗户，因而被喻为心智的窗口。概念隐喻和概念转喻是语义拓展的两种重要认知机制，现代汉语缩略语的语义引申基本是基于这两种认知机制实现的。概念转喻还是汉语缩略语生成背后的重要认知理据。同时，概念转喻还被视作一种认知参照点现象，能很好地用来解释汉语缩略语的语义建构。概念整合理论，作为在线意义建构的一般理论，同样可以很好地解释现代汉语缩略语的语义建构过程。

第四章主要探究现代汉语缩略语生成的认知理据。汉语缩略语的生成不是任意的，而是有理据的。毋庸置疑，缩略语是基于经济原则产生的，但经济原则只是指导人类行为的一条总的指导原则。现代汉语缩略语实现语言经济原则的背后，有深层次的人类认知机制的作用。此外，就汉语缩略语的具体生成构造而言，尽管前人对此进行了较为广泛的研究，提出了诸多构造原则，但鲜有学者去深挖作用于这些构造原则背后的认知机制。因此，在这一章中我们将着力揭示汉语缩略语生成的经济理据、认知转喻理据和构造理据。

第五章着重探讨现代汉语缩略语的语义建构。主要基于概念整合理论和概念转喻理论的认知参照模式分别对缩合式缩略语、拼缀式缩略语以及节略式缩略语的语义建构展开探讨。现代缩略语生成之后语义还会发生基于隐喻和转喻的拓展，因此我们还将在本章探讨汉语缩略语比喻义和转喻义的建构。

第六章主要探究现代汉语缩略语生成之后的语义拓展。汉语缩略语生成后，还会发生语义的进一步拓展。缩略语的语义拓展大大提高了其使用效率，是语言经济原则的另一种表现形式。因此，本章将在对汉语缩略语的语义拓展方式进行详细分析的基础上，比较其与汉语普通词语义拓展方式的异同，并进一步揭示影响缩略语语义拓展背后的认知机制。

最后一章为结论与展望。主要对我们的研究作归纳总结，形成结论，指出我们研究存在的不足，并提出未来进一步研究的展望。

第二章

现代汉语缩略语研究综述

汉语中的缩略现象可以追溯至远古时代，流传至今的先秦文献中就有不少古人称之为"语急"的缩略现象①。王吉辉也认为汉语缩略词语的历史可以追溯至人类语言发展的早期，并在随后的各个时期不断发展②。随着汉语缩略语的日渐增多，近现代学者对缩略语的研究兴趣也与日俱增。不过，20世纪40年代前，缩略一直被视作一种修辞手段。陈望道将其称作"节缩"辞格：节短语言文字，叫作"节"③；缩合语言文字，叫作"缩"，并认为"节缩"都是出于音形上的方便，其意义并没有什么增减。20世纪40年代是个分水岭，自此以后汉语缩略语的研究才从修辞学转向词汇学。只是学者们在缩略语的称名上并未取得统一，"节缩"、"简缩语"、"简称"、"略语"、"缩语"、"简略语"、"缩略语"、"省语"等多种术语都曾被使用过。其中"简称"和"缩略语"的接受度最高。综观前人对现代汉语缩略语的研究，可以概括为以下几个方面。

第一节　现代汉语缩略语的界定及分类研究

前人对汉语缩略语论述最多的就是其界定和分类，不过在称名的使用及范围的界定上依然未能取得一致意见，因此，我们先从其界定

---

① 俞理明：《汉语缩略研究——缩略：语言符号的再符号化》，巴蜀书社2005年版，第6页。
② 王吉辉：《现代汉语缩略词语研究》，天津人民出版社2001年版，第1—2页。
③ 陈望道：《修辞学发凡》，上海教育出版社1979年版，第177页。

研究谈起。

一 现代汉语缩略语的界定研究

对汉语缩略语的界定决定了其范围的宽窄和随后的分类。如果界定过于宽松，则会将许多原本不属于缩略语范畴的词语纳入进来。吕叔湘、朱德熙尽管使用"简称"称名，但将"闽"（福建）、"赣"（江西）等别称也纳入缩略语范畴①，持同样观点的还有凌远征②、吴本和③等，这主要缘于他们对简称的界定过于宽松，即只要能以一种经济表达的方式代替原式都称作简称。徐耀民则将缩略语界定为，"指人们出于求省求便的心理、习性和目的所造成的一种词语的简缩形式。因此，它应是较长较复杂的词语的经济化了的再现"。这一定义着眼于从缩略动因的角度进行定义，对于具体什么样的词语简缩形式应该视作缩略语也并未作过多说明④。王立廷等将缩略词语定义为："普通话中由固定说法经过压缩和简略而形成的词语"⑤。王吉辉是为数不多的以专著的形式对汉语缩略语进行较为系统研究的代表性学者之一，他认为音节较长的组合形式通过缩略而形成的音节较短的形式是缩略词语。他的界定主要强调缩略后的形式既可以是缩略语，也可以是缩略词，甚至也应该包括缩略语素⑥。

曹炜将缩略词语定义为："对现代汉语中目前仍在使用的音节较长的词语采用减缩法而形成的词语。"⑦ 这一定义首先强调原式必须是现代汉语中仍在使用的词语，这样就将完全词汇化的缩略语排除在外，因为这些缩略语的原式显然已经不再使用；其次，缩略形式必须是由原式通过减缩法形成的，因此任何增加语素的经济表达形式不应

---

① 吕叔湘、朱德熙：《语法修辞讲话》，辽宁教育出版社1979年版，第60—61页。
② 凌远征：《现代专名略语》，《语文研究》1987年第3期。
③ 吴本和：《谈谈汉语中的缩略语》，《河南大学学报》1989年第5期。
④ 徐耀民：《缩略语的划界和规范问题》，《语文建设》1988年第3期。
⑤ 王立廷等：《缩略语》，新华出版社1998年版，第9页。
⑥ 王吉辉：《现代汉语缩略词语研究》，天津人民出版社2001年版，第1页。
⑦ 曹炜：《现代汉语词汇研究》，北京大学出版社2004年版，第127页。

视作缩略语;最后,缩略形式必须保留原式中的部分构成成分。

俞理明是汉语缩略语研究的另一位代表性学者,他将缩略定义为表意固定、高频率使用的多音词、词组,在整体意义不变的前提下,出于表达上的需要,截取其中部分形式凑合成一个结构残损的新形式来代表原来的完全形式,把它作为一个话语的基本单位在句中使用①。这一界定强调缩略语的原式必须表意固定,并且从音节上看必须是多音节的词语,从构成上看必须不包含任何另起的插入成分,定义中甚至还涉及发生缩略的前提"高频使用"。

也有相当多的学者对简称和缩略进行了区分,如周起凤依据是否是名称的简化将缩略分为简称和略语两类,并认为简称是名称的简化,而略语则不是名称的简化。② 陈建民则对简称、统称和词语减缩进行了区分。③ 他将简称定义为把一个较大的语言单位简化为一个较小的语言单位,一般是由词组简化为一种特殊的词,并且简化前后内容和结构保持不变,但字序上可以有变化,如"第三女子中学"→"女三中"。而统称则是数字加上一类统括性字眼。简化后内部结构发生变化的是词语的减缩,不是简称,如"外国语"→"外语","中学、小学"→"中小学"等。王吉辉认为缩略语包括简称。统称和总称、通称和俗称、别称和代称等都不是缩略语。并称和合称绝大多数都是缩略语,而数字式统括语不是缩略语。④

汉语缩略语称名和界定上的混乱,使得对它的分类同样也难以形成一致意见。

二 现代汉语缩略语的分类研究

缩略法作为汉语里一种重要的造词方法,学者们一般依据其构成方式对缩略语进行分类。吕叔湘、朱德熙是使用简称的代表学者,他

---

① 俞理明:《汉语缩略研究——缩略:语言符号的再符号化》,巴蜀书社 2005 年版,第 31 页。
② 周起凤:《简称和缩略语初探》,《语文知识》1957 年第 6 期。
③ 陈建民:《现代汉语里的简称》,《中国语文》1963 年第 4 期。
④ 王吉辉:《现代汉语缩略词语研究》,天津人民出版社 2001 年版。

们基于简称的不同构成形式将简称分为三类：第一类把一个字数较多的短语分成几节，在每一节里选择一两个字（通常是第一个字）用作简称，如"抗战"（抗日战争）、"北大"（北京大学）等，并认为大部分简称都是这样造出来的；第二类为两个平列的附加语共用一个被附加语，这种缩略方法古已有之，如"南北朝"（南朝和北朝）、"进出口"（进口和出口）等；第三类为用数字概括平列的几项，如"双减"（减租减息）、"三反"（反对帝国主义、反对封建主义、反对官僚资本主义）等①。

一些学者使用语词紧缩来指缩略现象，如筱文将语词紧缩定义为把一个结构较长的词语紧缩成一个结构较简短的词语，或者说用一个较小的语言单位去代表一个较大的语言单位。他将词语缩减分为两类，一种为从原词语中选用部分词或词素组成，如"文字改革"→"文改"；另一种为从原词语中抽取各组成词中的共同成分（词素、词、词组）与一个数词构成，如"官气、暮气、阔气、娇气、骄气"→"五气"等②。

李熙宗笼统地称缩略为语词的紧缩，并进一步将语词的紧缩分为缩合、节略、简代和统括四类，在这四类构成方式之下，又进一步细分为十九式，缩合类如"科学技术"→"科技"，"清理仓库"→"清仓"③；节略类紧缩如"复旦大学"→"复旦"，"农村人民公社"→"公社"；简代类如"上海"→"沪"，"中华人民共和国"→"中国"→"中"；统括类如"讲文明、讲礼貌、讲卫生、讲秩序、讲道德"→"五讲"，"农业现代化、工业现代化、科学技术现代化、国防现代化"→"四化"。马庆株以英语缩略词为参照，从汉语缩略语原形的角度进行分类，并重点论述了汉语缩略语中的语素

---

① 吕叔湘、朱德熙：《语法修辞讲话》，辽宁教育出版社1979年版。
② 筱文：《现代汉语词语的缩简》，《中国语文》1959年第3期。
③ 李熙宗：《论语词的紧缩》，载倪海曙主编《语文现代化》（第1辑），知识出版社1983年版，第86页。

及两种重要的缩略语——缩语和略语①。周荐则对缩略与简称、统称进行了区分②。王吉辉认为缩略词语的产生方式是缩合和节略③。

曹炜依照缩略词语与原式的不同关系将缩略语分为三类：直接截取类，如"美"（美国）、"三国"（三国演义）、"复旦"（复旦大学）等；截取后缩合类，如"公关"（公共关系）、"影星"（电影明星）、"非典"（非典型性肺炎）等；截取后加数词概括类，如"三伏"、"三热爱"、"三个代表"等④。

俞理明同样在专著中从主客观缩略两个角度将现代汉语缩略语分为自然缩略和故意缩略，并将故意缩略进一步细化为"语用基础的故意缩略"、"预期缩略"、"个别性的故意缩略"等⑤。

综上所述，现代汉语缩略语不仅称名不统一，而且界定混乱，由此带来分类不统一。仅以接受度最高的缩略语和简称来说，一部分学者认为简称和缩略语可以互相替代，另一部分学者认为简称包括缩略语，还有部分学者认为缩略语包括简称。此外，数字统括语和字母词是否是缩略语，学者们也未形成一致意见。缩略语界定上的混乱在缩略语词典中得到了淋漓尽致的体现，词典编纂者由于缺乏统一明确的界定，造成普遍收词过宽，将许多并不是缩略语的词语收录进缩略语词典。因此，我们在对现代汉语缩略语进行认知研究之前，有必要先对其进行重新界定和分类。

三　本书对现代汉语缩略语的界定

王吉辉认为"音节较长的组合形式通过缩略而形成的音节较短的

---

① 马庆株：《关于缩略语及其构成方式》，载南开大学中文系编《语言研究论丛》（第五辑），南开大学出版社1988年版。

② 周荐：《缩略词和缩略语》，载南开大学中文系编《语言研究论丛》（第五辑），南开大学出版社1988年版。

③ 王吉辉：《现代汉语缩略词语研究》，天津人民出版社2001年版，第32页。

④ 曹炜：《现代汉语词汇研究》，北京大学出版社2004年版，第127页。

⑤ 俞理明：《汉语缩略研究——缩略：语言符号的再符号化》，巴蜀书社2005年版，第83—91页。

形式是缩略词语"①。我们认为这一定义既未对缩略语的原式作出硬性规定，又尊重事实，不刻意规定缩略语的语法属性，言简意赅地对汉语缩略语进行了界定，在本书中我们借用这一定义来界定缩略语。"组合形式"强调缩略语的原式不一定是固定的词或短语，一些临时组合在一起的形式，如"白领、骨干、精英"等，也可能生成缩略语。"音节较短的形式"强调缩略后的形式就语法属性而言，包括词、语、语素甚至音节在内的所有语言形式。同时，为了回避缩略词与缩略语之争，王吉辉用"缩略词语"来统指"缩略词"和"缩略语"②。本书中所指的"缩略语"是包括缩略词、缩略语、缩略语素和缩略音节在内的所有语言形式。尽管对缩略语作出了定义，但现代汉语缩略语在范围界定上还是存在较大争议，因此我们有必要就缩略语和简称、数字统括语、字母词等之间的关系进行详细的界定。

我们认为在汉语缩略语的界定上应该遵循以下原则：

（1）生成的汉语缩略语要同原式意义保持一致。缩略是以较短的语言形式代替原来较长、较复杂的语言形式，从而达到经济省力的目的，其隐含的默认前提是不改变原式的意义，否则缩略就失去了意义。

（2）汉语缩略语的出现时间要晚于原式。缩略是因为原式较长、较复杂，而又出现得较为频繁，才产生了缩略的需要，因此缩略语的原式要先于缩略语出现。网络上流行的对已经存在词语的解构形式，如"特困生"（特别犯困的学生）、"天才"（天生的蠢材）、"神童"（神经病儿童）、"可爱"（可怜没人爱）、"偶像"（呕吐的对象）等并不是缩略语，因为显然"特困生"、"天才"等出现时间早于解构后的形式。

（3）汉语缩略语不能增添任何原式中不存在的成分。缩略不能增加任何原式中不存在的语素，因此"四风"（形式主义、官僚主义、享乐主义和奢靡之风）类数字统括语不能称作缩略语。

---

① 王吉辉：《现代汉语缩略词语研究》，天津人民出版社2001年版，第1页。
② 同上。

（4）汉语缩略语应该以汉字为基础。汉语缩略语不是指出现在汉语语言生活中的缩略语，而是指在由汉字组成的原式基础上通过减缩得到的缩略语，因此，本着从严界定的原则，字母词不应该视为汉语缩略语。

在明确了汉语缩略语界定原则之后，以下我们将对现代汉语缩略语进行详细的界定，厘清一些易混淆的概念。

（一）汉语缩略语和简称是部分重合关系

《现代汉语词典》（第六版）（商务印书馆2012年版）将"简称"定义为："较复杂的名称的简化形式"，如"中专"（中等专业学校）、"奥运会"（奥林匹克运动会）。而将"缩略语"和"略语"等同使用，并定义为："由词组紧缩省略而成的词语"，如"沧桑"（沧海桑田）、"通胀"（通货膨胀）。

"简称"最早是吕叔湘在《中国文法要略》中提出来的，所举简称的例子如"川"（四川）、"北大"（北京大学）、"教部"（教育部），以及人名地名的简称，如"孔孟"、"老庄"、"京汉"、"陕甘"、"闽"、"赣"、"粤"等①。甚至在语篇中开首已经提及一个人的姓名，再次提到时以姓或名来替代，这种语篇代替现象也被纳入简称的范畴。吕叔湘先生对简称的定义基本还是以人名、地名等专有名词的简省用法为主，但把语篇衔接中使用的替代手段也视作简称似有不妥，毕竟在上下文语境观照下的替代只是为了避免重复累赘而采取的一种临时性用法，不应纳入简称的范畴。陈建民则对简称的定义作了修正，认为"所谓简称，就是指把一个较大的语言单位简化为一个较小的语言单位，一般是由词组简化为一种特殊形式的词，简化前后，内容不变"②。这一定义并未强调简称的原式必须是名词性的，而只强调简化前后意义不变。武占坤、王勤则认为"简称是事物的名称或固定的词组简化了的称谓，是与原未简化的语言单位相对而言的"③。

简称和缩略语界定上的不统一，必然会带来使用上的混乱。一些

---

① 吕叔湘：《中国文法要略》，商务印书馆1982年版，第15页。
② 陈建民：《现代汉语里的简称》，《中国语文》1963年第4期。
③ 武占坤、王勤：《现代汉语词汇概要》，内蒙古人民出版社1983年版，第334页。

学者如郭良夫①，李熙宗、孙莲芬②，吴本和③，凌远征④，胡裕树⑤，黄伯荣、廖序东⑥，张斌⑦，陆俭明⑧等认为简称和缩略语没有区别，只不过是同一语言现象的不同表达，他们的观点可用图2-1来表示。

简称＝缩略语

图2-1 缩略语等同于简称的关系示例

当然，也有相当多的学者认为缩略语不同于简称。周起凤依据是否是名称的简化将缩略分为简称和略语两类，并认为简称是名称的简化，而略语则不是名称的简化⑨。陈建民也对简称和词语减缩进行了区分，认为简称是将一个较大的语言单位简化为一个较小的语言单位，强调简化前后内容，尤其是结构保持不变，而简化前后结构发生变化的是词语的减缩⑩。闵龙华同样主张将简称和略语分开，既不用简称包括略语，也不用略语包括简称，但可以合称为"简略语"。在他看来，简称就是简化了的名称，包括名词和名词词组的简缩，而略语就是非名词性词组的缩略⑪。刘叔新认为简称的词只能是名词，而

---

① 郭良夫：《论缩略》，《中国语文》1982年第2期。
② 李熙宗、孙莲芬编：《略语手册》，知识出版社1986年版。
③ 吴本和：《谈谈汉语中的缩略语》，《河南大学学报》1989年第5期。
④ 凌远征：《现代汉语缩略语》，语文出版社2000年版。
⑤ 胡裕树：《现代汉语》，上海教育出版社1995年重订本，第207—208页。
⑥ 黄伯荣、廖序东：《现代汉语》，高等教育出版社1997年版，第257—258页。
⑦ 张斌：《现代汉语》，语文出版社2000年版，第160—161页。
⑧ 陆俭明：《现代汉语基础》，线装书局2000年版，第54—55页。
⑨ 周起凤：《简称和缩略语初探》，《语文知识》1957年第6期。
⑩ 陈建民：《现代汉语里的简称》，《中国语文》1963年第4期。
⑪ 闵龙华：《简略语》，《南京师范大学学报》（社会科学版）1984年第1期。

缩略词可以不是名词。简称和缩略是性质不同的两种现象①。这些学者们的观点如图2-2所示。

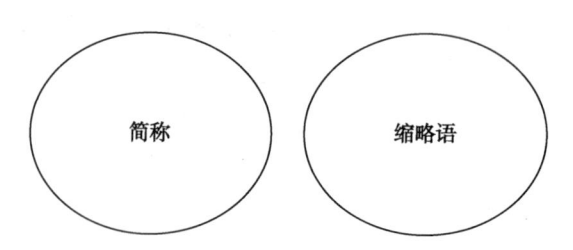

图2-2 简称与缩略语互不包含的关系示例

我们认为这种将简称和缩略语截然分开的做法同上面将简称和缩略语完全等同的做法一样过于绝对，不过是从一个极端走向另一个极端。我们赞同简称主要是对名称的简化，简化后一般是名词性的观点。但据此认为缩略语就只能是非名词性词或短语的简缩，从而将简称和缩略语对立起来的做法同样不可取。

此外，还有一些学者承认缩略语不同于简称，但又不认可二者互相排斥的观点，而是将简称视作缩略语范畴下的一个次类。马庆株认为，"缩略语包括一般所说的简称，但不限于简称"。② 王吉辉也指出，缩略语在指称的范围上比简称大，包括了简称，但又不只限于简称，彼此是包含和被包含的关系。③ 马庆株和王吉辉等的观点如图2-3所示。我们认为这种观点则又把简称和缩略语之间的关系处理得过于简单化。诚然，缩略语包含大部分名词性的简称，但并不意味着所有类型的简称都可纳入缩略语范畴。

简称，就普遍接受的观点，是较长、较复杂名称的简化形式，如"发改委"（发展和改革委员会）、"工信部"（工业和信息化部）、"国家语委"（国家语言文字工作委员会）、"银监会"（中国银行业监督管理委员会）、"安理会"（联合国安全理事会）、"高教社"（高等

---

① 刘叔新：《汉语描写词汇学》，商务印书馆2005年重排本，第112页。
② 马庆株：《关于缩略语及其构成方式》，载南开大学中文系编《语言研究论丛》（第五辑），南开大学出版社1988年版，第79页。
③ 王吉辉：《现代汉语缩略词语研究》，天津人民出版社2001年版，第7页。

图 2-3　缩略语包含简称的关系示例

教育出版社）等。毋庸置疑，诸如此类的简称同样可以视作缩略语。毕竟，这些简称都是基于简化前的原式，选取有代表性的语素重新拼合而成，没有增加任何有别于原式的语素，也没有改变任何语素。同样，汉语里一些省份（自治区）的简称，如京、浙、苏、陕、黑、吉、辽、津、贵、云、青、蒙等取自简化前原式中的一个字，无疑也应该是缩略语。

然而，并非所有的简称都能纳入缩略语的范畴。汉语中一些省份的简称，如湘、鄂、赣、闽、沪、渝、皖、晋、豫、桂、冀、鲁、粤、琼等①，它们并非取自原式，而是另起的，简称同原式在构成成分上毫无共同之处，因此这些简称就不是缩略语。还有一些简称出现的时间甚至早于其所替代的原式，例如，"妻"出现时间早于"妻子"，因此，这些简称也不应该纳入缩略语范畴。此外，下节中将要探讨的数字统括语，如"两会"（人民代表大会、人民政治协商会议或者海峡两岸关系协会、海峡交流基金会）、"三峡"（瞿塘峡、巫峡、西陵峡）、"四公子"（孟尝君、平原君、春申君、信陵君）等是简称，但同样因为增添了原式中并不存在的新的语素，因此也不应该纳入缩略语范畴。

反之，也有很多缩略语并不是名称的简化，这些缩略语无疑不能算是简称，如"调研"（调查研究）、"检修"（检查修理）、"展销"（展览销售）、"封杀"（封闭扼杀）、"捐资"（捐助资金）、"高精尖"

---

① 徐耀民并不承认赣、鲁、冀等为简称（徐耀民：《缩略语的划界和规范问题》，《语文建设》1988 年第 3 期）。

(高级、精密、尖端)、"高大上"(高端、大气、上档次)等非名词性短语的缩略就不能算作简称。不可否认,一些缩略语生成之后会发生词类的转换,这是我们后面所要探讨的,此处只是强调缩略语生成之初的词类。

不可否认,大量的汉语缩略语和简称之间存在交集,即既是简称又是缩略语,如"个唱"(个人演唱会)、"军演"(军事演习)、"公考"(公务员考试)、"商保"(商业保险)、"风投"(风险投资)等。通过以上的论述,我们认为合理的简称与缩略语之间的关系应该是:简称不等于缩略语,并不是所有的简称都是缩略语。同样,也并不是所有的缩略语都是简称,简称和缩略语之间只存在部分交叉重合,其关系如图2-4所示。

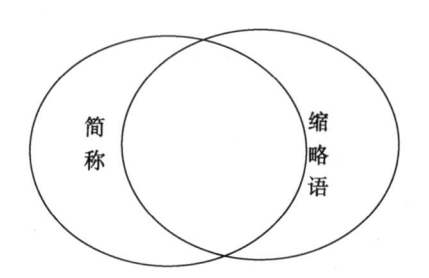

图2-4 缩略语和简称部分重合的关系示例

(二)汉语缩略语不包含数字统括语

数字统括语,也称数字式缩略或者数字式简称。吕叔湘、朱德熙曾经将用数字概括平列的几项,如"双减"(减租减息)、"三反"(反对帝国主义、反对封建主义、反对官僚资本主义)等归入简称范畴[①]。蔡德荣同样将数字式简称,或数括语,如"双百"(百花齐放、百家争鸣)、"三伏"(初伏、中伏、末伏)、"五指"(拇指、食指、中指、无名指、小指)等纳入缩略语范畴[②]。而徐丽华不过是换了个名称,将"两个文明"(物质文明和精神文明)、"三个面向"(面向现代化、面向世界、面向未来)、"四小龙"(新加坡、韩国、中国香

---

① 吕叔湘、朱德熙:《语法修辞讲话》,辽宁教育出版社1979年版。
② 蔡德荣:《汉语的词语简缩及其规范》,《河北大学学报》1985年第3期。

港和中国台湾)等称为标数式缩语,列入缩略语范畴。①

陈建民则旗帜鲜明地反对将"三反"、"四害"、"四国"等视作简称②。王吉辉也坚持认为缩略词语理应是基于原式的缩略,其所有的构成成分都应该源自原式,是相应原式中有关成分的组合③。刘叔新认为像"三峡"(瞿塘峡、巫峡、西陵峡)、"四公子"(孟尝君、平原君、春申君、信陵君)等的原式并不是固定的形式,只是言语的自由组合,因而"三峡"、"四公子"等是由组合型的结合法构成的复合词,并非缩略型改造的产物④。

不可否认,如果仅从音节长短上来衡量,这些数字统括语较其原式要短,一定程度上也达到了经济表达的目的。数字统括语又可分为两类,一类不包括原式任何构成成分,如"四害"、"四公子"等。另一类包括原式部分的构成成分,如"双抢"、"三峡"、"三反"、"五讲"等。对于不包含原式任何构成成分的统括语,它们仅仅是对原式的概括,因此除了一些交口相传、约定俗成的意义之外,其表达的意义还因人、因时、因地而异,还原性极差,这与汉语缩略语具有良好的还原性相背。其次,任何缩略必然是基于原式的结构,选取代表性语素来替代较长、较复杂的原式,从而达到以简代繁的目的。"四害"、"四公子"类数字统括语没有任何成分取自原式,因而理应被摒弃在缩略语范畴之外。"四害"、"四公子"在不同时期,代表不同的意义,不同的人可能有不同的理解。影响最广的"四害"源自1958年中共中央、国务院发出的《关于除四害讲卫生的指示》文件,从而掀起的消灭苍蝇、蚊子、老鼠、麻雀的"除四害"爱国卫生运动。1960年,在一些科学家的呼吁下,"麻雀"得以平反,"臭虫"取而代之,此时的"四害"变为老鼠、臭虫、苍蝇、蚊子。此后,随着社会生活的变化,"蟑螂"又取代"臭虫",因而,苍蝇、蚊子、老鼠、蟑螂就成为如今的新"四害"。可见,在不同的时期,"四害"

---

① 徐丽华:《试论新缩略语》,《浙江师范大学学报》1994年第5期。
② 陈建民:《现代汉语里的简称》,《中国语文》1963年第4期。
③ 王吉辉:《现代汉语缩略词语研究》,天津人民出版社2001年版,第54页。
④ 刘叔新:《汉语描写词汇学》,商务印书馆2005年重排本,第113页。

代表的是不同的内容，将其视作缩略语是极其不合适的。正如周荐所言①：

  一个词或语，如果没有它所由缩略的原式，而仅只是意义内容上的"省并"，不能视作缩略。如"六书"，是指事、象形、形声、会意、转注、假借的统称，没有形式上的缩减，不是由哪一个相对应的非缩略单位的词语单位缩略成的，不是缩略词语。

  另一类数字统括语，如"两会"、"两课"、"三通"等，虽然由基数词加上能代表原并列各项中共同属性的语素或词来组成，与原式部分语素相同，似乎可以视作缩略语。但依据《现代汉语词典》（第六版）对缩略语的定义"由词组紧缩省略而成的词语"，这种数字统括语压根不存在任何基于原式的紧缩，只是提取原式中的一个关键字再加表数字的词语组合而成。虽然它们将经济原则发挥至极致，但同样因为过于经济而让人不知所云。

我们认为，既然是缩略，就应当是在原式基础之上进行的缩减，而不应该出现任何原式中并不存在的语素。数字统括语中表数字的词原式中并不存在，况且其还原性较差，因此也应该本着从严从紧的原则将其排除在缩略语范畴之外。王吉辉将其称为数词概括词语，简化为数括词语，是很合适的②。此外，这一类数字统括语同样存在指代模糊不清的问题。例如，"双抢"用于农业生产中，指的是农忙季节里的"抢收、抢种"；用于社会治安领域，则摇身一变成为"抢劫、抢夺"的统称。"两会"既可指"人民代表大会、人民政治协商会议"，也可指"海峡两岸关系协会、海峡交流基金会"。"三反"在中国新民主主义革命时期，指的是"反对帝国主义、反对封建主义、反对官僚资本主义"。中华人民共和国成立初期，"三反"则指的是在党政机关开展的"反贪污、反浪费、反官僚主义"运动。

---

 ① 周荐：《缩略词和缩略语》，载南开大学中文系编《语言研究论丛》（第五辑），南开大学出版社1988年版，第105—106页。

 ② 王吉辉：《现代汉语缩略词语研究》，天津人民出版社2001年版，第54页。

针对数字统括语，周荐先生曾一语中的地指出①：

> 即使我们承认"三国"（魏国、蜀国、吴国）、"四个现代化"等类词语的后一部分是缩略，但其前面用以称说的数字是另加的，对于其所在的那个词语单位的构造来说有新添的性质。而把半是新添半是缩略的词语归属于缩略的范畴，在理论上是荒谬的，在实践上也会引起认识上的混乱，使人们分辨不清真正的缩略词语。

我们认为在缩略语的界定上，要坚持所有构成成分一定要来源于原式，恪守只基于原式缩减、不增添任何语素的原则。尽管数字统括语一定程度上实现了经济省力的目的，并且一些学者将这一类数字统括语纳入缩略语的范畴，部分汉语缩略语词典也将这一类数字统括语作为缩略语收录进去，但在我们的研究中我们遵循"汉语缩略语不能增添任何原式中不存在的成分"的原则，认为数字统括语不属于缩略语范畴。因此在后面的语料统计分析中，我们将此类数字统括语剔除在外。

（三）汉语缩略语不包括字母词

随着社会的发展，汉语里出现了越来越多的字母词。一些学者将这些字母词也纳入汉语缩略语范畴，我们认为也有必要理清字母词和缩略语的关系。

拼音是汉语的语音系统，同时某种程度上也可视为汉语的第二文字系统。因此，或许是受到英语中首字母缩略词的启发，抑或是出于提高沟通交际效率的需要，甚至是受到追求新异、陌生化的心理驱使，除了我们经常所见的 GB、GSK、RMB 等外，网络上的汉语拼音字母词如雨后春笋般大量出现在网络聊天室里。这种通常只取声母的拼音字母词击键次数最少，大大提高了交际速度，如 pmp（拍马屁）、

---

① 周荐：《缩略词和缩略语》，载南开大学中文系编《语言研究论丛》（第五辑），南开大学出版社 1988 年版，第 106 页。

NBA（牛逼啊）、TCL（太丑了）、MJ（马甲）、MF（麻烦）、BS（鄙视）等。诚然，这些网络拼音字母词的普及度暂时不能同 GB、RMB 等常见的字母词相提并论，但 BS、MM 等网络字母词也经常出现在人们的日常交流中。马庆株先生把诸如 GB（国家标准）、RMB（人民币）、HW（环卫）等在内的符号称为非语素型缩略语纳入汉语缩略语范畴。假如我们承认 GB、RMB 等是汉语缩略语，那么这些网络拼音字母词同样应该纳入汉语缩略语范畴[①]。

事实上，除了汉语拼音字母词外，大量出现在我们语言生活中的是英语字母词。英语作为一种国际化语言，其影响力及辐射面与日俱增。汉语也不断地受到了英语的"侵蚀"。打开电视、翻看报纸杂志、浏览网络媒体，处处充斥着大量直接借自英语中的首字母缩略词，如：ATM（Automated Teller Machine，自动取款机）、CBD（Central Business Distric，中央商务区）、CPI（Consumer Price Index，消费者物价指数）、GMP（Good Manufacturing Practice，药品生产质量管理规范）、SOHO（Small Office, Home Office，小型家居办公）、KO（Knockout，击倒）、PM 2.5（Particulate Matter 2.5 um，直径小于等于 2.5 微米的颗粒物）等。

这些直接借自英语中的首字母缩略词部分被收录于国内权威的《现代汉语词典》，它们在汉语中的影响力由此可见一斑。《现代汉语词典》1996 年修订本首次在正文后附上 39 条"西文字母开头的词语"，即所谓的"字母词"，首开汉语词典收录英语字母词之先河。此后随着每一次的修订再版，《现代汉语词典》中收录的字母词数量也不断增删，2002 年第 4 版删除字母词 4 条，新增字母词则多达 103 条；2005 年第 5 版删除字母词 9 条，新增字母词 49 条。2012 年第 6 版《现代汉语词典》收录了出现在汉语语言生活中的西文字母开头的词语高达 239 条。其中包括 GB（国家标准）、WSK（全国外语水平考试）等拼音字母词，而更多的则是直接借自英语中的首字母缩略词，

---

① 马庆株：《关于缩略语及其构成方式》，载南开大学中文系编《语言研究论丛》（第五辑），南开大学出版社 1988 年版，第 80 页。

如 ATM、CBD、CPI、GMP、ICU、CEO、PM 等。《现代汉语词典》作为收录"汉语"词语的最权威词典，竟然收录 239 个字母词的做法一度在社会上引起了轩然大波，甚至引发了其是否违法的争议。这些英语首字母缩略词同汉语拼音字母词 GB、RMB 一样由字母构成，并且出现频率还远远高于 GB、RMB 等。假如将 GB、RMB 等视作汉语缩略语，那么流行度更高、普及面更广的英语首字母缩略词也应纳入该范畴。

此外，还有大量被汉语网民用于网络聊天室里的英语首字母缩略词，如 OBTW（Oh，by the way，噢，顺便问一下）、LOL（laugh out loud，大笑）、IMHO（In My Humble Opinion，窃以为）、AFAIK（As Far As I Know，据我所知）、ASAP（As Soon As Possible，尽快）等，以此类推也应该纳入汉语缩略语范畴。

除了上面所列举的各种缩略方式外，汉语中还出现了将数字、英语字母、汉语拼音字母等各种符号进行混搭，产生诸如 +U（加油）、3x（thanks，谢谢）、B2C（Business to Customer，商家到客户）、B4（Before，以前）、me2（me too，我也是）、F2F（面对面）、P9（啤酒）、qu4（去死）、哈 9（喝酒）等混杂类字母词。按照马庆株先生的分类，似乎也应该纳入汉语缩略语范畴。[①]

我们认为不管是 GB、GSK、RMB 之类的汉语拼音字母词（包括流行于网络上的拼音字母词），还是在汉语中使用面甚广的 ATM、CPI、GDP 类英语首字母缩略词（包括网络英语首字母缩略词），以及 B4、B2B、F2F 类各种符号混杂的缩略形式均不应该纳入汉语缩略语范畴。所谓汉语缩略语严格来讲理应是对以汉字为基础构成的词语进行缩减的结果，而不应该理解为在汉语语言生活中出现的所有缩略形式。

俞理明将 GB、RMB 等称为字母缩写，认为这些字母是提示原词的书写符号，而不是从原词语中选取的语言形式，缩写所取的字母读

---

① 马庆株：《关于缩略语及其构成方式》，载南开大学中文系编《语言研究论丛》（第五辑），南开大学出版社 1988 年版。

字母音，因而不是缩略。与之相反，缩略语不是基于书写，而是基于言语①。缩略语是用部分的语言形式来表达完整语言形式的全部意义。他的观点对汉语拼音字母词是成立的，但对直接借自英语中的大量首字母缩略词，如 CPI、GMP、ICU、GDP、IQ、EQ 等则不成立，因为这些的确是按字母读音的，也是原词的提示符号。但既然汉语拼音字母词都不应该包含在汉语缩略语范畴之内，这些借自英语中的首字母缩略词就更没理由进入了。

（四）汉语缩略语不包括合音词

语言的经济原则并不仅仅体现在词语的缩略上，语音的缩约省并也是语言经济原则的体现。汉语中的合音字从书写和发音两方面都很好地体现了语言经济原则，如"卅"由"三十"省并而来，"甭"来自"不用"的合音，"叵"来源于对"不可"的合音等。合音词一般取前一个字的声母和声调，与后一个字的韵母拼合而成。合音词古已有之，通常是在语急的情况下，将两个音节拼读成一个音节。这样表面看上去只有一个单音节，但实际是由两个音节拼读而成的，例如合音词"诸"，读音为 zhu，来源于急读时"之"的声母 zh 与"乎"或"于"的韵母 u 的拼读。与读音上的拼读相对应，合音词书写上按合音合写成一个字。因此从书写形式上看合音词只是一个汉字，但实际上它是两个意义的结合体，如"诸"的意义为"之于"或"之乎"。

随着网络流行语的普及，许多网络词语也采取合音的方式，如"不要"被合音为"表"，"这样"被合音为"酱"，"这样子"被合音为"酱紫"，"知道"被合音为"造"，"没有"被合音为"咩"等。这种合音词一方面满足了人们求新求异的心理，另一方面因为可以减少击键次数，从而达到省时省力的目的。但合音词并没有截取合音前原式中的任何构成成分，如"诸"并没有取"之于"或"之乎"中的任何一个字，"酱"也并非来自"这样"的缩减。换言之，所有的合音词都是新增的、完全不同于原式，按照我们之前对汉语缩略语

---

① 俞理明：《汉语缩略研究——缩略：语言符号的再符号化》，巴蜀书社 2005 年版，第 44 页。

"不增添任何原式中不存在的成分"的界定原则,这些合音词无疑不是缩略语。

汉语缩略语是语言经济原则的体现,但反过来并不是所有实现经济原则的语言形式都是缩略语。换言之,经济省力只是缩略语的必要条件,而非充分条件。事实上,除了数字统括语、字母词、合音词外,省略同样也是语言经济原则的体现。刘红妮探讨了结构省缩导致的词汇化,指出现代汉语里相当多的词语,如"势必"、"加以"、"从不"等都是结构省缩带来的词汇化,而其动因也是经济原则,但这些词语并不是缩略语①。

在对汉语缩略语进行了界定,厘清了其与简称之间的关系,排除了数字统括语、字母词和合音词之后,接下来就可以对其进行合理的分类。

四 本书对现代汉语缩略语的分类

在对现代汉语缩略语的界定中,我们已将数字统括语、字母词、合音词排除在外。如此一来,吕叔湘、朱德熙二位先生对缩略语的分类中"用数字概括平列的几项",即属于数字统括语(亦有学者称之为数字指代、统括)②,李熙宗先生的简代和统括同样也不应该列入缩略语的范畴。有鉴于此,王吉辉就直接提出缩合和节略是缩略词语赖以产生的方式③。我们基本赞同现代汉语缩略词语产生的主要方式是缩合和节略的观点,只不过我们认为应该从缩合式缩略语中再细分出拼缀式缩略语。因此,我们将现代汉语缩略语分为三类:缩合式缩略语、拼缀式缩略语和节略式缩略语。

(一) 缩合式缩略语

缩合式缩略语是汉语缩略语的主体,通过截取原词语中的代表性语素重新组合而成,如"民意调查"→"民调","风险投资"→"风投"等。吕叔湘、朱德熙二位先生虽然用简称来指代缩略语,但他们认为大部分简称都是通过从字数较多的词组里选择代表字生成

---

① 刘红妮:《结构省略与词汇化》,《语文研究》2013年第1期。
② 吕叔湘、朱德熙:《语法修辞讲话》,辽宁教育出版社1979年版,第83—86页。
③ 王吉辉:《现代汉语缩略词语研究》,天津人民出版社2001年版,第34页。

的，而这实际上与我们所说的缩合式缩略语一致①。李熙宗先生认为缩合构成方式的特点是，"把原来语词拆分成几节（实际上看成为词素、词或词组），然后紧缩掉各节（或几节）中的某些部分，最后把保留的部分凝合起来，构成紧缩的形式"。他将"科技"（科学技术）、"食疗"（食物疗法）、"清仓"（清理仓库）、"德智体"（德育、智育、体育）、"民警"（人民警察）、"侨务"（华侨事务）、"港澳"（香港、澳门）等都归入缩合紧缩形式②。马庆株先生则将缩合式缩略语进一步简称为缩语，并将其定义为"由各直接成分分别取代表性语素或音节构成"③。

王吉辉则非常简单明了地设原式结构是 AB+CD，如果简化形式以原式中前后部分的不同音节组成，成为 AC、BD、BC、AD 等，则为缩合④。虽然这是以典型的、原式为四字的汉语缩略语为例，并不能概括诸如"铁总"（铁路总公司）、"住建委"（住房和城乡建设委员会）等原式多于四个字的缩合式缩略语，不过倒也让人一目了然地知晓缩合式缩略语的构成特点。这种截取原式中的关键语素或音节进行缩合的缩略方式是汉语缩略语的主体。仅以最近出现的汉语缩略语为例，如网络类的"触网"（接触网络）、"网语"（网络语言）、"网购"（网上购物）、"网聊"（网上聊天）、"网游"（网络游戏）、"网红"（网上红人）、"网曝"（网络曝光）等；文娱类的"商演"（商业演出）、"手游"（手机游戏）、"页游"（网页游戏）等；经济类的"电商"（电子商务）、"刚需"（刚性需求）、"网银"（网上银行）等；生活类的"厨电"（厨房电器）、"白电"（白色电器）、"商超"（商场超市）、"经适房"（经济适用房）等；交通类的"轨交"（轨道交通）、"高铁"（高速铁路）、"酒驾"（醉酒驾驶）等；其他如

---

① 吕叔湘、朱德熙：《语法修辞讲话》，辽宁教育出版社1979年版，第83—86页。
② 李熙宗：《论语词的紧缩》，载倪海曙主编《语文现代化》（第1辑），知识出版社1983年版，第86页。
③ 马庆株：《关于缩略语及其构成方式》，载南开大学中文系编《语言研究论丛》（第五辑），南开大学出版社1988年版。
④ 王吉辉：《现代汉语缩略词语研究》，天津人民出版社2001年版，第34页。

"文青"（文艺青年）、"动保"（动物保护）、"公投"（公民投票）、"延退"（延迟退休）、"国新办"（国务院新闻办公室）等无不是通过缩合方式产生的。

（二）拼缀式缩略语

随着网络在国内的普及，"蛋白质"（笨蛋、白痴、神经质）、"白骨精"（白领、骨干、精英）、"无知少女"（无党派人士、知识分子、少数民族、女性）、"新西兰"（新疆、西藏、兰州）、"北上广"（北京、上海、广州）、"百谷虎"（百度、谷歌、雅虎）、"走转改"（走基层、转作风、改文风）、"高富帅"（高大、富有、帅气）、"白富美"（白皙、富有、美丽）、"高大上"（高端、大气、上档次）等网络词语以其新颖别致的构词方式赢得了广大网民的追捧，频频出现在各种报刊和网络媒体上。

实际上这些网络词语的构词方式并非网络上的发轫之作。我们耳熟能详的"泰斗"一词是"泰山"和"北斗"的拼合。同样，"武汉"、"江苏"、"安徽"分别是"武昌、汉口、汉阳"，"江宁、苏州"，以及"安庆、徽州"的拼合。此外，还有"财会"（财务、会计）、"财经"（财政、经济）、"商超"（商场、超市）、"冰洗"（冰箱、洗衣机）、"动漫"（动画、漫画）等许许多多的例子。就构词方式而言，"白骨精"类网络词语与"泰斗"、"财经"等并没有区别，只不过"白骨精"类词语巧妙地借用之前本已存在的词形，因而能很好地达到"言在此，而意在彼"的语用效果。

李熙宗将"数理化"（数学、物理、化学）、"文史哲"（文学、历史、哲学）等视作缩合方式中的位移式纳入缩略词语的范畴[1]。马庆株则不加区分地将"青藏"（青海、西藏）、"教科文"（教育、科学、文化）、"高精尖"（高级、精密、尖端）等纳入缩合式缩略语范畴[2]。王吉辉也将"财经"、"财会"、"歌舞"（唱歌、舞蹈）等作为

---

[1] 李熙宗：《论语词的紧缩》，载倪海曙主编《语文现代化》（第1辑），知识出版社1983年版，第88页。

[2] 马庆株：《关于缩略语及其构成方式》，载南开大学中文系编《语言研究论丛》（第五辑），南开大学出版社1988年版，第93页。

合称纳入缩略词语的范畴①。

但汉语缩合式缩略语通常截取相对稳定词语中的代表性语素重新组合而成,如"刚性需求"→"刚需","风险投资"→"风投"等。对比发现,"财经"、"江苏"、"武汉"等的构词方式与缩合式缩略语并不完全一致。典型的汉语缩合式缩略语是从原本结合在一起、固化程度较高的词组中选取代表性语素组合在一起。而"财经"、"青藏"、"皮黄"(西皮、二黄)、"高大上"等构词方式通常是从临时拼凑在一起,结构上较为松散的、几个不同词语的自由集合中选择代表性语素进行拼合,有些甚至是直接截略拼合。

此外,典型的缩合式缩略语与其缩略前的原式并存,具有较强的还原性,其意义一般较透明。而"高大上"、"冰洗"等的意义与典型的缩合式缩略语相比要隐晦得多,即还原性较差。尤其是"白骨精"、"蛋白质"、"无知少女"等借用以前的词语形式,构成同形异义词(homograph),其意义就显得更加不透明。可见这种构词方式与典型的汉语缩合式缩略语并不完全相同。

周荐以"泰山、北斗"等不是语言的词汇单位,而是词语的自由集合,不能成为缩略词语构成的基式为由,将以上这些词视作复合词②。俞理明同样将"李杜"(李白、杜甫)、"韩柳"(韩愈、柳宗元)等视作并列结构的单音词或词素构成的词组或词,认为它们是常规的词或词素组合,因而将其视作并列组合③。

但汉语复合词一般由两个或两个以上的自由词根结合在一起构成。虽然从构词过程看,"财经"等词语均是从原式中选取语素重新结合后构成新的词语,这种组合过程同复合词一样。但复合词是由词根直接构成,经历的是由词根到词的复合过程。而"财经"、"财会"、"白骨精"等则是在组合之前先进行截略,经历由词到语素再到

---

① 王吉辉:《现代汉语缩略词语研究》,天津人民出版社2001年版,第48—50页。
② 周荐:《缩略词和缩略语》,载《语言研究论丛》(第五辑),南开大学出版社1988年版,第107页。
③ 俞理明:《汉语缩略研究——缩略:语言符号的再符号化》,巴蜀书社2005年版,第77页。

词语的过程。此外，复合词的意义一般都是在自身构成成分的意义基础之上形成的，同构成成分在意义上都有或多或少的关联[1]。因此大部分汉语复合词的意义相对而言都较透明，而"蛋白质"、"白骨精"、"无知少女"、"商超"（商场、超市）、"冰洗"（冰箱、洗衣机）等则相对较隐晦。况且，"李杜"中"李"和"杜"本身并无"李白"和"杜甫"之义，只是结合在一起在一定语境下才能让人联想到是对李白、杜甫二人的合称。同样"商超"中的"商"无"商场"这一词义，"超"亦无"超市"之义；"冰洗"中的"冰"无"冰箱"之义，"洗"更无"洗衣机"之义。可见"财经"、"商超"类词语的构词与复合词也不同，不加区分地将其并入复合词亦不妥当。

事实上沈家煊曾将这种好比是将两根绳子各截取一段再重新接成一根的构词或造句方法形象地称之为"截搭"。"商场"、"超市"好似两根"绳子"，"商"和"超"相当于是从"商场"和"超市"中截取的一段，然后进行拼合，得到"商超"这一截搭式缩略语。同样，"高大上"则是分别从"高端"、"大气"和"上档次"中截取代表性语素"高"、"大"、"上"再重新拼凑而成的，而这种构词方式与英语拼缀构词十分相似[2]。

Plag 将英语拼缀词定义为将两个（或更多的）词中的一个源词或者两个源词都删除部分构词成分后重新组合成的一个词[3]。Cannon 认为拼缀在所有语言中都很普遍，拼缀发生在语言发展的各个阶段[4]。Lehere 也认为拼缀法已经成为当代构词法中一种高度能产的构词手段，不仅体现在英语中，同样体现在法语、德语和其他语言中[5]。汉

---

[1] 王吉辉：《现代汉语缩略词语研究》，天津人民出版社 2001 年版，第 23 页。

[2] 沈家煊：《"糅合"和"截搭"》，《世界汉语教学》2006 年第 4 期。

[3] Plag, I., *Word Formation in English*, Cambridge: Cambridge University Press, 2003, p. 155.

[4] Cannon, G., *A History of the English Language*, New York: Harcourt Brace Jovanovich, 1972, p. 725.

[5] Lehere, A., "Identifying and interpreting blends: An experimental approach", *Cognitive Linguistics*, No. 4, 1996, p. 360.

语中"泰斗"、"商超"、"高大上"等正是从各自组成成分中截取部分语素再重新拼合成的新词语。这种"截搭"式构词方式与汉语中典型的复合词和缩合词均不完全相同,却又与英语拼缀词的构成方法一样,因此我们完全可以将汉语中此类词称作拼缀式缩略语。尽管英语拼缀词截取的是字母的组合,而汉语拼缀词截取的是代表性的语素,但先截略后复合的构词过程完全一样。汉语不是形态语言,较少有缀,事实上即使是英语拼缀词拼合的也常常不是缀。这里沿用国内认可度较高的学者,如汪榕培、卢晓娟①及陆国强②等将英语中 blend 翻译为拼缀词的做法,将这种缩略语称为拼缀式缩略语。而张维友将 blend 翻译为混成缩略词③。

英语拼缀词既涉及缩略又涉及复合,因此 Bauer 等学者将其单独列为一种构词法④。Cannon⑤、Downing⑥、Lehrer⑦等学者认为它是一种特殊的复合词。但 Gries⑧,汪榕培、卢晓娟⑨,张维友⑩等相当多的学者将其视作缩略词的一种。认知语言学的原型范畴理论认为,范畴的边界模糊,范畴中存在原型成员和边缘成员。从构成方式上看,拼缀词与缩略词和复合词均存在重合,因此如果突显其构词过程中的复合过程,则会将其视作复合词。反之,如果突显截略过程则会将其视作缩略词。

---

① 汪榕培、卢晓娟:《英语词汇学教程》,上海外语教育出版社 1997 年版,第 78 页。
② 陆国强:《现代英语词汇学》,上海外语教育出版社 1999 年版,第 44 页。
③ 张维友:《英汉语词汇对比研究》,上海外语教育出版社 2010 年版,第 97 页。
④ Bauer, L., *English Word Formation*, Cambridge: Cambridge University Press, 1983.
⑤ Cannon, G., *A History of the English Language*, New York: Harcourt Brace Jovanovich, 1972, p. 725.
⑥ Downing, P., "On the creation and use of English compound nouns", *Language*, No. 53, 1977.
⑦ Lehere, A. "Identifying and interpreting blends: An experimental approach", *Cognitive Linguistics*, No. 4, 1996.
⑧ Gries, S., "Cognitive determinants of subtractive word formation: A corpus-based perspective", Cognitive Linguistics, No. 4, 2006, pp. 535-558.
⑨ 汪榕培、卢晓娟:《英语词汇学教程》,上海外语教育出版社 1997 年版。
⑩ 张维友:《英汉语词汇对比研究》,上海外语教育出版社 2010 年版。

马庆株将"青藏"(青海、西藏)、"参茸"(人参、鹿茸)等视作缩合词,突显的是它们构成中的缩略过程①。相反,周荐将"泰斗"、"劫掠"(抢劫、掠夺)等视作复合词,则是突显生成中的复合过程②。鉴于这些拼缀词语与其原式相比意义保持不变、音节显著减少,并且也未增添任何新的语素,我们认为可以将其纳入汉语缩略语范畴。但又因为这种构词方式与典型的缩合式缩略语存在区别,我们认为不应该不加区分地将其纳入缩合式缩略语范畴,而应该将其单独列为缩略法的一种,依据其与英语拼缀词先截略后合成一致的构成方式,可以将其界定为汉语拼缀式缩略语。事实上,白解红③、白解红和陈忠平④依据与英语拼缀词的比较,将"福彩"(福利彩票)、"世博会"(世界博览会)等缩合式缩略语均视作拼缀词。

英语拼缀词在古英语和中古英语中就已出现,汉语中的拼缀词语也可追溯至遥远的年代。我们很难考证哪一种语言中这种构词方式出现得更早,我们认为人类整合思维的普遍性决定了拼缀词在各种语言中的普遍存在,而这种形式上的整合正是其意义整合的体现。

(三) 节略式缩略语

与缩合式缩略语和拼缀式缩略语相对的是节略式缩略语。节略式缩略语是指直接截除缩略语原式的首部或尾部,而无须再进行拼合的一种缩略方式,如"秒杀"→"秒"、"雷人"→"雷"、"团购"→"团"、"人肉搜索"→"人肉"、"淘宝网"→"淘宝"、"当当网"→"当当"、"京东商城"→"京东"、"人人网"→"人人"、"QQ空间"→"空间"等。

李熙宗先生将节略定义为"把原语词中的某一(或某几)部分略

---

① 马庆株:《关于缩略语及其构成方式》,载南开大学中文系编《语言研究论丛》(第五辑),南开大学出版社1988年版。

② 周荐:《缩略词和缩略语》,载《语言研究论丛》(第五辑),南开大学出版社1988年版。

③ 白解红:《当代英汉词语的认知语义研究》,外语教学与研究出版社2009年版,第41页。

④ 白解红、陈忠平:《20世纪中期以来英汉新词语的来源及其语义认知机制》,《外国语文》2011年第5期。

去，而只保留其中专称的部分，并不要经由凝合的过程而构成紧缩形式"①。他根据节略位置的不同将节略分为"略尾"和"节头"。"略尾"即省略掉尾部，如"复旦"（复旦大学）、"王府井"（王府井大街）等。而"节头"即截除原式的头部，如"公社"（农村人民公社）、"《讲话》"（《在延安文艺座谈会上的讲话》）等。马庆株先生则将节略式缩略语进一步简称为"略语"，指"取一个直接组成成分来代替全称"的减缩式缩略语，如"无轨"（无轨电车）、"商务"（商务印书馆）、"指导员"（政治指导员）、"反应堆"（原子反应堆）等②。王吉辉认为节略形式只是直接搬取原式 AB+CD 中任何一个现成的组成成分，成为 A、B、C、D、AB、CD 等，如"京"（北京）、"南开"（南开大学）、"电工"（电工学）等③。

需要注意的是，节略一定是直接截取缩略前原式中完整意义段的直接构成成分，如果涉及跨意义段并且截取的语素恰好又邻近，那么就不是节略式缩略语，而应该视作缩合式缩略语。"非典"（非典型性肺炎）、"副高"（副高级职称）、"通货"（流通货币）、"影评"（电影评论）等表面看上去与节略式缩略语很像，但是因为保留下来的成分是跨意义段截取的，因此只能视作缩合式缩略语。

相对于缩合式缩略语，节略式缩略语对语境的依赖性更高、还原性更差。李熙宗先生所列举的"王府井"除了可以指"王府井大街"，也可指"王府井百货"，而"《讲话》"则是一种临时性言语缩略语，不同时期可以指代的内容很多④。马庆株先生所列举的"商务"，同样也可指"商业事务"。⑤ 并且他将"挖心词"，如"专家"

---

① 李熙宗：《论语词的紧缩》，载倪海曙主编《语文现代化》（第 1 辑），知识出版社 1983 年版，第 90 页。

② 马庆株：《关于缩略语及其构成方式》，载南开大学中文系编《语言研究论丛》（第五辑），南开大学出版社 1988 年版，第 83 页。

③ 王吉辉：《现代汉语缩略词语研究》，天津人民出版社 2001 年版，第 34 页。

④ 李熙宗：《论语词的紧缩》，载倪海曙主编《语文现代化》（第 1 辑），知识出版社 1983 年版。

⑤ 马庆株：《关于缩略语及其构成方式》，载南开大学中文系编《语言研究论丛》（第五辑），南开大学出版社 1988 年版，第 83 页。

(专门家)、"劳力"（劳动力）、"羽球"（羽毛球）、"下院"（下议院）等也纳入节略语的范畴①，我们认为值得商榷，这些词语应该是缩合式缩略语。王吉辉②所列举的"南开"，如果没有语境的限制筛选作用，还可指"南开区"、"南开中学"等，而"电工"更多的是作为一般词语，用来指"制造、安装、修理各种电气设备的技术工人"。因此，相对于缩合式缩略语，汉语中节略式缩略语数量少得多，并且这种缩略语对语境的依赖程度高，还原性差。

第二节 现代汉语缩略语的生成理据研究

语言并非完全自主的，而是受人类认知所决定的。汉语缩略语的生成绝非任意、偶然的，而是有其内在、必然的理据性。这种理据性不仅仅体现在宏观的缩略动因上，而且还体现在微观的缩略语具体的生成构造上。过往研究中，学者们主要从缩略动因和构造原则两方面探讨了汉语缩略语的生成理据。

一 汉语缩略语生成的经济理据研究

徐耀民在给缩略语下定义时就直接指出缩略语是"人们出于求省求便的心理"产生的③。这一定义一语中的地指出汉语缩略语的生成是受到追求省便的心理驱使。丁秀菊则认为汉民族重意合的思维习惯为汉语缩略语的产生奠定了语言学基础④。汉语缩略语的大量产生、迅猛发展还有着深刻的社会文化心理原因，同汉民族的思维习惯、表达特点、文化心理息息相关、密不可分。丁秀菊着重从汉民族社会文化心理和思维的角度对缩略语的产生进行了探讨，而未能从认知语言

---

① 马庆株：《关于缩略语及其构成方式》，载南开大学中文系编《语言研究论丛》（第五辑），南开大学出版社1988年版，第95—96页。
② 王吉辉：《现代汉语缩略词语研究》，天津人民出版社2001年版。
③ 徐耀民：《缩略语的划界和规范问题》，《语文建设》1988年第3期。
④ 丁秀菊：《缩略产生探析》，《山东大学学报》（哲学社会科学版）2003年第6期。

学的角度对汉语缩略语进行研究。我们认为将汉语缩略语生成的动因仅仅归于汉民族重意合的表达习惯，未能揭示缩略语产生背后的认知本质。实际上缩略应该是语言的共性，几乎每种语言中都存在大量的缩略语。

俞理明虽然也指出贪图省便是缩略发生的直接因素，是语言表达中经济原则的体现，但并未就此作过多阐述①。他还从语言的符号性、缩略的任意性基础和约定性作用、省便心理②等方面对缩略的发生基础因素进行了探讨，但他过分强调缩略的任意性，间接否认了认知对语言的制约作用，否认了汉语缩略语生成的理据性。王吉辉认为缩略语原式的使用频率状况是影响原式最终能否产生出缩略语的相当重要的因素。高频使用能加快缩短音节形式的历程，于缩略语而言，有催生作用③。这一观点相当正确，但他未能更进一步去深入揭示缩略语生成背后的认知理据。

张治国、杨玲的研究是为数不多专门围绕汉语缩略语成因所作的探讨④。他们认为汉语缩略语产生的认知心理学原因在于人类信息处理能力和记忆能力的有限。而贪图简便心理的省力原则和致力于节省时间和空间的经济原则是导致语言缩略的直接原因。他们从认知心理学和省力原则的角度对缩略成因的探讨值得肯定，但遗憾的是点到即止，研究得不够深入。一般认为省力原则和经济原则并没有本质上的区别，可以互换使用。因此，他们还存在混淆经济原则和语言经济学之嫌，而更为重要的是未能就频率因素与经济原则的关系、经济原则所带来的理据性下降、语言经济原则的认知本质等问题作进一步探讨。可见前人对缩略动因的探讨，要么有失偏颇，要么欠缺深入和系统，未能追根溯源去揭示语言经济原则得以实现的背后的认知机制。

---

① 俞理明：《汉语缩略研究——缩略：语言符号的再符号化》，巴蜀书社 2005 年版，第 213 页。

② 同上书，第 147—215 页。

③ 王吉辉：《现代汉语缩略词语研究》，天津人民出版社 2001 年版，第 124 页。

④ 张治国、杨玲：《缩略语成因之探究》，《山东外语教学》2003 年第 2 期。

二 汉语缩略语生成的构造原则研究

缩略语的生成到底是任意的，还是有规则可循的，也一直是学者们争论不休、未能形成统一定论的话题。一些学者鉴于汉语缩略语生成过程中的复杂性，认为汉语缩略语的构造是任意、无理据的。另一些学者则认为缩略语的生成不是盲目任意的，而是有规律可循的，并提出了各种各样的构造原则。

殷志平较早从等义性、区别性和习俗性三方面探讨了缩略语的构造原则①。所谓等义性，是强调缩略语要与缩略前的原式保持语义一致，并做到意义显豁。例如，"电影明星"缩略成"影星"而非"电明"，是因为"电明"的还原性较差。区别性则是指构造缩略语时要确保其意义单一、明确，能较好地起到区别作用。例如，当对"增加生产"进行缩略时，因为已经存在"增生"这样一个词，因此只能缩略成"增产"。习俗性是指在缩略语的构造过程中习俗性扮演着重要角色，同样的原式，不同地区的人们可能基于不同的习惯，生成不同的缩略语。例如，"彩色电视机"，在中国大陆地区缩略成"彩电"，而在中国台湾地区则缩略成"彩视"。

王吉辉提出了缩略词语生成的意义段分布原则、表意明确原则和符合汉语词语构造规律三大原则②，并补充提出了缩略语成分选择中的音节位置、类推、区别度、语音四大制约因素③。意义段分布原则是汉语缩略语生成的重要原则，强调缩略语的成分必须分别取自原式中的各个意义段。简而言之，缩略语中保留下来的语素最好做到与原式中的意义段一一对应。例如，"延退"中"延"对应原式中的"延迟"，"退"对应"退休"；"商保"中的"商"和"保"分别对应原式中的"商业"和"保险"。当然这只是一种理想状况下的缩略，遵循这一原则的缩略语可解读性高，便于理解。不可否认，汉语缩略语中也存在相当多原式部分意义段在缩略语中并没有自己的"代表"，

---

① 殷志平：《构造缩略语的方法和原则》，《语言教学与研究》1999年第2期。
② 王吉辉：《现代汉语缩略词语研究》，天津人民出版社2001年版，第130—133页。
③ 同上书，136—143页。

出现表意空缺，如"非典"对应的原式为"非典型性肺炎"，但中心词"肺炎"在缩略语中并没有对应的"代表字"。同样还有"纪委"（纪律检查委员会），意义段"检查"同样没有对应成分，不一而足。与此相反，有时原式中一个意义段在缩略语中保留有一个以上"代表"，如"微电脑"（微型电脑）、"中草药"（中药、草药）中的"电脑"和"草药"未经缩略直接保留到缩略语中。表意明确原则基本等同于殷志平[①]提出的"区别性"原则。"符合汉语词语构造规律"主要指汉语缩略语也会受到汉语双音化的影响，在缩略时倾向保留双音节。此外，汉语缩略语的构成方式沿用一般词语的结构方式。音节位置制约主要是指汉语缩略语生成过程中，倾向选取意义段起首的成分，如"邮编"战胜"邮码"就是很好的例证。类推同样会影响缩略语的生成。类比效应会促使缩略语生成时成分选择趋同，即具有相同结构、部分成分相同的表达式，在缩略时会参照之前的缩略语来选择保留成分，如"支援边疆"、"支援教育"会参照"支援农业"缩略成"支农"而分别缩略成"支边"、"支教"。"区别度"和"语音"制约因素与上面所论述的"区别性"原则基本相当，在此不作过多阐述。

周国光则认为，缩略构词要遵循显义性、无歧性、习俗性三大原则。可以发现这与殷志平的三大原则基本一致，只不过将殷文中的"区别性"改成了"无歧性"[②]。即便是"无歧性"，也同"区别性"所表达的意思基本一样，只不过换了名称而已。"无歧性"同样强调在缩略语的生成过程中尽量避免与已经存在的词语相混淆。例如，"戏剧学院"为了避免引起歧义，不会缩略成"戏院"、"剧院"；"电影学院"不会缩略成"影院"。

宫齐、聂志平没有直接提出汉语缩略语的生成原则，但以原式为四字词语为例间接地提出了七条缩略语生成的制约条件：语义忠实性制约条件、习用性制约条件、语形区别性制约条件、同构性制约条

[①] 殷志平：《构造缩略语的方法和原则》，《语言教学与研究》1999年第2期。
[②] 周国光：《现代汉语词汇学导论》，广东高等教育出版社2004年版，第141—142页。

件、语境限制制约条件、信息含量制约条件、序列顺向性制约条件①。其中的前三条与殷志平②、周国光③提出的三大原则一致，在此不作赘述。

同构性制约条件强调在缩略语生成过程中，要求缩略语与原式保持相同的句法结构关系。例如，偏正结构："女子足球"→"女足"；述宾结构："编写程序"→"编程"；并列结构："财政经济"→"财经"；主谓结构："纪律检查"→"纪检"等。我们认为脱离缩略语的原式，孤立地就缩略语去谈句法结构并没有太大意义，毕竟相当多的汉语缩略语中语素所代表的意义并非其语素本身意义，如"师大"中"大"并无"大学"之义。况且，还有相当部分保留下来的只是音节，如"奥赛"中的"奥"，代表的是"奥林匹克"。此外，还有相当多的汉语缩略语生成后会发生词类转换，如"保安"由动词转类为名词，机械地规定句法结构一致并无意义。

语境限制性制约条件指缩略语可能存在所指对象依语境而变的现象，因此有其适用范围。例如，"华师"在武汉指"华中师范大学"，在上海则指"华东师范大学"，在广州则指"华南师范大学"。我们认为语境限制性制约条件只是缩略语生成后的适用范围问题，并不是决定其如何缩略的问题，把它也作为限制条件之一，从逻辑上讲存在问题。

信息含量制约条件指缩略时倾向保留信息量大、区别性好的语素，这实际同上面提到的"显义性"和"区别度"一致。

序列顺向性制约条件，指词语缩略受到顺序排列的制约，在满足其他条件的情况下，遵循 $A_1A_2 \rightarrow A_1B_1 \rightarrow A_1B_2 \rightarrow A_2B_1 \rightarrow A_2B_2 \rightarrow B_1B_2$ 的顺序。语言是灵活多变的，缩略语的构造应具体情况具体分析，这种仅凭主观观察得出的机械性序列顺向性规定是不可靠的。

俞理明从有理化倾向、类比采用、语义重心选择、表意倾向、心

---

① 宫齐、聂志平：《现代汉语四字词语缩略的制约条件》，《语言文字应用》2006年第2期。

② 殷志平：《构造缩略语的方法和原则》，《语言教学与研究》1999年第2期。

③ 周国光：《现代汉语词汇学导论》，广东高等教育出版社2004年版。

理选择等五个方面提出了故意缩略的选择规则①。其中的"有理化倾向"并不是一条选择规则,在此不作探讨。"语义重心选择"和"表意倾向"与上面讨论过的表意明确原则也基本相同。类比采用,是指缩略语在生成过程中,为了便于理解,受到提示性的约束,含有相同构成成分的词语在缩略过程中会受到类比作用的影响。"委员会"通常会受到类比作用的影响,统一缩略成"委",如"住建委"、"卫计委"、"国资委"、"发改委"、"语委"、"教委"等。心理选择是指缩略语生成过程中会受到语义、语音两方面联想作用的影响,缩略要避免同形歧义,这实际同其他学者提出的避歧原则一致,在此也不作过多重复。

尽管前人对缩略语的构造原则进行了有益的、较为详尽的探讨,其中的一些构造原则不乏道理,但是根据我们的研究,汉语缩略语构造时最为明显的取首原则只有王吉辉②非常吝啬地提及过。而更为严重的是,这些研究均是以描述为主,缺乏对缩略语构造原则的合理解释。加之,学者们多将语言视作一种自足的系统,从语言内部来研究语言,割裂了语言与认知之间的紧密联系,未能更进一步去揭示隐藏于汉语缩略语构造原则背后的认知机制。认知是语言的基础,汉语缩略语的生成构造是有其认知理据的。纯粹地从汉语缩略语的生成总结得出的构造原则,都因为缺乏认知角度的合理解释而难以令人信服。

第三节 现代汉语缩略语的属性和语法功能研究

汉语缩略语的属性也是之前学者探讨得较多的一个话题,但在这一问题的探讨上学者们同样分歧重重。相对而言,缩略语的语法功能则仅有少数学者进行过探讨。

---

① 理明:《汉语缩略研究——缩略:语言符号的再符号化》,巴蜀书社2005年版,第277—283页。

② 王吉辉:《现代汉语缩略词语研究》,天津人民出版社2001年版。

一　汉语缩略语的属性研究

林汉达先生（1955）率先指出"略语不是词儿"，但同时又提出经常使用的略语可以发展成词①。吕叔湘、朱德熙二位先生则认为简称是"特殊类型的复合词"。②随后吕叔湘先生又指出缩略的词语形式从意义上看是短语性质的，但从形式上看则更像一个词，认为它们的性质介乎词和短语之间，是"特殊的短语词"。③武占坤、王勤同样承认缩略语"词"的身份，但同样强调缩略语有别于普通词汇，是词汇系统中的特殊成分④。朱德熙先生赞同吕叔湘先生的观点，将简称视作一种特殊的复合词。⑤并进一步依据简称构成方式的不同，将"喷气式"（喷气式飞机）、"超音速"（超音速飞机）、"清华"（清华大学）等截取全称的一部分的简称叫作减缩式复合词。而将"土改"（土地改革）、"北大"（北京大学）、"指战员"（指挥员和战斗员）等称作紧缩式复合词。郭良夫先生则认为缩略的形式包括复合词和词组，缩略的复合词可以叫作缩略词，缩略的词组可以叫作缩略语。⑥王吉辉则提出缩略的单位中不只有固定语的单位，也有一些"词"，因此将"缩略语"改称为"缩略词语"。⑦

不可否认，汉语缩略形式中除了缩略语之外，还有相当一部分是"词"。并且许多的缩略形式也会随着频繁的使用而完全取代原式成为普通词汇进入词库。正如吕叔湘先生所言，缩略词语"是一种过渡形式"，相当多的"缩略语"会因为频繁使用而摇身一变成为"缩略词"。⑧因此，我们认为应以一种动态发展的眼光去看待缩略语的属

---

①　林汉达：《什么是词——小于词的不是词》，《中国语文》1955年第4期。
②　吕叔湘、朱德熙：《语法修辞讲话》，中国青年出版社1951年版。
③　吕叔湘：《汉语语法分析问题》，商务印书馆1979年版，第26页。
④　武占坤、王勤：《现代汉语词汇概要》，内蒙古人民出版社1983年版，第334—338页。
⑤　朱德熙：《语法讲义》，商务印书馆1982年版，第35页。
⑥　郭良夫：《论缩略》，《中国语文》1982年第2期。
⑦　王吉辉：《现代汉语缩略词语研究》，天津人民出版社2001年版，第8页。
⑧　吕叔湘：《汉语语法分析问题》，商务印书馆1979年版，第26页。

性，没有必要纠结于缩略语的属性是"词"还是"语"。事实上，缩略形式除了"词"和"语"外，还有"语素"和"音节"。"黑"（黑龙江）、"川"（四川）、"京"（北京）、"团"（团购）、"秒"（秒杀）等缩略形式的原式为词，截取原词中的语素，因此是缩略语素。而"麦粉"（麦当劳粉丝）、"麦"（麦克风）、"奥运会"、"面的"中的"麦"、"粉"、"奥"、"的"等源自外来音译谐音词的部分音节，因而是缩略音节。

可见，汉语缩略尽管主要以词和语为主，但即便使用缩略词语也难以概括其全部，因此，与其用缩略词语，不如沿用之前使用得较多的缩略语，用缩略语来代指汉语中所有的缩略形式。况且《现代汉语词典》也只收录缩略语这一词条。此外，收录缩略词语的词典通常也冠之以"缩略语词典"。因此，在我们的研究中，我们采用的"缩略语"是包含一切缩略形式的，既包括缩略词、缩略语，还包括缩略语素和缩略音节。

二　汉语缩略语的语法功能研究

一般认为汉语缩略语具有与原式相同的语法功能。在这一先入为主的观点影响下，汉语缩略语语法功能的研究显得较为薄弱，仅有为数不多的学者进行过初步的探讨。马庆株是其中的代表性学者，他较为详尽地论述了汉语缩略语的语法功能[①]。在他看来，汉语缩略语虽然与其原式意义相同，但语法功能却并不一定完全相同。汉语缩略语的语法功能会受到构成形式和意义的影响。马先生认为由名词性联合词组形成的缩略语的语法功能，取决于联合关系的性质和组成成分的性质，如果两项之间是相加关系，那么缩合以后指称一个事物，缩略语也是名词性，如"理工"、"报刊"等。但事实上并不尽然，因为我们也可以说"报刊媒体"、"理工男"、"动漫产业"等，这里的"报刊"、"理工"、"动漫"无疑是区别性的。

马庆株先生还认为如果缩略语的原式是联合或偏正关系的动词性

---

① 马庆株：《缩略语的性质、语法功能和运用》，《语言教学与研究》1987年第3期。

短语，并且其直接成分和缩略语的相应部分性质相同，则缩略语一般为动词性的，如"联防"、"调研"等。但事实上无论是"联防"还是"调研"都可以转类为名词，"联防"甚至还进一步转指"联合防治"的施事，"调研"也通过概念物化转类为名词。其他此类联合关系的动词性短语，如"督导"（督查指导）、"监理"（监督管理）、"监制"（监督制造）；偏正关系的动词性短语如"快递"、"婚介"等都可以转指动作的施事，"快递"还可转指动作的对象和方式。

马庆株先生还指出由名词性成分加动词性成分构成的联合短语或偏正短语的缩略语是区别词性质的，并举出"炊管"（炊管人员）、"立交"（立交路口）等例子。事实上我们现在完全可以直接使用"炊管"来指代"炊管人员"，"立交"也可直接用来指"立交桥"。其他的例子如"物管"、"城管"、"协管"（协助管理）、"婚介"等都可以转指动作的施事。

可以看出，之前对缩略语语法功能的研究尽管具备一定的价值，但较多的是探讨缩略语生成前后词性的转变，而完全忽视缩略语意义上的改变。语言是灵活多变的，词汇尤其如此。缩略法作为一种重要的造词方法，倘若新造出来的缩略语语法功能单一，意义保持不变，则其使用范围会相当有限，从而大大增加人们的认知负担。认知语言学强调基于意义的观点，认为语言形式及其语法功能由其意义决定。汉语缩略语生成之后发生的语法功能改变实际上是其语义功能发生转换的结果。换而言之，随着使用频率的增加，缩略语使用者和语言系统自身都需要缩略语能表达更多的意义，实现更多的语法功能。而这实际也是语言经济性的另一种表现形式，可以大大提高缩略语的使用效率，加速其词汇化的进程。鉴于之前研究的不足，我们将在第五章专门探讨现代汉语缩略语的语义拓展。

第四节 现代汉语缩略语的语义建构研究

汉语是表意文字，理据性相对较强。一般学者都认为汉语缩略语还原性好，根本不存在理解困难的问题。因此，尽管学者们承认汉语缩略语的意义并非其构成成分意义的简单相加，但还是极少有学者专门就汉语缩略语的语义建构进行探讨，似乎缩略语的还原是一个轻而易举、不言自明的过程。王吉辉承认汉语缩略语的意义形成较一般复合词特殊，主要不是通过构成成分的"词素"性质所具有的意义来提供[1]。俞理明更是提出缩略造成了一个新的形义结合关系，一个新的词或词素[2]。但在他们研究汉语缩略语的专著中并没有专门就此展开论述。

事实上，随着人们生活节奏的日益加快，现代汉语缩略语生成的速度也大大加快、数量相应地大大增加。加之，出于求新求异的心理和为了达到制造陌生化的效果，缩略语的使用者往往直接使用新造的缩略语而并不标出其完整的原式。一些汉语缩略语还会在不断的使用过程中，发生意义的拓展。所有这一切都表明现代汉语缩略语的语义并不是一目了然的，而是需要通过在线建构得出。

殷志平提出缩略语的语素组合不完全等同于词的语素组合，因此缩略语意义的理解无法根据一般构词规则去推断，而是需要通过联想，逆推出它在原短语中对应的形式。[3] 我们赞同这一观点，但遗憾的是他并未就此深入展开研究。

对汉语缩略语语义建构或者说还原进行研究的主要在计算语言学领域。Chang 和 Lai[4] 基于隐马尔科夫模型（Hidden Markov model）对汉语缩合式缩略语的生成和还原进行了初步的探讨。Fu 等[5]则采取隐

---

[1] 王吉辉：《现代汉语缩略词语研究》，天津人民出版社 2001 年版，第 40 页。

[2] 俞理明：《汉语缩略研究——缩略：语言符号的再符号化》，巴蜀书社 2005 年版，第 32 页。

[3] 殷志平：《构造缩略语的方法和原则》，《语言教学与研究》1999 年第 2 期。

[4] Chang, J.-S., and Y.-T. Lai, "A preliminary study on probabilistic models for Chinese abbreviations", In *Proceedings of the 3rd SIGHAN Workshop on Chinese Language Processing*, Barcelona, Spain, 2004, pp. 9-16.

[5] Guohong Fu et al., "A Hybrid Approach to Chinese Abbreviation Expansion", In Y. Matsumoto et al. (Eds.): *Computer Processing of Oriental Languages*, Berlin Heidelberg: Springer-Verlag, 2006, p. 286.

马尔科夫模型加语言知识的混合方法对汉语缩合式、节略式及统括式缩略语的还原进行了研究。他们首先通过建立短词和长词的对照表，然后使用基于隐马尔科夫模型解歧的方法为每个具有多个可选项的缩略语筛选出合适的原式。为了提高还原的准确率，还利用语境信息和缩略语构成方式等语言知识对还原结果进行校验和修正。不可否认，学者们利用计算语言学从语言信息加工处理的角度对汉语缩略语的还原进行研究具有积极意义，并且还原度好，准确率相对较高。但该研究方法缺乏从认知语言学角度对缩略语语义建构的详细阐释，并且其最大不足在于还原过程中需要依赖已有的缩略语词典、单个汉字和该汉字所能组成词语的对照表。因此这一方法对新生成的汉语缩略语的语义建构显得无能为力，而恰恰是这些新生成的汉语缩略语才更需要通过语义建构来实现理解。鉴于前人较少探讨现代汉语缩略语的语义建构，我们将在第五章利用概念整合理论和概念转喻的认知参照活动模式来详细探讨现代汉语缩略语的语义建构过程。

第五节　现代汉语缩略语的认知研究

随着认知语言学的兴起，其强大的解释力不断被学者们用来解释各种语言现象，认知语言学业已成为当前语言研究的一种重要路径。尽管偶有学者尝试从认知语言学的角度对现代汉语缩略语进行过研究，但他们的研究往往欠缺深度和广度，没有形成气候，有认知研究之名而无认知研究之实。缩略法作为汉语里的一种重要造词方法，源源不断地向汉语词汇大家庭里增添新的成员。汉语缩略语作为人们喜闻乐见、习以为常的语言形式，但过往并无学者从认知语言学角度进行过深入系统的研究。正是基于这种欠缺，才促使我们试图从认知的角度较为全面系统地研究汉语缩略语的生成理据、语义建构和语义拓展。

第六节　小结

不可否认，前人对汉语缩略语进行过积极有益的探讨，其中一些学者的研究还具有较高的学术价值。但之前的研究存在的问题同样突出，学者们多将语言视作一个自足的系统，从而只在语言系统内部来研究缩略语。从本质上来看，语言能力同人类的一般认知能力并没有差别。因此，任何脱离认知，仅在语言系统内部来对汉语缩略语进行研究注定是难以深入的，难以有说服力的。此外，之前的研究多以描述性为主，缺乏对汉语缩略语生成、语义建构等的合理解释。

之前对汉语缩略语的界定比较混乱，突出表现在缩略语是否等同于简称，数字统括语和字母词该不该纳入缩略语范畴等问题上。汉语缩略语界定上的混乱带来分类上的不统一。本着从严界定的原则，我们认为汉语缩略语应该是在原式基础之上的缩略，不应添加任何原式中不存在的成分。因此，尽管数字统括语同样是语言经济原则的体现，在本书中我们将其排除在汉语缩略语范畴之外。我们认为汉语缩略语一定是基于汉字基础上的紧缩，而不应理解为出现在汉语语言生活中的缩略语。因此，英语首字母缩略词、汉语拼音字母词，以及流行于网络上的各种字母、数字及符号混杂的缩写形式都不应该纳入汉语缩略语范畴。有别于之前学者笼统地将汉语缩略语分成缩合式缩略语和节略式缩略语的做法，我们认为"财经"、"商超"、"高大上"等不同于缩合式缩略语，宜单列出来称为拼缀式缩略语。因此，我们将汉语缩略语重新分类为缩合式缩略语、拼缀式缩略语和节略式缩略语。

尽管有些学者从经济原则的角度探讨了汉语缩略语的生成理据，但往往仅将缩略的动因归于经济原则，而未从认知的角度对缩略语的生成理据进行深入的探讨。尽管一些学者针对缩略语的构造总结出一些具有一定道理的构造原则，但是根据我们的研究，汉语缩略语生成时最为明显的取首原则反而被忽视。此外，学者们提出的构造原则均是以描述为主，欠缺合理的解释。因此，我们将在前人研究的基础上更进一步，从认知的角度对汉语缩略语的构造原则进行合理的解释，做到不仅"知其然"，更"知其所以然"。

传统观点认为汉语缩略语不存在语义建构的问题，因此之前语言学界未有学者专门研究过其语义建构。只有几位学者从语言信息处理的角度，采取计算语言学的方法对汉语缩略语的还原进行过探讨，但这更多的是基于已有缩略语词典的还原，对新生成缩略语的语义建构无能为力。汉语缩略语因其经济性带来理据性的下降，许多缩略语的语义并非其构成成分意义的简单相加。此外，缩略语的语义也是处于不断的发展演变之中。汉语缩略语的这些特点决定了对其进行语义建构研究的必要性。

之前对汉语缩略语语法功能的研究同样是沿用结构主义语言学的范式，只在语言内部对缩略语的语法功能进行描写，而全然无视语言与认知的紧密联系，仅就缩略语原式的构成形式来确定缩略语的语法功能。认知语言学强调基于使用、基于意义的观点，认为语法功能是基于使用，并服务于意义表达的。缩略语生成之后发生的语法功能改变实际上是其语义功能发生转变的结果。因此，我们将在第六章探讨汉语缩略语生成之后发生的各种语义拓展以及作用于其背后的认知机制。

总而言之，之前对汉语缩略语的研究采取的是语言本体论的研究方法，割裂了语言与认知之间的紧密联系。并且，之前对汉语缩略语的研究范式多为描述性，缺乏对缩略语构造原则的合理解释。虽然有少数学者从认知的角度对缩略语进行了初步的探讨，但都浅尝辄止。缩略语是汉语中的一种特殊语言形式，其生成、理解及语义拓展均离不开人类认知的参与决定作用。鉴于之前研究的不足，我们选择异于前人的描述性为主的路径，采取解释性为主的路径，从认知角度对汉语缩略语的生成理据、语义建构和语义拓展进行深入系统的研究。

第三章

理论基础

本书将以认知语言学的三种主要理论——概念隐喻理论、概念转喻理论以及概念整合理论作为理论框架,对现代汉语缩略语的生成理据、语义建构和语义拓展进行合理的解释。

第一节 概念隐喻理论

长期以来,学者们一直从修辞学的角度对隐喻进行研究,从认知的角度对隐喻进行系统的研究始于 Lakoff 和 Johnson[①]。1980 年 Lakoff 和 Johnson 出版了被视为认知语言学奠基之作之一的《我们赖以生存的隐喻》(*Metaphors We Live by*),他们在该专著中系统探讨了概念隐喻理论。自此,概念隐喻理论不仅在认知语言学,而且在认知和社会科学等学科领域都产生了重要影响。

一 概念隐喻的运作方式

概念隐喻理论认为隐喻不仅是一种语言现象,更是人类用来组织概念系统的认知工具。隐喻本质上是概念性的,而不仅是语言层面上的,所以被称为概念隐喻。Lakoff 和 Johnson 认为隐喻无处不在。我们日常赖以思考和行动的概念系统,本质上是隐喻性的。在他们看来,隐喻的实质是通过一事物来理解和体验另一事物[②]。因此,隐喻可以

[①] Lakoff, G. & M. Johnson, *Metaphors We Live by*, Chicago: The University of Chicago Press, 1980.

[②] Ibid., pp.4-5.

视作我们理解外部世界和进行概念化的工具。

为了区分,在概念隐喻理论里,Lakoff 和 Johnson 采用"源域"和"目标域"来代替传统修辞学的"本体"和"喻体",并借用数学术语"映射"的概念来形象说明源域和目标域之间的互动。映射具有单向性,一般只能由源域向目标域映射。王寅认为人们一般借助隐喻从熟悉的、有形的、具体的、常见的概念域来认知生疏的、无形的、抽象的、罕见的概念域,从而建立起不同概念域之间的联系,这种用熟悉的概念来认知不熟悉的概念是相似映射的认知心理理据[①]。

在概念隐喻 AN ARGUMENT IS A JOURNEY 中,通过源域 JOURNEY 来理解目标域 ARGUMENT,这一概念隐喻主要突显辩论的进程,因此在映射过程中旅行的进程被投射到辩论上来。

(1) We have *set out* to prove that bats are birds.

(2) When we *get to* the next point, we shall see that philosophy is dead.

(3) We have *arrived at* a disturbing conclusion.

斜体部分的词语"set out"、"get to"、"arrived at"原本是用来描写源域 JOURNEY 的,但现在被用来描述目标域 ARGUMENT,实现从源域到目标域的映射。隐喻映射不仅具有单向性,还具有系统性,即源域的结构系统地映射到目标域上,使得目标域保留源域的意象图式结构。在以上的路径图式中,源域的起点映射到目标域的起点,源域的进程对应目标域的进程,源域的终点对应目标域的终点,即概念隐喻的"不变原则"。不变原则实际上是对隐喻映射的一种约束,使得映射不至于太过自由随意。

隐喻主要依赖于相似性(similarity),当然这种相似性更多的是一种主观认识上的心理相似性,甚至还有可能是创造的相似性。相似性并不是指源域和目标域之间完全相似,而是源域和目标域之间存在部

[①] 王寅:《认知语言学》,上海外语教育出版社 2007 年版,第 452 页。

分、有选择性的、突显的相似性。概念隐喻通过突显目标域和源域之间存在的部分相似性，从而借助源域来理解目标域。因此，对于相同的目标域（ARGUMENT），因为突显的角度不同，选择的源域也可以不同，除了上面所列举的 JOURNEY 外，还可以是 CONTAINER 和 BUILDING，从而构建出不同的概念隐喻。

在概念隐喻 AN ARUGMENT IS A CONTAINER 中，主要突显辩论的内容。因而可以有如下表达：

(4) Your argument doesn't have much *content*.

(5) That argument has *holes* in it.

(6) Your argument *won't hold water*.

这一隐喻主要基于容器意象图式，容器的"内部"、"外部"、"边缘"分别映射到目标域相应的"内部"、"外部"、"边缘"上。

而在隐喻 AN ARGUMENT IS A BUILDING 中，则主要突显辩论的结构和力量。

(7) We've got a framework for a *solid* argument.

(8) We will show his argument to be without *foundation*.

(9) If you don't *support* your argument with *solid* facts, its whole *structure will collapse*.

同样的概念 ARGUMENT，通过构建不同的概念隐喻可以有不同的理解。Croft 和 Cruse 认为，概念隐喻是一种图式或者模式，可以通过各种示例来实现[1]。所以 Lakoff 提出，隐喻从根本上讲是概念性的，不是语言层面的。隐喻性语言不过是概念隐喻的表现形式[2]。

---

[1] Croft, W. & A. Cruse, *Cognitive Linguistics*, Cambridge: Cambridge University Press, 2004, pp.194-198.

[2] Lakoff, G., "The contemporary theory of metaphor", In Ortony (ed.). *Metaphor and Thought*, Cambridge: Cambridge University Press, 1993, pp.244-245.

语言中的隐喻只是深层概念隐喻的表象，事实上语言中大量的概念隐喻并不为我们所意识到。隐喻是我们思维和行动的方式，而这种基于体验的隐喻性思维就会促使人们在自觉或不自觉之间运用到隐喻性语言，在丰富语言表达的同时，滋生出巨大的语言生成能力。

二 隐喻作为意义拓展的重要手段

隐喻普遍存在于人们的思维中，而思维中的隐喻以语言的形式外显，所以隐喻也是一种重要的词义拓展手段。Sweetser认为隐喻是语义变化中的一种主要建构力，隐喻在不同概念域之间运作。隐喻可以使旧词增添新义，即在不改变原有词形的前提下，同一个词语为了适应表达的需要，可以不断衍生出不同的词义，达到语言表达上的精练。①

随着互联网的发展普及，我们的生活日益离不开网络。出于表达上的经济，网络上的很多词语通过基于相似性的隐喻联想，直接借用日常生活里的普通词语，使得原词语的意义得以拓展。例如，我们如果要发电邮，首先要"注册"一个"邮箱"，然后"登录"到邮箱，在邮箱里可以建立"通讯录"。我们写信的草稿会自动保存在"草稿箱"，发送的电邮会保存在"发件箱"，收到的信件会在"收件箱"，发送信件时还可添加"附件"，邮箱还提供"网盘"供我们保存文件使用。可见，原有的"注册"、"登录"、"邮箱"、"草稿箱"、"发件箱"、"收件箱"、"附件"、"通讯录"、"磁盘"的语义通过隐喻得到拓展。

再比如我们在网上购物，先得找到网上"超市"的"地址"，挑选好的商品先放进"购物车"，暂时未决定是否购买的商品可以放入"收藏夹"，"逛"完"超市"后，可以提交"订单"，去"收银台"结算，从你的支付"账户"或"网上银行"中"付款"，然后只需等待收货了。

---

① Sweetser, E., *From Etymology to Pragmatics—Metaphorical and Cultural Aspects of Semantic Structure*, Cambridge: Cambridge University Press, 1990, p. 19.

张建理以英语"face"和汉语"脸、面"为例探讨了英汉多义词的异同,发现英汉语中"脸、面"均可通过隐喻引申为"正面"(the face of a clock,门脸等)、"部位、方面"(the north face of a mountain,多面手等)、"外表、外貌"(face value,鞋面,地面等),并可由基本义"脸部"隐喻派生出"名声、尊严"(lose face,丢脸,爱面子等),再在此义的基础进一步隐喻引申为"情面、交情"(赏脸,不讲面子等)。①

Nie和Rong通过对汉语中"水"概念的研究表明,"水"的意义能够延伸到六个上位概念域:自然(nature,如"山清水秀"、"巴山蜀水"等)、生命支撑物(life sustainer,如"肥水"、"油水")、运动(movement,如"车水马龙"、"行云流水"等)、力量(power,如"水滴石穿"、"洪水猛兽"等)、纯洁(purity,如"水灵"、"淡水交情"等)和女人(woman,如"鱼水之欢"、"红颜祸水"等)②。"水"的意义拓展很多是基于概念隐喻的,当然由于转喻和隐喻的连续体关系,很多时候是两种认知机制共同作用的结果。

覃修桂还基于语料对英汉"眼"的概念隐喻拓展进行了研究,发现"眼"能够基于概念隐喻向"知识/智力域"、"情感/态度域"、"社会/事物关系域"以及"形状/时间域"投射,从而实现意义的拓展③。可见,作为概念化的重要方式,隐喻是实现意义拓展的重要认知机制。Lakoff指出,隐喻仅存在于人的大脑,存在于人的概念性映射,而隐喻的意义肯定与思维相关,它不存在于词,也并不存在于客观世界,而是人的思维将一种新的意义强加于目标域。④

---

① 张建理:《英汉多义词异同研讨:以"脸、面"为例》,《外国语》2003年第4期。
② Yaning Nie & Rongchen, "Water metaphors and metonymies in Chinese", *Pragmatics & Cognition*, Vol. 16, No. 3, 2008, pp. 492-516.
③ 覃修桂:《"眼"的概念隐喻——基于语料的英汉对比研究》,《外国语》2008年第5期。
④ Lakoff, G., "Cognitive linguistics: What it means and where it is going", *Journal of Foreign Languages*, No. 2, 2005, pp. 8-9.

第二节 概念转喻理论

同隐喻一样，转喻最初也是被视作一种主要用于指代的辞格。同样是 Lakoff 和 Johnson① 最早从认知的角度对转喻进行研究，他们承认转喻的主要功能是指称，并认为转喻同隐喻一样，是人们借一事物理解另一事物的手段，即同样是一种概念化的方式，普遍出现在我们日常的思维和行为之中。

一 概念转喻的运作方式

概念隐喻是基于相似性的跨域映射，而概念转喻则是基于邻近性（contiguity）的域内映射。Lakoff 和 Johnson 指出，转喻是用突显、易感知、易记忆、易辨认的部分代替整体或其他部分，或用具有完型感知的整体代替部分的认知过程。② Lakoff 和 Johnson③ 从域（domain）的角度分析了概念转喻，认为转喻的主要功能是同一个认知域内的指称。转喻通常发生在整体（W）和部分（P）之间的互相转指（如图3-1所示），或者部分（P）和部分（P）之间的互相转指（如图3-2所示）。这种整体代替部分或者部分代替整体以及部分替代部分的转喻，主要是基于二者概念之间的邻近性。

(10) There are a lot of *good heads* in the university.

当我们用"*good heads*"来代替"intelligent people"时，涉及的不仅是简单地用部分"head/头"代替整体"person/人"，而是刻意挑选出人的某一方面特征，即智力，来代替"人"这一整体。而智力是与

---

① Lakoff, G. & M. Johnson, *Metaphors We Live by*, Chicago: The University of Chicago Press, 1980.

② Ibid., p. 37.

③ Ibid..

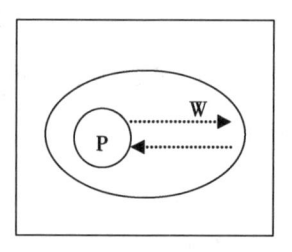

图 3-1 整体和部分之间的互相转指

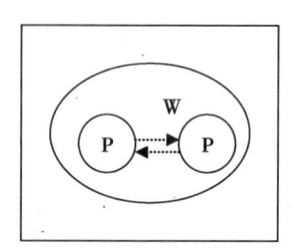

图 3-2 部分和部分之间的互相转指

人的头部紧密相连的,即"部分代整体"中"部分"的选择不是随意的,而是基于对"整体"中某一部分的突显而定。在这一转喻中,"Head"相对于人的整体无疑是突显的,因而可以替代整体"intelligent people"(有智慧的人)。

Radden 和 Kövecses 认为整体和部分之间的区别对转喻过程而言至关重要①。鉴于我们对世界的知识是以结构化了的 ICM 来组织的,他们将产生转喻的关系分为两种类型:一种是整体 ICM 与部分之间的替代关系;另一种是整体 ICM 中部分和部分之间的替代关系。

(一)整体 ICM 和部分之间的互相转指

Radden 和 Kövecses 认为整体—部分结构关系可以进一步细分为以下几种②:

---

① Radden, G. & Z. Kövecses, "Towards a theory of metonymy", In Panther, K-U. & G. Radden (ed.), *Metonymy in Language and Thought*, Amsterdam / Philadelphia: Benjamins, 1999, p. 30.

② Ibid., pp. 31-36.

1. 事物和部分 ICM（Thing-and-Part ICM）

事物整体转指部分。例如，Lighting the Christmas tree 可以转指 lighting the candles on the Christmas tree。

事物部分转指事物整体。例如我们经常用 hand，face，head 来代指 person。

2. 等级 ICM（Scale ICM）

等级转指等级中的上位成分（the upper end of a scale）。例如 He is speeding. 可以转指 He is driving too fast.

等级中的上位成分转指等级。例如"今天气温多高？"（"高"转指"温度的高低程度"）。

3. 构造 ICM（Constitution ICM）

事物转指其构成要素。例如，"我闻到了臭豆腐"。（"臭豆腐"转指"臭豆腐发出的臭味"）

构成要素转指事物。例如，"我喜欢羊绒"（"羊绒"转指羊绒制成的"羊绒衫"、"羊绒被"等）。

4. 事件 ICM（Event ICM）

整个事件转指子事件。例如，Bill smoked marijuana（吸食大麻整个事件包括点燃、吸入、吐出等各个子事件，"吸食大麻"转指核心子事件"吸入大麻"）。

子事件转指整个事件。例如，They went to the altar（以婚礼事件中的起始子事件"走向圣坛"来转指"婚礼"）。

事件 ICM 中的转喻还可用于情态系统，可以演变出以下几种转喻现象：

现在转指惯常行为。例如，Mary *speaks Spanish.*

现在转指将来。例如，"I am *off*"转指"I will be off".

实际转指可能。例如，"He is *an angry person*"转指"He can be angry."

可能转指实际。例如，"I *can see your point.*"转指"I see your point."

5. 范畴和成员 ICM（Category-and-Member ICM）

范畴转指范畴成员。例如，用 the *pill* 转指避孕药 *birth control pill*。

范畴成员转指所属范畴。例如，*aspirin* 转指所有的止痛药。

6. 范畴和范畴属性 ICM（Category-and-Property ICM）

范畴转指范畴定义属性。例如，*jerk* 转指 *stupidity*。

范畴定义属性转指范畴。例如，*black* 转指 *black people*。

7. 缩减 ICM（Reduction ICM）

部分的语言形式转指完整形式。例如：*crude* 转指 *crude oil*。这种转喻具有不可逆性，即完整形式不转指部分语言形式，它是语言缩略的理据。

（二）整体 ICM 内部分之间的互相转指

除了整体与部分之间的转指外，转喻还可以在同一 ICM 内部分与部分之间发生转指。Radden 和 Kövecses 认为这种部分与部分之间的转指关系主要出现在以下各种 ICM 中[①]。

1. 动作 ICM（Action ICM）

动作可以视作由施事、工具、方式、受事、时间、地点等一系列参与者角色构成的整体。词类转换可以视作动作 ICM 内部分之间的转指关系。

施事转指动作。例如，to *author* a book；

动作转指施事。例如，*writer*；*driver*[②]；

工具转指动作。例如，to *ski*；to *hammer*；

动作转指工具。例如，pencil *sharpener*；

事物转指动作。例如，to *blanket* the bed；

动作转指事物。例如，the best *bites*；

结果转指动作。例如，to *landscape* the garden；

动作转指结果。例如，the *product*；

---

① Radden, G. & Z. Kövecses, "Towards a theory of metonymy", In Panther, K-U. & G. Radden (ed.), *Metonymy in Language and Thought*, Amsterdam / Philadelphia: Benjamins, 1999, pp. 37-43.

② 英语中"动作转指施事"和"动作转指工具"等不是直接转指，而是要通过加后缀-er、-or 等实现。而汉语中则是直接转指，如"快递"等直接由"动作转指施事"；"监控"等直接由"动作转指工具"。

方式转指动作。例如，to *tiptoe* into the room；

动作转指方式。例如，He *sneezed* the tissue off the table；

时间转指动作。例如，to *summer* in Paris；

目的地转指动作。例如，to *porch* the newspaper；

工具转指施事。例如，the *pen* 转指 *writer*。

2. 控制 ICM（Control ICM）

控制者转指被控制者。例如，瓜迪奥拉击败穆里尼奥。（"瓜迪奥拉"、"穆里尼奥"分别转指他们所指挥的西班牙巴塞罗那足球队和皇家马德里足球队）。

被控制者转指控制者。例如，The *Mercedes* has arrived.（"奔驰"转指其车主）。

3. 领属 ICM（Possession ICM）

所有人转指所有物。例如，That's *me*."me"转指 *my bus*。

所有物转指所有人。例如，He married *money*.（"金钱"转指"有钱人"）。

4. 容器 ICM（Containment ICM）

容器转指容纳物。例如，The *bottle* is sour.（"瓶子"转指"瓶子里的牛奶"）。

容纳物转指容器。例如，The *milk* tipped over.（"牛奶"转指"奶瓶"）。

5. 处所 ICM（Location ICM）

处所转指居住者。例如，The *whole town* showed up.（"城镇"转指"城镇居民"）。

居住者转指处所。例如，The *French* hosted the World Cup Soccer Games.（"法国人"转指"法国"）。

处所转指机构。例如，*Cambridge* won't publish the book.（"剑桥"转指"剑桥大学出版社"）。

机构转指处所。例如，我住在师大附近。（"师大"转指"师大所在地"）。

处所转指事件。例如，*Waterloo* 转指"滑铁卢战役"。

事件转指处所。例如，*Battle* 因在此地的战役而得名。

6. 语言符号和指称 ICM（Sign and Reference ICM）

词语转指词语所表达的概念。例如：a self-contradictory utterance（"话语"转指"话语所表达内容"）

　　Croft 主张以突显，而不是邻近性来定义转喻。Croft 认为转喻是发生在单一认知域矩阵内的映射，是次认知域（secondary domain）和主认知域（primary domain）之间的突显关系[①]。Langacker 也强调，转喻由相对突显原则提供理据，高度突显的实体作为认知参照点去唤起不那么突显的实体。选择"good heads"、"pretty face"来转指"person"并不是随意的，而是基于相对突显原则，用高度突显的"部分"（good heads、pretty face）作为认知参照点去激活"整体"（person）。基于认知突显原则的转喻同时实现了经济最大化原则[②]。

　　事实上部分和整体之间的邻近关系和突显关系并不矛盾，许多时候突显是以邻近性为前提的，只有概念上邻近的事物才可能用突显的部分来代替整体。我们认为现代汉语缩略语的生成同样是用突显、易感知、易记忆、易辨认的语言形式部分代替完整的原形形式，即现代汉语缩略语的生成是基于突显原则的转喻机制作用的结果。

二　转喻作为一种认知参照现象

　　同隐喻一样，转喻也是语言理解的一种手段。Langacker 把转喻定义为"一种参照点现象，是一个实体通过转喻表达以参照点的方式为转喻目标提供心理通道的过程"[③]。Langacker 进一步指出转喻就是一个参照点现象。转喻词语指定的实体充当认知参照点，为被描述的目

[①] Croft, W., "The role of domains in the interpretation of metaphors and metonymies", *Cognitive Linguistics*, No. 4, 1993, pp. 347-348.

[②] Langacker, R. W., *Foundations of Cognitive Grammar, Vol. II Descriptive Applications*, Stanford: Stanford University Press, 1991.

[③] Langacker, R. W., "Reference-point constructions", *Cognitive Linguistics*, No. 4, 1993, p. 30.

标提供心理可及，由此引导听读者将注意力聚焦于其所要通达的目标上来①。

认知参照点的概念由 Rosch 率先提出，她将认知参照点定义为充当感知的锚定点（anchoring points）的"理想典型"（ideal types）②。Rosch 认为范畴中的原型能充当认知参照点，引导人们依据一些事物与原型的关系去判断它们是否属于某个范畴。

事实上，人们总是在自觉或不自觉之间运用到参照点能力。在地理位置的确定上，一些醒目的标志性建筑会被选作参照点，引导人们顺利到达目的地。请看下例：

（11）A：请问南昌新华书店在哪？
      B：八一广场，南昌百货大楼旁。

八一广场是南昌的标志性场所，人们对它的认知度很高，充当认知参照点具有很好的指示作用。同样位于八一广场的南昌百货大楼又进一步充当更为详尽的参照点，这样就可以很方便地定位南昌新华书店。

信件、快递的投递同样是对参照点的充分利用。如果要寄信件到江西师范大学外国语学院，收信地址是江西省南昌市高新区紫阳大道99号江西师范大学外国语学院。这里的江西省、南昌市、高新区、紫阳大道99号、江西师范大学分别作为参照点从大到小一步步引导信件的准确投递。提及新希望集团现任董事长，知道的人可能很少。但如果换种表达，如新希望集团前董事长刘永好之女刘畅，则会让人一目了然。刘永好作为《福布斯》富豪榜的常客，其知名度无疑要高得多，因此这是一种所属结构的参照点现象。

Langacker 提出的认知参照模式如图 3-3 所示：

---

① Langacker, R. W., *Grammar and Conceptualization*, Berlin/NewYork: Mouton de Gruyter, 1999, p.174.
② Rosch, E. H., "Cognitive reference points", *Cognitive Psychology*, Vol.7, No.4, 1975, p.532.

```
        T
   D  R
      ↑
      ↑
      C
```

C=onceptualizer（识解者）

R=reference point（参照点）

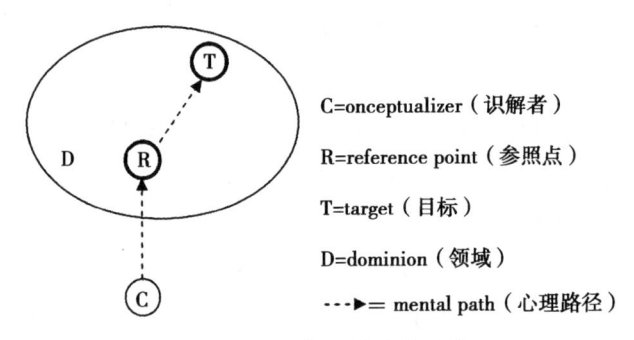

T=target（目标）

D=dominion（领域）

---▶ = mental path（心理路径）

图 3-3　参照活动模式①

图中的 C 代表识解者，R 即为认知参照点，T 为所要通达的目标，D 代表参照点可以通达所有目标的集合所构成的域。Langacker 主要用认知参照点来解释所属结构、转喻等。Radden 和 Kövecses② 认可 Langacker 对转喻定义的心理通道说，提出了一个广为人们接受的新定义：转喻是在同一理想化认知模型中，一个概念实体（源域）为另一概念实体（目标域）提供心理通道的认知操作过程。

(12) 毕加索在二楼展厅

"毕加索"在此处明显不是指"毕加索"其人，而是充当认知参照点，为被描述的目标提供心理可及，引导解读者将注意力聚焦到其所要通达的目标上来。而对于大多数人而言，熟悉度最高，最为突显的"毕加索"无疑是西班牙画家、雕塑家，因而此处的转喻作为参照点引导人们建构通往"毕加索画作"的心理通道。毕竟，谈及"创作者"，人们第一时间会联想到其创作出的"作品"。但这只是"毕加索"作为参照点众多可能性中的一种，每个参照点涉及一个特定的领域。并且，意义的解读还依赖于解读者不同的生活体验。对于汽车迷

---

① Langacker, R. W., *Grammar and Conceptualization*, Berlin/NewYork：Mouton de Gruyter, 1999, p. 174.

② Radden, G. & Z. Kövecses, "Towards a theory of metonymy", In Panther, K - U. & G. Radden (ed.), *Metonymy in Language and Thought*, Amsterdam / Philadelphia：Benjamins, 1999, p. 21.

而言，谈及"毕加索"，他们立马想到的是法国雪铁龙公司生产的多功能混合型休闲轿车。Langacker 指出，语言形式明示的信息只具有潜在的可能性，能够通过一些具体方式联结的成分提供心理通道，但并不能直接建立起说话者和听话者理解的具体联系①。

基于突显原则生成的汉语缩略语，也充当着参照点的作用，引导人们进行意义的构建。虽然一些学者认为通过缩略语能够十分轻松地还原出其缩略前的原式，从而可以毫不费力地理解缩略语的意义，但事实并非如此，缩略截取的不仅有词，还有语素，甚至音节。即便截取的是词，缩略语的意义也并不是词语意义的简单相加。缩略语中的词或语素，抑或音节，充当的是认知参照点引导人们在语境的提示下去还原其减缩前的词语形式，从而完成缩略语意义的建构过程。例如，在"彩电"（彩色电视机）、"风电"（风力发电）、"白电"（白色家电）、"电商"（电子商务）、"电玩"（电动玩具）、"触电"（接触电影）、"电联"（电话联系）、"广电"（广播电视）等缩略语中，表面看似相同的"电"字，实则作为认知参照点，引导人们通达不同的词语，建构不同的意义。

Panther 和 Thornburg 直接提出转喻是一个意义建构的过程，在一个转喻关系中，始源意义和目标意义通过语言工具（语素、词语、短语、句子）相连②。汉语缩略语的意义也可以视作一个基于转喻认知的建构过程，只不过不同于一般转喻的是，缩略语只是语言形式上的简缩，其意义和原式并无差别。

三 转喻作为词义拓展的重要机制

转喻除了用于指称和充当认知参照点外，它还是意义拓展的一种重要认知机制。各种语言中均存在大量基于转喻产生的词语，如汉语

---

① Langacker, R. W., "Metonymy in grammar", *Journal of Foreign Languages*, No. 6, 2004, p. 2.

② Panther, K. -U. & L. Thornburg, "Inference in the construction of meaning: The role of conceptual metonymy", In Gorska, E. & G. Radden (eds.). *Metonymy-Metaphor Collage*, Warsaw: Warsaw University Press, 2005, p. 42.

中的"锅贴"是基于"制作方式代指事物"的转喻产生的,"顶针"、"围脖"是基于"功能代事物"的转喻生成的。语言中基于转喻生成的词语数不胜数,转喻甚至可以说是一种重要的构词手段。转喻除了直接生成词语外,还是对现有词语意义进行拓展的一种重要认知机制。Barcelona 认为转喻比隐喻更加普遍,很多时候,转喻构成隐喻映射的基础①。

Zhuo 通过对汉语中的言语行为进行研究,发现差不多一半的表达是基于"发音器官转指言语"的转喻产生的,如"顶嘴"、"插嘴"、"多嘴多舌"、"油嘴滑舌"、"三寸不烂舌,两行伶俐齿"等中的"嘴"、"舌"、"齿"均属于这种基于转喻的意义引申②。

张建理对汉语"心"的多义网络进行研究,同样发现"心"的语义引申方式主要为转喻,如"欢心"、"安心"、"称心"、"寒心"、"忧心忡忡"、"心神不宁"等③。Taylor 更是指出转喻是意义延伸的最基本的过程,可能比隐喻更为基本④。当然,由于转喻和隐喻构成一个连续体,大量的隐喻是以转喻为基础的,因此很多时候在意义的引申过程中,转喻和隐喻交织在一起,很难分辨出是单纯基于转喻还是隐喻的。

现代汉语缩略语生成之后,其意义并非完全保持不变,其中一些缩略语会发生语义的引申。这种语义的引申,既包括语义范畴的扩大(如"高参"由军队里的"高级参谋"扩大为泛指"为他人出谋划策的人")、缩小("公交"由泛指"公共交通",缩小为专指"公共交通里的公共汽车")或转移("地铁"由"地下铁路"转指"地下铁路列车"),也包括更多的汉语缩略语发生名动互转、形容词转变为

---

① Barcelona A., "Clarifiying and applying the notions of metaphor and metonymy within cognitive linguistics: An update", In R. Dirven & R. Pörings (ed.). *Metaphor and Metonymy in Comparison and Contrast*, Berlin/New York: Moulton De Gruyter, 2003, pp. 31-58.

② Zhuo Jing-Schmidt, "Much mouth much tongue: Chinese metonymies and metaphors of verbal behaviour", *Cognitive Linguistics*, Vol. 19, No. 2, 2008, p. 241.

③ 张建理:《汉语"心"的多义网络:转喻与隐喻》,《修辞学习》2005 年第 1 期。

④ Taylor, J. R., *Linguistic Categorization: Prototypes in Linguistic Theory*, Oxford: Clarendon Press, 1995, p. 124.

名词以及"副+名"构式等功能转换。汉语缩略语的绝大多数语义引申都是基于概念转喻的,可以在 Radden 和 Kövecses[1] 所论述的概念转喻框架内得到很好的解释,这种语义引申实质是同一 ICM 内基于概念邻近关系的"整体—部分"、"部分—部分"之间的互相转指。

第三节 概念整合理论

概念整合理论（Conceptual Integration/Blending Theory）是 Fauconnier[2]、Fauconnier 和 Turner[3][4]、Coulson[5]（2001）等在 Fauconnier[6] 提出的心理空间理论（the mental space theory）基础上发展起来的一种认知语言学理论。在 Fauconnier 和 Turner 看来,概念整合是人类一种基本、普遍的认知方式。Fauconnier 和 Turner 将概念合成解释为心理空间的合成,而心理空间是人们思维和谈话时为了话语当前的理解所构建的一些小的概念集。因此,概念合成也就是关于对言语交际过程中各心理空间相互映射并产生互动作用的系统性阐述,其宗旨是试图揭示言语意义在线建构背后的那座认知冰山。

一 概念整合理论的运作方式

Fauconnier 和 Turner 认为概念整合是人类基本、普遍的认知方式,

---

[1] Radden, G. & Z. Kövecses, "Towards a theory of metonymy", In Panther, K-U. & G. Radden (ed.), *Metonymy in Language and Thought*, Amsterdam/Philadelphia: Benjamins, 1999.

[2] Fauconnier, G., *Mappings in Thought and Language*, Cambridge: Cambridge University Press, 1997.

[3] Fauconnier, G. & M. Turner, "Conceptual integration networks", *Cognitive Science*, Vol. 22, No. 2, 1998, pp. 133–187.

[4] Fauconnier, G. & M. Turner, *The Way We Think*, New York: Basic Books, 2002.

[5] Coulson, S., Semantic Leaps: Frame-Shifting and Conceptual Blending in Meaning Construction, New York: Cambridge University Press, 2001.

[6] Fauconnier, G., *Mental Spaces*, New York: Cambridge University Press, 1994.

是我们思考和行动的方式①。所谓概念整合是指心理空间的整合，最基本的概念整合网络模式是由四个空间构成的网络：两个输入空间，一个合成空间，以及一个类属空间。类属空间（generic space）向两个输入空间映射，它反映输入空间一般、抽象、共有的结构和组织，规定它们之间的核心跨空间映射。同时输入空间部分、有选择性地投射到合成空间（the blend），输入空间相应的投射组成合成空间所没有的关系结构，并在背景框架知识、认知、文化模式的作用下，在合成空间中使被激活的模式不断完善。也就是说，当部分表征投射到合成空间时，可能会激活附加的概念结构图式；或者当合成空间中的结构与人们长期记忆中的信息相匹配时，一些隐性信息就会自动地被激活。最后根据自身的新创逻辑在合成空间中进行认知运作，运用人的想象力可以依据新创结构对细节进行扩展，最终产生新创结构（Emergent structure），实现意义的建构过程。概念整合过程可简单如图3-4所示：

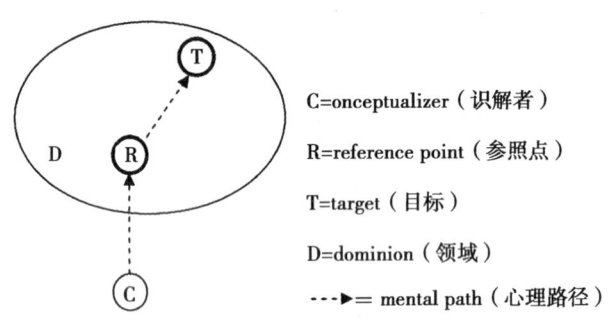

C=onceptualizer（识解者）
R=reference point（参照点）
T=target（目标）
D=dominion（领域）
---▶= mental path（心理路径）

图3-4 概念整合网络②

当然，输入空间不一定只有两个，有可能是多个。此外，概念整合通常并非一劳永逸的，许多时候一个概念整合的产物又会作为输入空间参与到另一次概念整合过程，从而构成错综复杂、相互联系的概念整合网络。这与认知参照模式相类似，在认知参照模式中突显的认知参照点激活原本不那么突显的转喻目标，使得原来隐藏于幕后的转

---

① Fauconnier, G. & M. Turner, *The Way We Think*, New York: Basic Books, 2002.

② Fauconnier, G., *Mappings in Thought and Language*, Cambridge: Cambridge University Press, 1997, p.151.

喻目标得以突显。突显的转喻目标又可能充当认知参照点引导通达更为隐秘的目标。当然，基于每个人不同的体验及知识文化背景，相同的输入可能激活不同的背景框架知识，得到不同的概念整合结果。

相对于概念隐喻理论和概念转喻理论，概念整合理论坚持意义的在线建构观，强调意义建构的动态性。Fauconnier 和 Turner[1] 以"red pencil"为例，认为它除了可以表达"表皮被染成红色的铅笔"这一常规意义之外，还可被建构成"留下红色印记的铅笔"（铅笔芯是红色，或者是铅笔中的化学物质与纸发生反应产生红色印记），也可指"用于记录穿着红色队服球队比赛活动的铅笔"，也可指"被红色唇膏弄脏了的铅笔"，甚至还可指"用来记载财政赤字的铅笔"。可见，看似简单的"red pencil"，并不是其组成成分"red"和"pencil"意义的简单相加，实则包含着复杂的概念整合过程。

Fauconnier 和 Turner[2] 还以"dolphin-safe"为例，进一步证实了在看似简单的言语意义建构过程中所涉及的复杂的幕后认知操作。假如"dolphin-safe"出现在金枪鱼罐头上（dolphin-safe tuna），表示捕捞金枪鱼时会采取相应措施确保不会伤害到海豚。此时在 safe 激起的危险框架中，海豚扮演的是潜在的受害者角色。但在"dolphin-safe diving"，用于表达"由海豚保护的海底探矿潜水"时，海豚变成保护潜水员安全的施动者。"dolphin-safe diving"还可理解为模拟海豚游泳方式的跳水，因而是安全的，此时"dolphin"激活的是海豚的游泳方式。而假如海豚吃金鱼，那么在"dolphin-safe goldfish"中，海豚则转变为捕食者的角色。而当基因工程师不会将克隆技术运用于克隆海豚胚胎，因而海豚是安全的，此时，"dolphin"既不是受害者，也不是施害者，亦非施事，或者其他语义角色模式。

语言的运用是灵活多变的，因此在理解语言时，需要充分激活我们大脑里的背景知识，并灵活地结合当前语境进行概念结构的整合。概念整合充分体现了语言的灵活性，最大化地展现了语言意义的在

---

[1] Fauconnier, G. & M. Turner, *The Way We Think*, New York: Basic Books, 2002, p. 27.
[2] Ibid., p. 354.

线、动态建构特性。所以 Turner 认为语言表达式本身没有意义，有的只是意义潜势，语言表达式不过是我们建构意义的提示①。

二 概念整合作为语义建构的认知机制

概念整合理论作为一种普遍的认知模式，广泛地应用于各种认知领域，尤其是对语言的理解。Fauconnier②、Coulson 和 Fauconnier③、Coulson④、Fauconnier 和 Turner⑤、张辉和李佐文⑥等广泛应用概念整合理论来解释名名组合、形名组合的语义建构。Coulson 甚至宣称，概念整合是构建混合认知模型创造性的语言实践所催生的理论，它对语言现象的整合过程可以用于所有的认知和语言现象⑦。周启强、白解红⑧研究表明，英语拼缀构词的认知机制可以归结为不同心理空间的概念合成。

我们以英语拼缀词 trashketball 为例，来看一下概念整合理论在拼缀词意义建构中的作用。作为认知参照点的 trashketball 会激活其两个构成成分"trashcan"和"basketball"，即 trashketball 来自对名名复合词"trashcan basketball"的进一步拼缀。该词语来自两个大学生在宿

---

① Turner, M., *Reading Minds: The Study of English in the Age of Cognitive Science*, Princeton: Princeton University Press, 1991, p.206.

② Fauconnier, G., *Mappings in Thought and Language*, Cambridge: Cambridge University Press, 1997.

③ Coulson, S. & G. Fauconnier, "Fake guns and stone lions: conceptual blendings and privative adjectives", In B. A. Fox, D. Jurafsky and L. Michaelis (eds.). *Cognition and Function in Language*, Stanford, California: Publications of the CSLI, 1999, pp.143-158.

④ Coulson, S., *Semantic Leaps: Frame-Shifting and Conceptual Blending in Meaning Construction*, New York: Cambridge University Press, 2001.

⑤ Fauconnier, G. & M. Turner, *The Way We Think*, New York: Basic Books, 2002.

⑥ 张辉、李佐文：《从"red pencils"和"fake guns"谈起：形名组合的认知语义学研究》，《外语研究》2001年第2期。

⑦ Coulson, S., *Semantic Leaps: Frame-Shifting and Conceptual Blending in Meaning Construction*, New York: Cambridge University Press, 2001.

⑧ 周启强、白解红：《英语拼缀构词的认知机制》，《外语教学与研究》2006年第3期。

舍里挑灯夜读，他们不断地撕纸，并把它们揉成纸球，沮丧地把它们扔到废纸篓里（trashcan），并戏谑地将其称为"trashcan basketball"。

基于"纸球"、"纸篓"和"篮球"、"篮筐"之间的相似，类比思维引导人们在这两者之间建立联系，并互相映射。输入空间1为体育运动中将篮球投入篮筐的动作，输入空间2为学生在宿舍进行的将废纸搓揉成球抛入纸篓的动作。"纸球"对应于"篮球"，"纸篓"对应于"篮筐"，以及二者之间相同的抛投动作。输入空间部分地、有选择地投射到合成空间，再经过"组合"、"完善"和"扩展"三个彼此关联的心理认知过程的相互作用产生新创结构，从而实现意义的建构。

整合空间包含了两个输入空间部分的内容和结构，形成一个新的概念。新创结构的产生过程就是新意义的推演和产生过程。这种心理空间的整合和映射其实就是一种新的概念化过程，即一个由旧有的、关于篮球的知识和经验来描述新奇的将废纸搓揉成纸球抛向纸篓的全新经验，并形成和理解这一全新概念的过程。trashketball 的语义建构过程如下图所示：

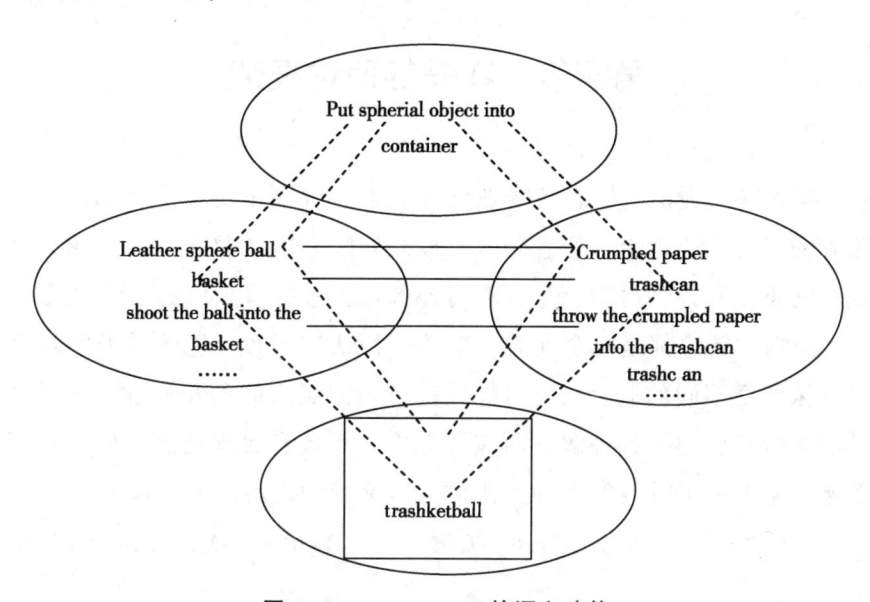

图 3-5　trashketball 的语义建构

Fauconnier 和 Turner[①] 以 chunnel（channel+tunnel，海底隧道）和 McJob（McDonald+Job，单调乏味的低薪职业）为例将英语拼缀词视作形式合成（formal blending），并认为它们体现了形式和概念两方面最大化的压缩和整合，在形式和概念两个层面满足了概念整合的网络和解包指导原则。经济原则是语言编码的一条重要原则，虽然最初诞生的"trashcan basketball"能实现表达"废纸篓篮球"的意义，但不够精练。而拼缀词"trashketball"却能很好地兼顾表达上的"准确"和"精练"，并且容易创造和理解，因此这一拼缀形式会在语言进化的优胜劣汰过程中取得优势而得以保留下来。

现代汉语缩略语从某种程度上看，与英语拼缀词的构成过程极为相似，只不过英语拼缀词截取的是音节或词，而汉语缩略语截取的多是语素和字词。因此，汉语缩略语的意义建构也可用概念整合理论进行阐释。缩略语中的组成成分，通过转喻以部分的形式去代替原式中完整的形式。在意义建构中，这些保留下来的成分充当认知参照点去激活原式，从而引导人们完成对其意义的建构。

第四节 本书的理论框架

概念隐喻理论、概念转喻理论和概念整合理论是奠定认知语言学基础的三种主要理论。概念隐喻、概念转喻和概念整合也普遍出现在我们的思考和行动之中，是我们对外部世界进行概念化的主要方式。

隐喻和转喻都是概念性的，都是一种认知过程。隐喻涉及源域和目标域两个不同的概念域，目标域基于与源域之间的相似性，通过源域的跨域映射而得到理解。而在转喻中，源域和目标域属于同一个概念域，基于邻近性或突显性，源域为目标域的理解提供心理可及。

汉语缩略语是基于 $FORM_A$-$CONCEPT_A$ FOR $FORM_B$-$CONCEPT_A$ 的

[①] Fauconnier, G. & M. Turner, *The Way We Think*, New York: Basic Books, 2002, pp. 366-367.

转喻生成的。从宏观上看，概念转喻是缩略语生成的理据。从微观上看，原式中哪些成分该保留下来构成缩略语也不是任意的，而是有理据的。一般缩略语构造时会遵循取首原则、语义显豁原则和避歧原则，这些构造原则实质都是将突显的成分保留下来，以方便缩略语的理解，其本质都是以突显的部分（缩略语）来代替整体（原式），都可通过概念转喻理论得到合理的解释。因此，在我们的理论框架中基于突显关系的概念转喻理论可以用来对现代汉语缩略语的生成理据进行阐释。

转喻还是意义建构的一种重要认知机制。概念转喻也可被视作一种认知参照现象，可用于汉语缩合式缩略语、拼缀式缩略语转喻义以及节略式缩略语基本义的语义建构。相比于隐喻和转喻对语言的理解，概念整合理论更强调意义的在线、动态建构过程。汉语缩略语因其特有的不完备性，其意义并非组成成分意义的简单相加，而是一个建构的过程。汉语缩略语正是以一种部分、残缺的方式，通过激活一系列复杂内隐的认知过程来完成意义建构的。无论是缩合式缩略语，还是拼缀式缩略语，它们基本意义的建构都是基于突显的认知参照点引导下的概念整合。很多时候，整合的结果又会发生进一步的整合，从而实现意义的隐喻拓展。或者整合的结果又会充当认知参照点，引导通达缩略语的转喻引申义。因此，本书将构建概念整合理论和概念转喻理论的混合作用模型来完成汉语缩略语的在线语义建构。

作为人类思考和行动的方式，隐喻和转喻普遍出现在语言中。隐喻和转喻也是词语生成及其意义拓展的重要机制，并且隐喻和转喻往往交织在一起，很难截然分开，许多词语的生成及意义的拓展同时涉及隐喻和转喻两种认知机制。概念隐喻和概念转喻作为词义拓展的重要认知机制将会被用来探讨现代汉语缩略语生成之后的语义拓展，本书搭建一个转喻和隐喻交互作用模式来对汉语缩略语生成之后形形色色的语义拓展作出合理的解释。

简而言之，本书将主要利用概念转喻理论来对现代汉语缩略语的生成理据进行合理的解释，而主要利用概念整合理论和概念转喻理论来探讨汉语缩略语的语义建构，并且还将构建概念转喻理论和概念隐喻理论的复合模型来研究汉语缩略语生成之后的语义拓展。本书搭建的理论框架可简单图示如下：

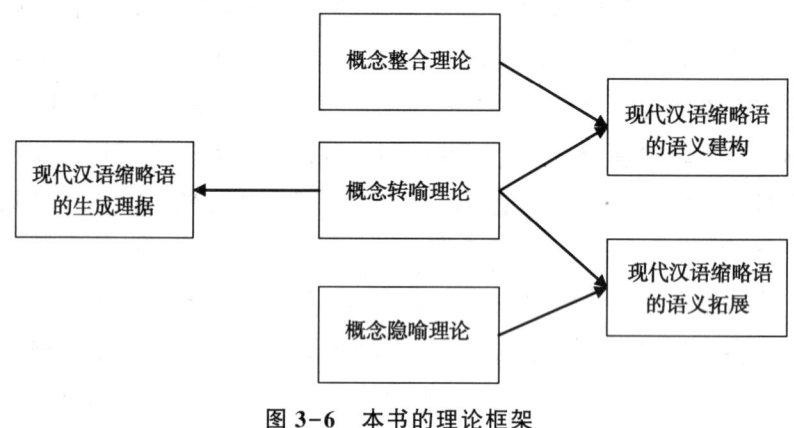

图 3-6　本书的理论框架

在搭建好汉语缩略语的生成理据、语义建构和语义拓展的理论框架后，接下来我们将运用这些认知语言学理论一一对其进行阐释，首先探讨汉语缩略语生成的认知理据。

第四章

现代汉语缩略语生成的认知理据

认知语言学认为语言符号是人们基于对外部客观世界的感知，经由人类的认知加工编码后的结果，因而这种编码并非是随意的，而是有理据的。现代汉语缩略语的生成是在原有语言形式基础之上的再次减缩，不同于一般词语的生成。那么这一过程是否就是任意的呢？答案显然是否定的。蒋向勇、邵娟萍以英汉新词语为例，发现它们都不是凭空创造出来的，而是有认知理据的[①]。缩略法是创造新词语的一种重要方法，缩略语诞生之初都是新词语，因此缩略语的生成也是有理据的。缩略语的生成是受理据驱动的，在原式和缩略语之间同样有人类认知的参与作用，即经由"原式"→"认知"→"缩略语"的生成过程。现代汉语缩略语的生成理据可分为宏观层面上的理据和微观层面上的理据。宏观层面上的理据主要指语用学角度的经济理据和认知语言学角度的缩略语生成的总体认知转喻理据。微观层面上的理据主要是缩略语具体生成时的构造理据。我们认为缩略语的生成无论是从宏观层面上来看，还是从微观层面上来看，都是由人类认知所决定的，都是有理据的。

第一节　缩略语生成的经济理据

提及缩略的经济理据，人们马上想到的是"省时省力"的经济原

[①] 蒋向勇、邵娟萍：《从英汉新词语看语言理据观》，《湖南社会科学》2013年第5期。

则或省力原则。经济原则（the principle of economy），也称为省力原则（the principle of least effort），是指导人类行为的一条基本原则，指人们在各种行为活动中总是在自觉或不自觉间试图以最小的付出获取最大的回报。Jespersen 很早就发现，人们在使用语言时尽可能减少消耗，出现省力趋向，这种倾向使得有些词语被截短、缩略。他认为有一个追求简易的原则在左右语言的演变，他将这一思想称为简易理论（The Ease Theory）[①]。严辰松（2000）认为，经济省力可以视作语言的外部理据[②]。

缩略语的生成无疑是出于经济省力的考虑，但仅以经济原则"一言以蔽之"则显得过于笼统。缩略语的生成还与其原式的使用频率紧密相关。此外，缩略语在实现经济表达的同时还会带来理据性下降等问题。因此，我们有必要针对这些问题一一进行探讨。

一 缩略语生成的简缩法则

美国语言学家 Zipf 从自然现象的角度来研究语言，并且于 1935 年和 1949 年相继出版了他的两部代表作《语言的心理生物学：动态语文学》（The Psycho-Biology of Language: An Introduction to Dynamic Philology）和《人类行为和省力原则》（Human Behavior and the Principle of Least Efforts）。Zipf[③] 发现：

> 词语的长度跟它们出现的相对频率成反比，尽管其比例不一定很严格。鉴于词语高频使用所带来词语的永久性简缩或临时性替代，我们可以得出一个合理的推论：随着词语使用相对频率的增加，存在一种推动词语减缩自身长度的倾向，我们称之为"简缩法则"（Law of Abbreviation）。

[①] Jespersen, O., Langugage: Its Nature, Development and Origin, London: George Allen& Unwin Ltd, 1922, pp. 261-264.

[②] 严辰松：《语言理据探究》，《解放军外国语学院学报》2000 年第 6 期。

[③] Zipf, G. K., Human The Psycho-Biology of Language: An Introduction to Dynamic Philology, London/New York: Routledge, 1999, p. 38.

在 Zipf 看来，词语出现的频率是决定其是否缩略的前提条件。相对于冗长的词语，简短的词语无疑更受人们欢迎，毕竟在沟通交际中省时省力是人类本能的追求。一个词语只有在某一段时间内经常被人使用到，即心理语言学所说的近现率高，才会促使人们对其进行缩略。以英语为例，一些较长的短语，如果出现频率高，往往会通过首字母缩略来实现自身长度的简缩，如 OPEC（Organization of Petroleum Exporting Countries，石油输出国组织）、BBC（British Broadcasting Corporation，英国广播公司）、NATO（North Atlantic Treaty Organization，北大西洋公约组织）等数不胜数的例子。

当然这种使用频率既可指在整个言语社团内，也可指在某个特定行业领域或者小的言语社团内。例如，PVC（polyvinyl chloride，聚氯乙烯）、DNA（deoxyribonucleic acid，脱氧核糖核酸）、DDT（dichloro-diphenyl-tricchloroethane，二氯二苯三氯乙烷，俗称滴滴涕）等在整个语言社团内使用频率不一定很高，但在特定行业内相对使用频率高，同样会存在推动缩略的倾向，生成行业缩略语。其中一些高频使用的行业缩略语慢慢会普及到整个言语社团。

除了通过首字母缩略来实现简缩外，一些高频使用的短语也会缩约成一个词，如英语中的名词 hearsay，就是从短语 hear somebody say 缩约而来。还有相当多则是通过拼缀法将一个短语或复合词压缩成一个拼缀词，如用于网络聊天中的 Emotion icon（表情符号）随着使用频率的增加，被压缩成一个拼缀词 emoticon。agriculture tourism（农家乐），同样伴随这种新的休闲方式的普及而被压缩成一个拼缀词 agritourism，英语中这样的例子不胜枚举。蔡基刚甚至宣称英语中几乎所有的拼缀词都是高频率短语合成的结果[①]。

除了拼缀法外，英语中高频使用的短语还可以通过节略法来将一个短语节略成一个词，如 public house → pub（酒吧），zoological garden→zoo（动物园），French fried potatoes→fries（炸薯条）等。即便是一个词，也会因为经常使用而被截短缩略，如 advertisement →ad

---

① 蔡基刚：《英汉词汇对比研究》，复旦大学出版社 2008 年版，第 131 页。

（广告）、hippopotamus→hippo（河马）、memorandum→memo（备忘录）、influenza→flu（感冒）等。欧元在正式流通之前，最先是通过短语 Europe dollar 来表达的，后来随着使用频率的增加，被缩略成一个词 Eurodollar。而现在随着欧元作为单一货币在欧盟成员国的进一步流通，欧元也被进一步缩略成 Euro。

  汉语中高频使用的词语同样会通过缩略来实现经济省力。新词语是社会的一面镜子，新缩略语的诞生过程能很好地诠释相对频率作用下的语言经济原则。近期以来，中央政府迫于养老金亏空的巨大压力，酝酿延迟退休时间，消息一经传出，"延迟退休"马上成为民众茶余饭后的谈资，各种媒体跟进报道。尽管"延迟退休"本来就是一个新出现的短语，但由于高频使用，又迅速地催生了其缩略替代词——"延退"。"街采"更是一个带有鲜明央视烙印的缩略语。2012年以来，中央电视台为了提高收视率，推出一系列诸如"你幸福吗"等街头采访活动。央视的这种"街头采访"吸引了全社会的注意，跟进报道的媒体甚多。"街头采访"出现的频率不断上升，2013年初缩略语"街采"就此诞生。"延退"、"街采"两个新缩略语在媒体短时间的集中报道和全社会的热议和关注下迅速产生，频率效应对汉语缩略语产生的推动作用由此可见一斑。

  在肯德基、麦当劳等快餐店，顾客选择可乐和薯条的频率相当高，相应地在这一特殊的言语社团内，词语"可乐"、"薯条"的使用频率就非常高。而"可乐"又被分为大杯可乐、中杯可乐和小杯可乐，"薯条"也有大份薯条、中份薯条和小份薯条之分，高频使用所带来的简缩倾向使得它们被缩略成"大可"、"中可"、"小可"以及"大薯"、"中薯"、"小薯"。

  同样，在学校这个言语社团内，一些专业或课程名称由于经常使用也会自然而然地出于经济表达的需要而被缩略。专业名称缩略语如"机制"（机械制造）、"国贸"（国际贸易）、"商英"（商务英语）、"旅管"（旅游管理）、"工翻"（工程翻译）、"财管"（财务管理）、"电商"（电子商务）、"播主"（播音主持）等。课程名称同样也因为在师生之间的频繁使用而被缩略，如"马原"（马克思主义原理）、

"大英"（大学英语）、"高英"（高级英语）、"国概"（英语国家概况）、"计基"（计算机基础）、"高数"（高等数学）等。

邓耀臣、冯志伟采用计量语言学的分析方法，从书面语和口头语两种语体以及实词、虚词不同词类两个维度探讨了汉语词汇长度对词汇使用频率的影响[1]。他们发现汉语词汇的使用频率在很大程度上依赖于词汇长度，词汇越长使用频率越低，这一结果与 Zipf 提出的"简缩法则"[2] 相一致。他们将这种语言经济原则归因于主观上人类的惰性和客观上人类大脑信息处理能力的局限性。这一求简原则，使得人们优先选用简短的词语以达到省力的目的。

王吉辉通过对现代汉语缩略词语的研究也发现：

> 缩略词语的产生同原式的使用有着较为密切的关联，原式的使用频率状况是影响原式最终能否产生出缩略词语的相当重要的因素。可以说，高使用频率能加快缩短音节的历程，于缩略词语而言，有催生作用。[3]

《现代汉语频率词典》[4] 的统计表明，使用频率最高的 300 个词语中，单音节词有 223 个，双音节词有 76 个，三音节语言单位仅有 1 个，四音节语言单位则根本没有。尽管这些高频词语并不一定是缩略语，但也反映出越短的词语越受欢迎，使用频率越高。所以 Zipf 断言：

> 词语的简缩主要归因于它们的高频使用，目的在于省时省力，这是一个不言而喻，无须证明的道理。[5]

---

[1] 邓耀臣、冯志伟：《词汇长度与词汇频数关系的计量语言学研究》，《外国语》2013年第 3 期。

[2] Zipf, G. K. , *Human The Psycho-Biology of Language: An Introduction to Dynamic Philology*, Routledge, 1999.

[3] 王吉辉：《现代汉语缩略词语研究》，天津人民出版社 2001 年版，第 124 页。

[4] 北京语言学院 1986 年版。

[5] Zipf, G. K. , *Human The Psycho-Biology of Language: An Introduction to Dynamic Philology*, Routledge, 1999, p. 30.

可见，从一定程度上而言，缩略语产生的原因在于其原式的高频使用，而缩略的目的在于实现表达上的经济。但对于一些高频使用的词语，在发生缩略时又涉及语言形式的选取问题。一些汉语缩略语生成时会借用语言原有的形式，即所谓的借形缩略语，这些缩略语是否体现了语言经济原则是我们下面所要探讨的。

二 借形缩略语生成的经济理据

一般认为缩略法是汉语中的一种造词方法，高频使用的较长、较复杂的语言形式通过减缩，生成全新的汉语缩略语。既然是新造出来的词语，照理似乎应该在词形上有别于汉语词库中已有的词语。但我们发现，汉语缩略语中却存在一些借用已有的词语形式的借形缩略语。请看以下几例：

(13) 广州应为"白骨精"建廉租房

（《南方日报》2010年2月3日 A02版标题）

(14) "无知少女"，她代表了谁

（《民主与法制时报》2011年10月17日 A05版标题）

(15) "康熙"真来了

（《经济观察报》2010年4月19日 第059版标题）

(16) 习近平谈"新西兰"就业

凤凰网，http：//tj.ifeng.com/news/detail_ 2013_ 05/15/802442_ 0.shtml。

"白骨精"并非指人们耳熟能详的《西游记》中的妖精"白骨精"，而是"白领、骨干、精英"的拼缀。"无知少女"并非指懵懂幼稚的少女，而是指国内政坛青睐提拔的集"无党派、知识分子、少数民族、女性"于一身的人。

例15中的"康熙"不是指开启康乾盛世的清朝康熙皇帝，而是来自台湾的一档高收视率的综艺节目"康熙来了"的两位主持人名字的拼缀。"康熙"是男主持人"蔡康永"名字中的"康"与女主持人

"徐熙娣"名字中的"熙"拼缀而成的结果。事实上，康熙皇帝的年号"康熙"也是来自"万民康宁、天下熙盛"的拼缀。

例16中的"新西兰"不是大洋洲岛屿国家新西兰，而是由"新疆、西藏、兰州"拼缀而成，指国家领导人鼓励大学生去中西部、去基层就业。

除了以上列举的例子外，其他的借形缩略语还有"蛋白质"（笨蛋、白痴、神经质）、"亮晶晶"（原中国跳水队男女领军人物田亮、郭晶晶）、"哈林组合"（NBA 火箭队哈登、林书豪组合的全新后场组合）等。这些借形缩略语借用之前已经存在的词语形式，来表达截然不同的意义。

需要指出的是，网络上流行的另外一些对原词语全新解读的词语，如"特困生"（特别犯困的学生）、"天才"（天生的蠢材）、"神童"（神经病儿童）、"可爱"（可怜没人爱）、"偶像"（呕吐的对象）等并不是缩略语。相反，它们是对已经存在词语的解构，而这与汉语缩略语原式一定要早于缩略语的原则是相悖的。

对于借形缩略语，池昌海、钟舟海从修辞的角度将"白骨精"类特殊的语言变异现象称之为托形格[①]。而刘桂兰、蒋向勇则从模因论的角度，认为此类拼缀词语是语言模因经历变异、人们有意识地选择、复制与传播来完成语言自身的进化[②]。

可以看出这种缩略语主要以拼缀式为主，在截取原式中的语素时，有意选取语素拼合后与大众耳熟能详的词语形式相一致。Zipf[③]认为：

> 用词经济可以从两个角度来讨论：说话人的角度和听话人的角度。从说话人的角度看，用一个词表达所有的意义是最经济

[①] 池昌海、钟舟海：《"白骨精"与"无知少女"：托形格略析》，《修辞学习》2004年第5期。

[②] 刘桂兰、蒋向勇：《汉语新式缩合词的模因论阐释》，《中国外语》2012年第4期。

[③] Zipf, G. K., *Human Behavior and the Principle of Least Effort: An Introduction to Human Ecology*, Cambridge, Mass: Addison-Wesley Press, INC., 1949, pp.20-21.

的。但是，从听话人角度看，这种"单一词词汇量"是最费力的。相反，对听话人来说，最省力的是每个词都只有一个意义，词汇的形式和意义之间完全一一对应。只有在说话人和听话人之间达成一种平衡，才能实现真正的省力。

尽管"白骨精"、"无知少女"等借形缩略语与原词语并不是一词多义关系，而是同形词关系，但从借形缩略语使用者的角度而言，它同样满足了用一个词表达多个意义的要求，因此体现了说话者角度的经济。赵艳芳从认知的角度也指出"人的大脑不是无限容量的数据库，而是具有创造力的，其创造力就在于它能借助于已知的事物和已有的语言形式认知和命名新的事物"①。可见这种借用已有语言形式的借形缩略语至少从说话者的角度来看是省力、经济的。更为重要的是这种借形缩略语满足了使用者追求创新、标新立异的心理。

借形缩略语同样也受到新闻媒体的偏爱，频频出现在新闻标题或正文之中，并且这种偏爱不仅体现在"下里巴人"的通俗报刊上，甚至"阳春白雪"的主流媒体也对其青睐有加。网络媒体自不必说，传统的报纸杂志也争相使用。新闻标题被喻为新闻的眼睛，好的新闻标题能够第一时间攫取读者注意力，达到"眉目传情"的效果。为此，新闻媒体为吸引眼球，会刻意创造或者在标题中直接使用这种借形缩略语。而这种偏离常规的缩略语，"旧瓶装新酒"，语言形式之"瓶"是旧的，但语言意义之"酒"是全新的，能很好地达到"吸睛效应"，激发读者的阅读欲望。反过来，广泛的关注度和强烈的新鲜度又会促使人们去记住这些别致的缩略语。借形缩略语因其新颖别致的构词方式，表达一种与原词语截然不同的意义，一经出现就被广为追捧，这种追捧一定程度上也加速了这些缩略语的传播。

不可否认，从话语解读者角度看，这种"单一词汇量"是最费力的。尽管这种同形异义词实际是两个不同的词语，并非严格意义上的"单一词汇"，但也正是因为借形缩略语形式上的欺骗性，使得对它的

---

① 赵艳芳：《认知语言学概论》，上海外语教育出版社2001年版，第196页。

解读需要付出更多的认知加工努力。借形缩略语是新生成的，人们对于这一词语形式对应的原词语熟悉度无疑更高，解读时这些原词语会优先被激活。但当从原词语的角度解读受阻时，就只能结合当前语境进行在线意义的建构，于"山重水复疑无路"之际，迎来"柳暗花明又一村"的豁然开朗。借形缩略语所借用的语言形式，一般已经毫无新鲜感可言，给解读者的刺激很低。但恰恰是因为被故意缩略的词语选为载体，借陈旧语言形式之"鸡"，下全新意义之"蛋"，给人以耳目一新之感。而这种峰回路转、曲径通幽的妙趣横生感是其他缩略形式难以媲美的。与此同时，赋予这个语言形式新的生命与活力。

语言哲学家维特根斯坦认为"语言是一种游戏"。① 借形缩略语，遵循汉语缩略语的缩略规则，充分借助已有的语言形式玩弄文字游戏。一方面既能满足人们求新求异的心理，另一方面又满足人类认知的经济原则，因此更容易被快速复制与传播，从而加速其词汇化。借形缩略语"言在此，而意在彼"，因其新奇独特，能够很好地弥补解读所带来的"不省力"。这种基于"部分代整体"的转喻机制生成的缩略语，有助于人们以最小的信息加工努力，获得最大的语用效果回报。

借形缩略语借缩略之名，行"暗度陈仓"之实。在缩略的过程中，既实现了省时省力，又一举两得地达到了幽默诙谐的语用效果。尽管从解读者来看，看似不省力，但它所带来的突兀感和强烈的语用效果，远远超越其解读过程所付出的认知努力。更因为其巧妙的"借壳"方式，赋予陈旧的语言形式全新的活力，而这种强烈的反差冲击，也因其新鲜、突显的特点，一经出现便让人印象深刻，所以从某种程度上讲，于解读者而言也是经济的。

三 缩略语的经济性导致理据性的磨蚀

语言交际是双方的，就语言缩略而言，如果只考虑说话人的经济，无疑是缩略得越简短越省力。反之，如果只考虑听话人的经济，

---

① 维特根斯坦：《哲学研究》，韩林合译，商务印书馆1996年版，第7页。

为了减少缩略语解读所付出的认知努力，不缩略最为省力。由此可见，语言经济原则必须兼顾交际双方所付出的认知努力，在交际双方之间达到平衡，才能实现真正的省力。这就要求缩略语在生成时一方面要实现经济省力，另一方面要尽量确保生成的缩略语透明度高，便于理解还原。简而言之，我们必须要兼顾语言缩略经济性和理据性的统一。

缩略的动因是基于经济原则的考量，但缩略必然会带来其理据性的下降。缩略语原式语义原本相对透明，理据性强，但在缩略过程中原有的理据性被破坏，带来语义的不透明。所以 Haiman 认为"Zipf 最根本的发现在于，语言表达式的复杂程度（语义透明度）与它出现的频率成反比"。[①] 换而言之，语言表达式越复杂，其理据性越强，语义越透明，但相应的出现频率会越低。反之，如果语言表达式越简单，其理据性就越差，语义相对没有那么透明，但是其出现的频率反而会越高。"语义晦涩是因为简洁所致，而简洁则是出于经济省力的考虑"。[②] 这是对语言经济性和理据性的精辟论述。

Haiman 提出过一个著名的观点："语言的经济性，同其图式的经济性一样，是和象似性背道而驰的，加速了象似性的磨损。"[③] 狭义的象似性指语言符号直接临摹外部世界中的客体，而广义的象似性基本等同于理据性。Givón[④]、Dirven 和 Verspoor[⑤]、Tabakowsak[⑥] 等学者将理据定义为语言表达形式和意义之间的非任意性联系。这即是将理据

[①] Haiman, J., *Natural Syntax: Iconicity and Erosion*, Cambridge: Cambridge University Press, 1985, p. 174.

[②] Ibid., p. 235.

[③] Ibid., p. 157.

[④] Givón, T., Syntax: *A Functional-Typological Introduction Vol* II. Amsterdam & Philadelphia: John Benjamins, 1990, p. 967.

[⑤] Dirven, R. & M. Verspoor, *Cognitive Exploration of Language and Linguistics*, Amsterdam: John Benjamins, 1998, p. 13.

[⑥] Tabakowska, E., "Linguistic expression of perceptual relationships: iconicity as a principle of text organization", In Nänny, O. & M. Fischer (eds.), *Form Mining Meaning*, Amsterdam/Philadelphia: John Benjamins Publishing, 1999, p. 409.

等同于象似性，我们同样持这种观点。因此，缩略语的经济性是以牺牲理据性为代价的，即语言经济性和理据性是对立的、矛盾的。可见，缩略并不是越简短越好，而是要兼顾经济性和理据性的统一。我们来看以下的例子。

知名电商京东商城曾经因为语言缩略问题引发一起官司。"京东商城"通过节略法得到其缩略语"京东"，并以"京东"的汉语拼音"JingDong"的首字母JD作为其新域名。为了配合其新域名WWW.JD.COM的宣传推广工作，京东商城在媒体上大做广告。广告为了吸引人关注，采取倒叙的方式，将其域名关键词JD所代表的意义悬念放在最后揭晓。其广告语为"JD是个'决定'，JD是对网购的新'解读'，JD是让网购更'简单'，更'激动'人心，JD是京东。"应该说京东的广告效应明显，但同时也因为缩略语指代模糊的问题，遭到激动网的指控。激动网是"joy.cn"域名的合法拥有者，且拥有"激动"、"激动网"等商标权。为此，激动网发表声明严正抗议京东商城新Logo、新域名JD.com在宣传片中出现"JD=激动"等字样，认为京东商城的行为严重侵犯了激动网的商标权。

京东侵权与否，不是我们所关心的。但语言因追求经济性而带来语义模糊，即理据性差却是不争的事实。汉字不是拼音文字，为了标记汉字的读音，汉语采取拼音来给汉字注音。汉字记录特定语音的语义，拼音文字则记录特定语义的语音。拼音是汉语的语音系统，但又不仅仅是语音系统。因为域名需要遵循经济原则，简短且与汉语名称相对应才容易让人牢记，这本无可厚非。但汉语中以声母"J"和"D"开始的汉字太多太多，组合在一起，可代表的词组更是数不胜数。用拼音输入法中的简拼法输入"JD"可得到成百上千的组合，理论上讲它们都可缩写为"JD"。其中既可以是商标的缩写，如"金典"（金典牛奶）、"金帝"（金帝服饰）、"金蝶"（金蝶美发）、"金盾"（金盾西服）、"金德"（金德管业）、"捷达"（捷达汽车）、"嘉顿"（嘉顿饼干）等；也可以是商品名称的缩写，如"鸡蛋"、"锦缎"、"肩带"、"胶袋"、"剪刀"、"家电"、"胶带"、"机电"等；还可以是"经典"、"角度"、"基地"、"监督"、"鉴定"、"嘉定"、

"焦点"、"剧毒"、"巨逗"、"聚赌"、"借贷"、"间谍"、"节电"等不胜枚举的汉语词组拼音首字母缩写。更令人啼笑皆非的是，JD 同样可以是"旧的"、"假的"拼音首字母缩写。网友们因此戏谑地称京东商城出售"旧的"、"假的"商品。可见，缩略语生成时不能一味追求经济性，而要兼顾经济性和理据性的平衡。

不可否认，汉语缩略语的理据性比纯粹的拼音字母词要强。但汉语缩略语在实现经济省力的同时，一样会带来理据性的下降。首先，汉语缩略语的意义并不是其组成成分意义的简单相加。缩略语中保留下来的代表字，很多情况下并不代表其所对应的意义段的意义。例如，缩合式缩略语"手游"中的"手"并没有"手机"之义，"游"亦无"游戏"之义；在拼缀式缩略语"动漫"中，"动"并无"动画"之义，"漫"也无"漫画"之义。其次，汉语缩略语并不一定同原式意义段一一对应，即许多原式中的意义段在最后的缩略语中并没有对应的代表字。所有这一切使得即便汉语是表意文字，但是由于经济性的侵蚀，使得其理据性大大下降。所以姜望琪[①]认为：

> 所谓"经济"、"省力"，只是指相对于取得的效果而言，付出比较少而已。"取得效果"才是目的，"经济"、"省力"不能以放弃这个目的为代价。

因此，就汉语缩略语的生成而言，不能一味地追求缩略语的经济性，还要考虑到交际效果，即要考虑到生成的缩略语理据性要相对好，能方便理解。事实上，语言结构就是一个经济性和理据性相互竞争的过程。只有达到经济性和理据性的平衡，才能实现真正的省时省力，否则生成的缩略语只能是"湮没词海无人识"了。这就要求在生成汉语缩略语时，保留下来的语素一定要是最为突显、能充当认知参照点引导缩略语的理解。王吉辉认为在汉语缩略语生成过程中，应该能够借助所选取的成分（即保留下来的语素）联想到所在的意义段，

[①] 姜望琪：《Zpif 与省力原则》，《同济大学学报》（社会科学版）2005 年第 1 期。

借助它建立起双方的某种联系。① 我们认为这是相当正确的,汉语缩略语的生成是一个复杂的过程,但绝不是随心所欲、怎么缩略都可以。因此,在缩略语的生成过程中,一定要兼顾经济性和理据性的统一,只有这样才能实现真正的经济。

以上我们从宏观的语用角度探讨了汉语缩略语生成的经济理据。但缩略语经济原则的实现离不开人类认知的参与作用。因此,我们接下来将从宏观的认知角度去揭示汉语缩略语生成的认知转喻理据。

第二节 缩略语生成的认知转喻理据

语言缩略毫无疑义是受经济原则驱使的,但经济原则是指导人类行为活动的一条总的指导原则,体现在人类生活的方方面面。即便是在语言中,缩略也不是实现经济原则的唯一形式,省略、一词多义等也是语言经济原则的体现。因此,语言缩略如果仅仅用经济原则来解释,则未能触及隐藏在经济原则背后的认知机制。语言是人类认知的一部分,缩略语是二次认知加工的结果,我们有必要进一步挖掘语言缩略经济原则赖以实现的认知机制。

一 语言本身基于形式转指概念

为了便于沟通交际,人类概念化的结果需要相对固定于词语表达之中,此即概念的词汇化。Lakoff 和 Turner 明确指出,语言中的词语是用来代指它们所表达的概念的(WORDS STAND FOR THE CONCEPT THEY EXPRESS)。② Radden 和 Kövecses③ 则进一步指出,

---

① 王吉辉:《现代汉语缩略词语研究》,天津人民出版社 2001 年版,第 152 页。

② Lakoff, G. & M. Turner, *More Than Cool Reason: A Field of Guide to Poetic Metaphor*, Chicago and London: The University of Chicago Press, 1989, p. 108.

③ Radden, G. & Z. Kövecses, "Towards a theory of metonymy", In Panther, K-U. & G. Radden (ed.), *Metonymy in Language and Thought*, Amsterdam / Philadelphia: Benjamins, 1999, p. 24.

语言在本质上就是基于形式转喻概念（FORM FOR CONCEPT）的，因为除了形式，我们没有其他方式来表达和交流我们的概念。语言和其他交际系统一样，本质上是基于转喻的。也正因为此，我们注意到语言的转喻本质。换而言之，人类之所以创造语言来表达大脑中的知识，正是基于这一转喻思维方式。

但语言形式和其表达的概念之间明显不对等，语言形式不可能包含所有的概念。况且，语言形式对应的概念还处于不断发展之中，而语言形式相对保持不变。其实这也是一种认知经济性的表现，即所谓的"旧瓶添新酒"。不可否认，从历时的角度去看，一些词语的词形也会发生一定程度的变化。但这些变化相对于其所表达的概念意义而言是微不足道的，毕竟大量、开放式的意义是不可能全部编码进语言形式之中去的。从容器意象图式的角度来看，语言形式可以视作包含意义的"容器"，而意义则是容器内"盛装"的"内容"。语言形式似乎是永远也无法装满的"容器"，"概念内容"可以源源不断地向"容器"里填充。Radden认为语言形式和意义或者内容之间同样是转喻关系。形式和内容是一对无法分离的互补概念。因此，我们可以用一个词语的形式转喻地指代它的概念内容[①]。

"手机"原是"手持式移动电话机"的缩略。手机诞生之初，是作为固定电话的替代品，主要功能是通话和发送短信。但随着科技的发展，手机的功能不断得到加强，"字典功能"、"音乐播放功能"、"照相机功能"、"摄像功能"等不断与手机联系在一起。现在的智能手机更像是可以媲美电脑的移动终端，新增了"手机上网"、"手机电视"、"手机购物"、"手机定位"、"手机导航"、"手机银行"、"手机支付"、"手机游戏"、"手机窃听"、"微信"等不胜枚举的功能。可见，从历时的角度看，尽管"手机"这一语言形式保持不变，但激活的概念意义并不相同。

认知语言学基于体验的观点，也使得语言的意义很大程度上具有

[①] Radden, G., "How metonymies are metaphors", In R. Dirven & R. Pörings (ed.). *Metaphor and Metonymy in Comparison and Contrast*, Berlin/New York: Moulton De Gruyter, 2003, p. 429.

主观性。从共时的角度看，不同的人基于自身不同的体验，提及"手机"时，激活的概念意义也并非完全一样。对一些人而言，"手机"可能留下的是"恋爱"、"礼物"、"生命的拯救者"等美好的回忆。而对另一些人而言，"手机"激活的可能是"网络诈骗"、"考试舞弊被开除"、"犯罪证据"等痛苦的记忆。而对更多的人而言，"手机"激活的可能是"身份象征"、"刷微博"、"聊微信"等中性意义。可见，同样的语言形式，对应的概念内容因时、因人而异，语言形式与其所能激活或者表达的概念意义之间存在巨大空缺。"手机"的例子并非个案，它只是千千万万词语形式与其概念意义不对等的缩影。

词典收录的词义只是为整个言语社团所普遍接受的、高度突显的意义，它不过是词语所能激活的无限多概念意义中微不足道的一小部分。认知语言学坚持语义的百科知识观，随着人们对周围世界认识的不断加深，其对事物的概念化必然也随之发生变化。换而言之，百科知识是动态发展的，这同样使得同一语言符号所表达的概念意义也处于不断的发展变化之中。

新词语的产生更能说明语言形式编码的不完备性。蒋向勇、白解红以汉语中网络 ABB 式重叠词语为例，指出它们的编码理据是部分代整体的转喻，是基于突显原则以事件框架中最吸引人们注意力的参与成分来代指整个事件[①]。网络 ABB 式重叠词语是以高度概括和浓缩的方式，对事件进行认知加工编码的结果，相对于整个事件框架，编码形成的语言形式是残缺、不完备的。其他被称之为词媒体的一些汉语网络词语，如"打酱油"、"躲猫猫"、"70 码"、"俯卧撑"等，无不是将事件框架中高度突显的成分编码成语言符号，语言形式只是其所表达的概念意义的一部分。新词语是一面镜子，为我们了解语言符号的不完备性提供了很好的例证，很好地说明了语言本身是基于形式转指概念的，语言形式只是其所代表的庞大、复杂、内隐的概念意义冰山之一角。而这一切之所以能够实现，得益于语言编码的经济性和突

---

① 蒋向勇、白解红：《汉语 ABB 式网络重叠词语的认知解读》，《外语研究》2013 年第 3 期。

显性,转喻则是作用于语言编码经济性和突显性背后的认知机制。

除此之外,语言形式和概念意义之间的不对等还体现在,一个语言形式往往不是对应一定数量的语言意义表征。相反,它们不过是提供通达理论上无限多可能的概念或概念系统的路径。

(17) 在师大读博。(学校、机构)
(18) 师大环境优美。(校园)
(19) 师大坐落在岳麓山脚下。(地理位置)
(20) 到师大下车。(场所)

同样的"师大",在以上诸例中,分别引导通达"机构"、"校园"、"地理位置"、"场所"等概念意义,这也与认知语言学基于使用的观点相符。因此,认知语言学认为意义不在语言之"内"是有道理的。相对于复杂、开放、动态的概念内容,简单、稳定、静态的语言形式天生具有不完备性。这种不完备性和缺省性为我们经济地使用语言提供了便利,而语言形式可以激活相应的概念结构,在不影响顺利交际的前提下又为语言经济原则的实现提供了保障。

Lakoff 和 Turner[1]、Radden 和 Kövecses[2]指出,语言的本质就是基于"形式代替内容/概念"的转喻。王寅更是指出语言形式本质上永远只能对应其可以表达概念的一小部分,这主要缘于"部分代整体"的转喻机制使然,转喻机制因此也成为人类语言交际中的一条基本原则[3]。而正是因为这种"形式转指概念"的转喻机制,为语言经济原则的实现提供了理据。

---

[1] Lakoff, G. & M. Turner, *More Than Cool Reason: A Field of Guide to Poetic Metaphor*, Chicago and London: The University of Chicago Press, 1989, p.108.

[2] Radden, G. 和 Z. Kövecses, "Towards a theory of metonymy", In Panther, K-U. & G. Radden (ed.), *Metonymy in Language and Thought*, Amsterdam / Philadelphia: Benjamins, 1999, p.24.

[3] 王寅:《构式压制和词汇压制的互动及其转喻机制》,《外语教学与研究》2013 年第 5 期。

二 语言形式部分代整体的转喻机制

Peirman 和 Geeraerts[①]将转喻视作以部分和整体关系（part-whole relation）为原型，依据接触力度（strength of contact）、有界性（boundedness）和认知域（domain）三个维度拓展而形成的原型范畴。可见，部分—整体的邻近关系是转喻赖以存在的基础。"部分"与"整体"之间概念邻近，通过"部分"很容易联想到与之概念相邻的整体。所以，英汉语中"pretty face"、"good heads"、"花白胡子"、"骨肉"等突显的"部分"才能充当认知参照点引导通达"整体"。这种由"部分"通达"整体"的能力是人类所固有的，是人类一种自然而然的本能。

现代汉语缩略语截取部分的词语形式来代替词语整体无疑也是转喻认知作用的结果。Radden 和 Kövecses[②]曾以英语缩略词为例，认为英语首字母缩略词、首字母拼音词以及节略词等正是基于 $FORM_A$-$CONCEPT_A$ FOR $FORM_B$-$CONCEPT_A$ 的转喻生成的，并指出 PART OF A FORM FOR THE WHOLE FORM 是缩略的理据。在这一缩略过程中，语言形式通过缩略变得更为简短了，但它对应的概念内容却保持不变，这一转喻替代过程同样是现代汉语缩略语的生成理据。汉语缩略语同样是在保持意义不变的前提下，以更简短的形式（$FORM_A$）去替代繁琐复杂的原式（$FORM_B$），如用"国办"来代替"中华人民共和国国务院办公厅"，用"高大上"来代替"高端、大气、上档次"，以"恐袭"来代指"恐怖袭击"等。可以说，这一语言形式上的部分代替整体的转喻机制适用于所有的汉语缩略语。

语言缩略是出于经济原则或者说省力原则的需要，但缩略语得以用残缺、部分的语言形式代替完整的语言形式来实现表达上的经济省

---

① Peirsman, Y. & D. Geeraerts, "Metonymy as a prototypical category", *Cognitive Linguistics*, Vol. 17, No. 3, 2006.

② Radden, G. & Z. Kövecses, "Towards a theory of metonymy", In Panther, K-U. & G. Radden (ed.), *Metonymy in Language and Thought*, Amsterdam / Philadelphia: Benjamins, 1999, p. 28, 36.

力,其前提正是基于语言形式本身"部分代整体"的转喻认知机制。因此,缩略的动因在于经济省力,但缩略语得以实现经济省力的认知理据则是"部分代整体"的转喻认知机制。

　　以上,我们分别从语用和认知两个维度,着重从宏观层面上探讨了汉语缩略语生成的认知理据。从语用角度来看,经济省力是汉语缩略语生成的理据。而从认知的角度来看,"部分的语言形式代替完整的语言形式"的转喻机制是汉语缩略语生成的理据。但这两个维度着眼于从宏观层面上探讨汉语缩略语的生成理据。而从微观层面来看,汉语缩略语在具体的生成构造过程中,同样少不了人类认知的决定作用,因此接下来我们将进一步揭示汉语缩略语生成的构造理据。

第三节　缩略语的构造理据

　　现代汉语缩略语的生成构造一直以来是个颇具争议性的问题,学者们对此众说纷纭,莫衷一是。不同的学者基于自己的观察提出了不同的观点,之前在文献综述部分中我们曾对此作过较为详尽的探讨,在此不再赘述。

　　不可否认,大部分学者都认同的汉语缩略语构造的意义显豁原则和区分度原则等有其合理性。但之前的学者在研究缩略语的构造原则时多孤立地在语言内部来研究语言,缺乏认知角度的解释。王文斌、熊学亮认为语言表达是一种具有动机性的行为,表达者的心理视点及动机在一定程度上控制着语言结构的最终布局[1]。缩略语也是语言,它的生成过程必然也是一种动机性行为,也是受到人类认知的制约,因此也是有理据的。Taylor曾说过,"语言形成了人类认知的一个不可分割的组成部分,任何对语言现象的深入分析都是基于人类认知能力的。"[2] 鉴于之前从认知的角度对汉语缩略语构造原则研究的不足,以

---

[1] 王文斌、熊学亮:《认知突显与隐喻相似性》,《外国语》2008年第5期。

[2] Taylor, J. R., *Cognitive Grammar*, Oxford / New York: Oxford University Press, 2002, p. 4.

下我们在对现代汉语缩略语语料进行分析统计的基础上，归纳出汉语缩略语构造的几条重要原则并着重从认知的角度对其进行阐释。

汉语中节略式缩略语所占的比例相当低，因此在以下的统计分析中我们主要以缩合式缩略语和拼缀式缩略语为主。并且，鉴于这两类缩略语在缩略语词典以及之前学者的统计分析中都未加以区分，为了保持统计分析的一致性，我们也不作细分。

一 取首原则及其认知理据

吕叔湘、朱德熙二位先生在对简称下定义时就一语中的地指出，"把一个字数较多的短语分成几节，在每一节里选择一两个字（通常是第一个字）用作简称。"① 丁声树等也强调了简称的取首原则，"简称中最普通的是把一个作名称用的词组里每一个词的第一个字提出来组合在一起。"② 尽管他们谈到的是简称，与我们谈到的缩略语存在部分差别，但我们研究发现，汉语缩略语生成过程中取首字现象同样比较明显，即在缩略语保留下来的语素中，选择较多的是原式意义段的第一个字，我们称之为"取首原则"。

（一）缩略语构造的取首原则

为了从数据统计的角度说明汉语缩略语构造时取首字现象的普遍性，以下我们主要以《实用缩略语词典》（王吉辉主编，上海辞书出版社 2003 年版）和《现代汉语缩略语词典》（袁晖、阮显忠主编，语文出版社 2002 年版）为样本，并引证马庆株③和王吉辉④在研究汉语缩略语时的统计结果作为补充。

马庆株先生通过对自己收集的近 2500 个缩语（即缩合式缩略语）进行了详细的分析，其中原形是名词性成分的双音节偏正格缩语共 1066 例，占缩语总数的 43%。他用 A、B 分别表示非缩略形式的两个

---

① 吕叔湘、朱德熙：《语法修辞讲话》，辽宁教育出版社 1979 年版，第 83 页。
② 丁声树：《现代汉语语法讲话》，商务印书馆 1999 年版，第 228 页。
③ 马庆株：《关于缩略语及其构成方式》，载南开大学中文系编《语言研究论丛》（第五辑），南开大学出版社 1988 年版。
④ 王吉辉：《现代汉语缩略词语研究》，天津人民出版社 2001 年版。

直接成分，用 A_1、B_1 分别表示这两个直接成分的首字，用 A_2、B_2 分别表示这两个直接成分中首字之外的字（语素）①。对这一类缩语进行详细分析的结果如下：

A_1B_1 式共有 752 例，占 70.55%。如：
宇航←宇宙航行　海政←海军政治部
美展←美术展览　幼师←幼儿师范学校
A_1B_2 式有 192 例，占 18.01%。如：
公物←公共财物　冰球←冰上曲棍球
体院←体育学院　叉车←叉式装卸车
A_2B_1 式有 85 例，占 7.97%。如：
通货←流通货币　菌痢←细菌性痢疾
影评←电影评论　六五←第六个五年计划
A_2B_2 式仅有 37 例，占 3.47%。如：
史迁←太史令司马迁　侨务←华侨事务
湾流←墨西哥湾暖流　寿险←人寿保险

统计发现，缩略语取原式中第一个意义段首字（即 A_1）的频率高达 88.56%；取第二个意义段首字（即 B_1）的频率也高达 78.52%；缩略语取两个意义段首字（A_1B_1）的频率同样高达 70.55%。与此形成鲜明对照的是，缩略语取原式第一个意义段非首字（A_2）的频率仅有 11.44%；取第二个意义段非首字（B_2）的频率同样只有 21.48%；而均不取首字（A_2B_2）的频率竟然只有 3.47%。可见，汉语缩略语具体生成构造时取首效应明显。

王吉辉基于《现代汉语缩略语词典》②（收录缩略语 4000 条）和《当代汉语简缩语词典》③（收录新简缩语词约 2200 条）进行筛选，

---

① 马庆株：《关于缩略语及其构成方式》，载南开大学中文系编《语言研究论丛》（第五辑），南开大学出版社 1988 年版，第 89—90 页。

② 王魁京、那须雅之编：《现代汉语缩略语词典》，商务印书馆 1996 年版。

③ 刘一玲：《当代汉语简缩语词典》，四川人民出版社 1998 年版。

得出 1836 条有效缩略词语。① 他进一步把缩合词语分为对应式和非对应式，对应式缩略词语的分类及统计如下：

A 类：缩合词语构成成分分别对应着原式中的词和表达了一个意义段的词的组合。共有 212 条，占其统计总数的 11.5%。A 类可进一步细分为 6 类：

A1 类：A_1B_1 式缩合词，共有 89 条，占 A 类总数的 42%。如：

　　北外←北京外国语大学　师专←师范专科学校
　　人大←人民代表大会　　数控←数字程序控制

A2 类：A_1B_2 式，共有 32 例，占 A 类总数的 15.1%。如：
　　甲肝←甲型病毒型肝炎　长影←长春电影制片厂
　　微机←微型电子计算机　解教←解除劳动教养

A3 类：A_2B_1 式，共 13 例，占 A 类总数的 6.1%。如：
　　房改←住房制度改革　　电大←广播电视大学
　　左联←中国左翼作家联盟　文联←中国文学艺术界联合会

A4 类：A_2B_2 式，只有 2 条，占 0.9%。如：
　　车险←机动车辆保险　烈属←革命烈士家属

B 类：缩合单位构成成分分别对应着原式中的两个或两个以上的意义段，共有 37 例。如：传帮带（传授经验、给予帮助、带领引导），南大附中（南开大学附属中学），因数量较少，在此不作详细介绍。

C 类：缩合单位各构成成分分别对应着原式中的词，共有 1248 例，占统计全部缩略词语的 68%。

C1 类，A_1B_1 式缩合词，共有 851 例，占 C 类总数的 68.2%。如：
　　调研←调查研究　　函大←函授大学
　　北图←北京图书馆　公关←公共关系

---

① 王吉辉：《现代汉语缩略词语研究》，天津人民出版社 2001 年版，第 99—104 页。

C2 类，A_1B_2 式缩合词，共有 116 例，占 C 类总数的 9.3%。如：

交规←交通法规　通胀←通货膨胀

驾校←驾驶学校　交行←交通银行

C3 类，A_2B_1 式缩合词，共有 53 例，占 C 类总数的 4.2%。如：

宅电←住宅电话　川大←四川大学

外贸←对外贸易　民警←人民警察

C4 类，A_2B_2 式缩合词，仅有 7 例，只占 C 类总数的 0.6%。如：

寿险←人寿保险　港督←香港总督

影星←影视明星　理疗←物理治疗

尽管王吉辉统计的 A_1B_1 式缩略语比例不及马庆株先生的统计结果高，但缩略语生成时的取首字优势依然相当明显。

袁晖、阮显忠主编的《现代汉语缩略语词典》，是距今相对较新（2002 年出版）、由权威的语文出版社出版、收录缩略语较多的词典（收录汉语缩略语 8000 多条），因此我们将其作为统计分析样本之一。为了彰显与其他汉语缩略语词典的不同，该词典不仅收录了中国大陆地区出现的缩略语，还收录了许多在中国台湾、香港以及澳门地区使用的缩略语，由海峡两岸四地的学者们合作完成。这既是该缩略语词典的亮点，同时也是该词典的弊端所在。毕竟中国大陆与中国香港、台湾、澳门地区的语言生活习惯不一样，同一表达式，在不同地区缩略的结果可能大相径庭。作对比研究尚可，不加区分地兼收并蓄、大而全的做法并不可取，使得研究对象并不处在同一个平面上。另外，缩略语一定要晚于缩略前的原式，而该词典存在许多以解释来逆推缩略语原式的现象，并且还收录了相当数量文学作品中的临时性言语缩略语。仅举几例，如第 325 页收录"莎学"，对应的原式为"研究莎士比亚的学术"，解释性痕迹明显。"微软"竟然被视作"微型软件"的缩略。同样在这页收录"山友"，认为其对应的原式是"爱好登山的朋友",如此类推那"驴友"、"笔友"、"麻友"都应该收录的。此外,对拼缀式缩略语的原式用"和"代替顿号也是个错误的做法,如"理化"(物理和化学,本应是物理、化学),"财会"(财务和会计,应为财务、会计),"财经"(财政和经济,应为财政、经济),凡此种种,不一而足。

双音节缩略语是缩略语的主体,我们从该缩略语词典中筛选出有效双音节缩略语2766例进行分析。由于缩略语与其原式之间并非严格按照意义段一一对应,对于原式为四音节以上的表达式,我们沿用马庆株的做法,即如果缩略语中第一个字取自原式中某个意义段的首字,我们就认定为取首,而不管它是处于第几个意义段[①]。反之,如果取的不是第一个字,我们就标注为取尾。以 A_1、A_2 分别来代表第一个意义段的首字和非首字,B_1、B_2 分别代表第二个意义段的首字和非首字。例如,缩略语"个唱"中的"唱"取自原式"个人演唱会"第二个意义段"演唱会"中的第二个字,并非尾字,也标注为 A_1B_2。"恒指"缩略自"香港恒生股票价格平均指数",原式中的意义段"香港"、"股票价格"、"平均"都未在缩略语中得到体现,但"恒"和"指"分别取自意义段"恒生"、"指数"的第一个字,所以也标注为 A_1B_1。"亚星"(亚洲通信卫星)、"央视"(中央电视台)分别被标注为 A_1B_2、A_2B_2 式。统计结果如下:

A_1B_1 式,共有1775例,占原式为四音节及四音节以上,缩略语为双音节总数2766例的64.17%。如:

高知←高级知识分子　　航拍←航空拍摄
甲亢←甲状腺功能亢进症　慢支←慢性支气管炎

A_1B_2 式,共有645例,占总数的23.32%。如:

放疗←放射性治疗　　公德←公共道德
普客←普通旅客列车　化疗←化学治疗

---

① 马庆株:《关于缩略语及其构成方式》,载南开大学中文系编《语言研究论丛》(第五辑),南开大学出版社1988年版。

A_2B_1 式，共有 279 例，占总数的 10.09%。如：

民革←中国国民党革命委员会
史地←历史、地理
侨办←国务院华侨事务办公室
团委←中国共产主义青年团委员会

A_2B_2 式，共有 67 例，占总数的 2.41%。如：

面值←票面价值　　参茸←人参、鹿茸
书刊←图书、期刊　寿险←人寿保险

抽样定量分析同样呈现出压倒性的首字优势，全部取首（即 A_1B_1）是全部取尾（即 A_2B_2）的近 26.5 倍。

王吉辉是研究汉语缩略语较有影响力的学者，出版过汉语缩略语的专著，由其主编的《实用缩略语词典》是距今最近（2003 年出版）的一本缩略语词典，我们将该词典作为另一统计分析样本。由于该缩略语词典排除已经词汇化了缩略语、行业缩略语，所以收录的缩略语只有 2300 多条，其中还包括相当数量的数字统括语。本着与之前对汉语缩略语的界定相一致原则，我们将这些数字统括语予以剔除。同样我们选取双音节、原式为四字或四字以上的缩略语为分析样本，共筛选出有效缩略语 1483 例，具体统计结果如下：

A_1B_1 式，共 1179 例，占 79.50%。如：

支书←支部书记　　特首←特区首脑
邮电←邮政、电信　舞美←舞台美术

A_1B_2 式，共有 191 例，占 12.88%。如：

综艺←综合文艺　　　　商务←商业事务
纠风←纠正行业不正之风　个税←个人收入调节税

A_2B_1 式，共有 82 例，占 5.53%。如：

外宣←对外宣传　　剧评←戏剧评论
产销←生产、销售　儿麻←小儿麻痹症

A_2B_2 式，仅有 31 例，占 2.09%。如：

援藏←支援西藏　　音像←声音、图像
影视←电影、电视　　督抚←总督、巡抚

数据统计表明，A_1B_1式高达 79.50%，取首字优势突出。

通过引用马庆株、王吉辉的统计结果，以及笔者的统计结果，发现汉语缩略语在构造过程中取首字优势明显。

事实上，还有一部分缩略语，生成时遵循意义显豁原则，但经过时间的洗礼，又被取首原则生成的缩略语所取代。其中最知名的当属"邮编"和"邮码"之争了。邮政编码制度自 20 世纪 80 年代中期在我国推广实施以来，由于其出现频率不断增加，对其进行缩略就显得顺理成章。但出人意料的是，一下出现了"邮码"和"邮编"两个缩略形式。就表意明确而言，"邮码"明显好过"邮编"，似乎更加有理由成为"邮政编码"的缩略语。一些学者，如李苏鸣还撰文支持看似有理的"邮码"[①]，国家邮政总局在答复《瞭望》杂志上读者来信时，也公开力挺"邮码"。但未曾预料的是"邮码"并没有因此而取代"邮编"。恰恰相反，经过几年时间的检验，"邮编"的出现频率反倒远远高于"邮码"。1996 年 7 月，商务印书馆出版了《现代汉语词典》（修订版）接受了社会筛选的结果，将"邮编"予以收录，至此，这场旷日持久的"编"、"码"之争终于尘埃落定。"邮编"的胜利，从某种程度上而言是取首原则战胜表意明确原则的标志。凌远征就认为，缩略语是在人们的反复使用中，经过大家的不断比较、筛选，逐渐定型的[②]。这种定型绝不是"无理的"，更不是习非成是的。

"邮编"并非个案，同样的例子还有很多很多，如"花滑"（花样滑冰）取代"花冰"，"花游"（花样游泳）取代"花泳"，"航拍"（航空拍摄）取代"航摄"，"森警"（森林警察）取代"林警"，"铁警"（铁路警察）取代"路警"等。汉语缩略语生成构造时的取首原则并非偶然，而是有其认知理据。

[①] 李苏鸣：《"邮编"还是"邮码"？》，《语文建设》1991 年第 9 期。
[②] 凌远征：《现代汉语缩略语》，语文出版社 2000 年版，第 12 页。

(二) 取首原则的认知理据

一些学者认为汉语缩略语的生成构造是任意的，但认知语言学坚持语言理据观或者说象似观，认为语言结构是经验结构的反映，经验结构为语言结构提供理据。因此缩略语生成时看似任意的取首原则可以从认知角度得到合理的解释。

1. 取首原则的象似性理据

Haiman[①]认为语言结构的顺序一般总是对应所描述事件的顺序，此即顺序象似性。汉语语言学之父赵元任先生也认为，"差不多全世界的语言，没有不利用先后的词序当一种语法关系的。"[②] 汉语由于缺乏明显的形态特征，语言结构中的象似性特征表现得尤为明显。

潘文国先生认为汉语语序受心理上重轻律的影响，表现在语词顺序上先尊后卑。[③]"帝王"、"王侯"、"将相"、"君臣"、"官兵"等的词序无不体现着严格的尊卑观念，居前者为尊。这种语序排列也延伸到自然界，如"天地"、"日月"、"乾坤"等。潘文国先生提出的重轻律可以视作顺序象似性在汉语语序上的反映。

张玲则指出，人们对外部世界的感知顺序在一些词语中留下了深深的印迹，汉语中从而出现了象似认知顺序的词语[④]。例如，"编码"遵循时间上的"编"在先，"码"在后的原则。同样，"退休"（退职休养）、"离休"（离职休养）、"打印"（打字印刷）、"虫草"（冬虫夏草）、"公检法"（公安、检察、法院）、"税利"（税金利润）、"本息"（本金利息）、"产销"（生产销售）、"防治"（预防治疗）、"赏析"（欣赏分析）、"检修"（检查修理）等无不很好地体现了事物本来的先后顺序。而"病退"（因病退休）、"伤退"（因伤退休）、"病休"（因病休息）等则是前因后果顺序在语言编码上的反映。

文旭认为居首位置的常常是较重要、较紧急或者是不可及、不易

---

① Haiman, J., "Dictionaries and encyclopedias", *Lingua*, No. 50, 1980, p. 516.
② 赵元任：《语言问题》，商务印书馆 2003 年版，第 51 页。
③ 潘文国：《汉英语对比纲要》，北京语言文化大学出版社 1997 年版，第 265 页。
④ 张玲：《象似语序与突显语序互动研究》，博士学位论文，华东师范大学，2010 年。

预测的信息①。高航、严辰松发现"前—后"的空间图式可以通过隐喻扩展来表达重要性和注意力②。"前—后"关系经常被用来指人或事物的重要性。位于前方的人或事物通常比位于后方的人或事物更重要。例如，一个组织内位于前方的人是该组织最重要的人，足球队入场时走在前面的往往是队长，而报纸的头版上则刊登最为重要的新闻。汉语词语的编码顺序也可以是这种"前—后"图式的映射。网络流行语"高富帅"的编码顺序同样是象似性的反映，它来自"高帅富"的演变，原本反映当今社会女性的择偶观，"高大"为先，"帅气"次之，"富有"最次。但伴随着择偶观的转变，"富有"的重要程度渐渐高过"帅气"，相应的词语的编码顺序也由"高帅富"变更为"高富帅"。而随着对"富有"的不断追逐，其重要程度不断攀升至第一，使得一些人说"高富帅"应该改为"富高帅"。"高富帅"尽管只有三个字组成，但其语言结构的编码顺序是外部世界经验结构"身高"、"财富"、"长相"三个指标重要程度的反映。

汉语词语编码的象似性，使得在构造缩略语时自然而然地选择保留居前的重要成分，而舍去居后的不重要成分，这样就使得汉语缩略语构造时表现出明显的取首字倾向。

2. 取首原则的标记理论理据

马庆株通过对收集的 2500 条缩略进行统计分析发现，偏正格的缩略语有 1700 例，约占缩语总数的 70%③。而在这些偏正格缩略语中又有相当数量各个意义段均是偏正格的词语组成。徐通锵先生曾精辟地指出，偏正式意义段，"偏"的部分实质上就是使后面的"正"的部分在意义上"具体化、个体化、有定化"④。偏正是从语法结构上进行分析的结果，并不意味着"正"的部分在意义上一定比"偏"

---

① 文旭：《词序的拟象性探索》，《外语学刊》2001 年第 3 期。

② 高航、严辰松：《英语空间图式"Front-Back"的隐喻性扩展》，《四川外语学院学报》2006 年第 6 期。

③ 马庆株：《关于缩略语及其构成方式》，载南开大学中文系编《语言研究论丛》（第五辑），南开大学出版社 1988 年版，第 89 页。

④ 徐通锵：《语言论》，东北师范大学出版社 1997 年版，第 520 页。

的部分重要。恰恰相反,"语义的重点是在前面"①。这种偏正式结构意义上的前重后轻与我们上面谈论到的顺序象似性相契合。

汉语偏正式词语前偏后正的组合顺序,在缩略语生成时往往会保留居前的"偏",而略去居后的"正"。其原因在于居前的"偏"更具区别性,更加重要,保留下来能够使缩略语表意明确,还原性强,相当多取首字的汉语缩略语都是基于这样的原因生成的。缩略语"初中"原式的两个意义段"初级"和"中学"分别都是偏正式的,为了体现区别性,取首字就顺理成章了。基于同样的原因,"高级中学"、"初级小学"和"附属小学"分别保留首字缩略成"高中"、"初小"和"附小"。"大"、"中"、"小"本来并没有"大学"、"中学"、"小学"之义,但是因为只有截取偏正结构居前的"偏"的部分才能起到区别意义的作用,所以"大"、"中"、"小"在生成缩略语时分别得以保留下来代替"大学"、"中学"、"小学"。大学名称的缩略几乎毫无例外地以带有区别性意义的关键字加"大"来实现,如"地大"(地质大学)、"民大"(民族大学)、"财大"(财经大学)、"工大"(工业大学)、"体大"(体育大学)、"矿大"(矿业大学)、"水大"(水利大学)、"农大"(农业大学)、"交大"(交通大学)、"科大"(科技大学)、"林大"(林业大学)、"医大"(医药大学)、"女大"(女子大学)、"函大"(函授大学)、"电大"(电视大学)等。这种缩略语原式每个意义段都是偏正结构,缩略时取"偏"是取首原则和意义区别原则的完美结合,言简意赅,让人理解起来毫不费力。

体育比赛项目名称的缩略同样遵循取居首的"偏"的原则,如:女曲(女子曲棍球),男曲(男子曲棍球),男棒(男子棒球),女垒(女子垒球),男乒(男子乒乓球),女乒(女子乒乓球),男羽(男子羽毛球),女羽(女子羽毛球),沙排(沙滩排球),男网(男子网球),女网(女子网球),男花(男子花剑),女花(女子花剑),男重(男子重剑),女重(女子重剑),男佩(男子佩剑),女佩(女子佩剑),花滑(花样滑冰),花游(花样游泳),男举(男子举重),女举(女子举重),男足(男子足球),女足(女子足球),男篮(男

---

① 徐通锵:《语言论》,东北师大出版社 1997 年版,第 520 页。

子篮球），女篮（女子篮球），男水（男子水球），女水（女子水球），男团（男子团体），女团（女子团体），男双（男子双打），女双（女子双打），西甲（西班牙足球甲级联赛），英超（英格兰足球超级联赛），意甲（意大利足球甲级联赛），德甲（德国足球甲级联赛），法甲（法国足球甲级联赛），中超（中国足球超级联赛）等。

从标记理论的角度来看，"偏"的部分往往是标记性成分，"正"的部分尽管是语义的中心，但往往是无标记的，在一定语境下缩略掉并不影响其还原，所以当出于经济原则的考虑，语言发生缩略时，保留下来的往往就是居前的"偏"。因此，在对词语，尤其是偏正结构的词语进行缩略时，取前面的"偏"意味着保留重要的区别性成分。

还有一些并列结构的词语，表面上看是相近意义字词的并置，实则是偏义复合词。这些词语在缩略时保留下来的无一例外是偏指义的成分。例如，看似并列结构的"国家"、"质量"、"教学"，实则分别偏指前面的"国"、"质"、"教"，因而当包含这些词语的原式进行缩略时，保留下来的就是居首的偏指成分。如：

国家标准→国标　　国家税务→国税
质量检查→质检　　质量保证→质保
教学参考资料→教参　教学作风→教风

我们再来看几例汉语缩略语改"正"为"偏"的例子。"航空母舰"中的"母舰"从结构上看是一个偏正名词。"航空母舰"生成的缩略语"航舰"尽管表意明确，但缺乏区别性。毕竟水面上的舰艇除了航空母舰之外，还有巡洋舰、战列舰、驱逐舰、护卫舰等林林总总的舰种，因此缩略时取表意明确的"舰"并不具备区分意义的作用。如同上面谈论到的"大学"、"中学"、"小学"在缩略时取前面的"偏"，即"大"、"中"、"小"一样，"航空母舰"缩略时保留"偏"的部分"母"，反而更具区别作用，表意更为明确。

3. 取首原则的认知转喻理据

在汉语缩略语的生成中，并列结构词语的取舍最为复杂。因为并列结构的意义段中,组成成分并不存在孰轻孰重的问题,理论上而言,取哪一个都是可以的。我们先来看"航空拍摄"和"森林警察"两个短语生成缩略语时对其中的并列结构词语的语素是如何取舍的。"航空拍摄"中的"拍摄"是并列结构,"拍"和"摄"意义也基本相同,缩略时取"拍"或"摄"理论上均可,而实际上"航空拍摄"生成缩略语时也的确出现了"航拍"和"航摄"两种形式。"航拍"和"航摄"哪一个先出现,抑或是同时出现已无据可考,但现在遵循取首原则的"航拍"战胜"航摄"却是不争的事实。例如:

(21) 直升机在北京城航摄结束

(《北京晚报》1988年10月14日)

(22) 航拍人陈斌:为公益　我飞翔

(《光明日报》2013年2月25日010版标题)

同样,"森"和"林"都是会意字,双木成林,三木成森,都指树木众多的意思。"森林"一词也是并列式的,"森林警察"最初缩略时取的是"林",即"林警",但后来"林"被居首的"森"取而代之,生成缩略语"森警"。例如:

(23) 国营龙里林场从1985年3月以来,共查获结伙盗伐林木20起,违法分子打伤护林员和林警19人。

(《经济日服》1986年3月20日)

(24) 昆明拟建森警直升机大队

(《昆明日报》2010年12月20日001版标题)

王吉辉也注意到这种现象,认为"并列式意义段中各成分地位相同,它们中的每一个成分理论上都是能相当容易地进入到即将形成的缩略词语中去。"① 他还以"检查"、"补贴"为例说明并列式意义段,在缩略

---

① 王吉辉:《现代汉语缩略词语研究》,天津人民出版社2001年版,第146页。

时舍去哪一个,保留哪一个应该都是可以的。正是由于对并列结构缩略时的费解,关于并列式意义段缩略语的生成问题他避而不谈。

我们以王吉辉(2003)主编的《实用缩略语词典》为样本,将原式包含"检查"的缩略语全部收集如下:

对"检查"进行缩略时取"检"的有:

安检(安全检查)、边检(边防检查)、病检(病理活体组织检查)、春检(春季检查)、定检(定期检查)、痕检(痕迹检查)、互检(互相检查)、婚检(婚姻检查)、活检(活体组织检查)、纪检(纪律检查)、行检(行李检查)、检评(检查评定)、联检(联合检查)、列检(列车检查)、旅检(旅客检查)、年检(年度检查)、尿检(尿液检查)、尸检(尸体检查)、税检(税务检查)、体检(体格检查)、统检(统一检查)、卫检(卫生检查)、巡检(巡回检查)、药检(药物检查)、预检(预先检查)、行检(行业检查)、专检(专项检查)、镜检(显微镜检查)、受检(接受检查)、孕检(孕妇检查)、经检(经济检查)、指检(直肠手指检查)。

对"检查"进行缩略时取"查"的有:
突查(突击检查)、查危(检查危险品)

原式中含"检查"的缩略语共有 34 例,"检查"缩略时取"检"的共 32 例,取"查"的仅有 2 例,其比例是惊人的 16∶1。查阅《新华大字典》①,"检"和"查"的解释如下:

检:❶查;~查:~阅|体~|~讨。
❷约束;限制:行为不~。
❸同"捡"。
❹姓。

---

① 新华大字典编委会:《新华大字典》,商务印书馆国际有限公司 2011 年版。

查：❶检验；仔细地了解情况：盘~｜检~｜~户口。
❷调查：~访。
❸翻检着看：~阅｜~词典。

"检"的第一个意义，直接就解释为"查"；而"查"的第一个字义解释为"检验"，在该释义后举出"检查"的例子。可以发现"检"和"查"基本意义相当，甚至可以互相替代解释。可为什么"检查"在缩略时，居首的"检"会以压倒性的优势战胜居尾的"查"呢？

与"检查"相类似的是"销售"，"销售"同样为并列结构，包含"销售"的词语缩略时分别有保留"销"和"售"的。因此，为了不致有失偏颇，我们再选取"销售"作为另一个分析对象。查阅《新华大字典》（2013年版），"销"和"售"的字义转引如下：

销：❶将金属熔化成液态：~金。
❷解除；除去：撤~｜报~｜注~。
❸花费；耗费：花~｜开~。
❹出售；卖：供~｜畅~｜~售。
❺用于固定或连接器物的零部件：插~。
❻把这种零部件插上或推上：~钉。

售：❶卖出：~票｜~货｜零~。
❷施展（奸计）：其计不~｜以~其奸。

字典中所列"销"的第❹条释义，与"售"的第❶条释义完全一样，即"销"和"售"是可以视作同义的并列组合。我们同样以《实用缩略语词典》为统计样本，摘录"销售"生成缩略语情况统计如下：

"销售"在缩略时保留"销"的有：
代销（代为销售）、监销（监督销售）、扩销（扩大销售）、联销（联合销售）、配销（配套销售）、统销（统一销售）、邮销（邮寄销售）、直销（直接销售）、批销（批发销售）、产销（生产、销售）

"销售"在缩略时保留"售"的有：

代售（代为销售）、餐售（餐食饮料销售）、军售（军火销售）

因为"代为销售"的缩略语"代销"和"代售"同时并存，我们统计时分别统计进去。这样"销售"在缩略语生成时保留"销"的共有 10 例，而保留"售"的共有 3 例，比例同样悬殊。

通过对"检查"和"销售"两个并列式词语生成缩略语的分析，我们发现即使是并列式意义段，在对其进行缩略时也呈现出明显的取首字倾向。

沈家煊在对顺序象似性的认知原因进行阐述时，指出：

> 顺序象似原则将重要的、可预测度低的信息置于句首，那是因为从"图形—背景"（figure-ground）的识别上讲，重要的、出乎意料的信息是"图形"而不是"背景"，需要更多的注意力，而句首位置是最能吸引注意力、记忆效果最佳的位置。[1]

文旭表达了类似的观点，认为顺序象似性从认知的角度来讲，主要是因为：

> 重要的、不易预测的信息发生的频率低、具有标记性，并且是需要注意的图形（attention demanding figure）；此外，心理语言学的研究表明，居于首要位置的成分容易引起更多的注意并易记忆。[2]

---

[1] 沈家煊：《句法的象似性问题》，《外语教学与研究》1993 年第 1 期。
[2] 文旭：《词序的拟象性探索》，《外语学刊》2001 年第 3 期。

高航、严辰松从"前—后"图式出发，认为居前的通常被用来描述被注意到或处于人们注意力中心的事物。其体验认知基础在于：事物居前，意味着使它得到更多的注意力，而假如放在后面则意味着使它不受注意。①

汉语缩略语在生成过程中除了极少数会有前后语序发生改变的现象外，绝大多数会遵循原式的顺序。而在原式（多为短语）中，前后的顺序安排的确体现出轻重之别，居首的位置通常是人们关注的焦点，是信息的中心。但是缩略语的生成是对已经存在的词语进行二次认知加工的过程，是语言符号的再次符号化。减缩过程中的取舍主要取决于缩略语原式各个组成成分的认知重要程度。当然，正如上面所分析的那样，对于偏正式的词语组成成分，因为"偏"的部分更具区别性，缩略时一般倾向居首的"偏"。但是对于并列式的原式，如"改革"为什么取"改"舍"革"，而不是相反，似乎有点无法解释。这也是为什么王吉辉对并列式的"补贴"、"检查"在缩略中取舍避而不谈的原因。同样"森警"取代"林警"，"航拍"取代"航摄"似乎也是一个令人费解的现象。"检"和"查"、"销"和"售"意义基本一样，可以互相替代，但在生成缩略语时却呈现一边倒的取首字现象。

我们认为现代汉语缩略语实际是选取最为突显，最能充当认知参照点的成分来替代冗长的原式。经济性和象似性一直处于竞争之中，毋庸讳言，语言的经济性必然会带来象似性的磨蚀，但语言交际又是以交际效率为目标的。在交际过程中，交际双方着眼于信息的成功传递和理解，因此会自觉或不自觉地尽量遵守合作原则。换而言之，缩略语的生成是本着便于还原理解的目的，在体现语言经济原则的前提下，尽量保证其理据性好，语义透明度高。从这个角度说，汉语缩略语实际上可以视作基于突显原则生成，即把最为突显、最吸引人注意的成分保留下来，以这一突显的"部分"来代替"整体"。而将突显

---

① 高航、严辰松：《英语空间图式"Front-Back"的隐喻性扩展》，《四川外语学院学报》2006年第6期。

的部分来代替整体正是认知转喻的作用机制。

因此,从某种程度上讲,取首原则的象似性理据、标记理论理据都可笼统地纳入转喻认知理据。简而言之,现代汉语缩略语取首原则的认知理据就是转喻。缩略语是高度突显的"图形",缩略语的原式充当"背景"。在缩略语的生成过程中,为了便于理解,会将突显、易于还原的信息保留下来,而将冗余的信息略去,体现语言的经济原则。而在缩略语的语义建构过程中,这些"图形"又会充当认知参照点引导语义建构,完成对缩略语的还原。因此,从这个角度讲,把位置居前的"拍"、"森"、"检"、"销"视作需要注意的"图形",而把"拍摄"、"森林"、"检查"、"销售"视作"背景"。理想的缩略语应该是原式中的每一个意义段在缩略语中都有其"代表"。这一个个的高度突显的"图形"整合在一起,又充当整个缩略语原式的图形。

4. 取首原则的认知心理理据

从心理语言学的角度讲,"引起注意和易于记忆"也是缩略语生成过程中偏好首字的一个重要原因。Givón 认为,线性序列语义原则的认知基础主要是"联想记忆"、"扩展激活"和"预先启动"(priming)[1]。Collins 和 Loftus 提出了扩散激活理论(Spreading Activation),该理论认为人类的心智是一个强大的神经网络,当某个词与神经网络中的词相似时,神经网络中的词就会自动被激活,同时激活的还有与该词相关的认知域[2]。激活扩散理论强调以语义联系或者语义相似性将概念组织起来。当一个概念受到刺激,在该概念节点就会激活。激活效应如同一石激起千层浪,由中心慢慢向边缘扩散,与之联系最为紧密的概念最先被激活。此外,每一个被激活的概念又会形成一个个中心节点,不断去激活与之相关联的其他概念,形成一个错综复杂的概念网络。

---

[1] Givón, T., "Irrealis and the subjunctive", *Studies in Language*, Vol. 18, No. 2, 1994, pp. 265-337.

[2] Collins, A. & E. Loftus, "A spreading-activation theory of semantic processing", *Psychological Review*, Vol. 82, No. 6, 1975, pp. 407-428.

汉语虽然是表意文字，相对英语而言理据性较强。但现在即便是新造出来的缩略语，其原式也往往隐而不现，因此其还原理解是一个复杂的认知加工推理过程。汉语缩略语保留下来的语素或音节与其所代表的原式之间并不存在必然的意义联系。换而言之，缩略语中字本身的意义与其作为原式的代表意义很多时候并不一致。汉语缩略语保留下来的"部分"只是作为参照点，引导人们去还原它所对应的"整体"，找到每个字所对应的完整形式就算完成了它的还原。计算语言学对汉语缩略语的还原研究也表明，汉语缩略语的还原是基于被激活的"字"进行扩散，筛选、锚定、复原它所代表的原词语的过程。在这一激活扩散过程中，首先需要激活的是词语形式，并且越熟悉、使用频率越高的词语越优先激活，此即心理学上的熟悉效应（familarity effect）。反之，较少使用、较为偏僻的词语最后被激活，甚至难以激活，造成缩略语还原上的困难。例如，"工大"、"农大"、"财大"、"科大"、"林大"、"医大"、"师大"等我们较为熟悉，激活起来相对较为容易，而"黑大"、"哥大"则相对较为困难，甚至对一些人而言根本无法进行解读。这一则是因为这里的"黑"和"哥"所代表的意义与其本身意义毫无关联；二则"黑"所代表的"黑龙江"很难被"黑"所激活，同样"哥"所代表的"哥伦比亚"也很难被"哥"激活。

我们认为汉语缩略语基于"代表字"进行还原激活扩散时，人们遵循的是一种惯性的从左至右的线性思维顺序，而不是从右至左的顺序。基于此种原因，原式中的并列式词语生成缩略语时会优先考虑保留居左的首字。"检查"中的"检"和"查"意义基本相同，但生成缩略语时"检"会优先保留下来。按照激活扩散理论，由"检"推及"检查"的频率最高，所付出的认知努力最小，因此会最先被激活。反之，如果保留"查"，由"查"推及"检查"所付出的认知努力要多得多，因此不易被激活。人们会习惯性地将"查"作为词首，沿着从左至右的顺序去联想扩散，因而往往激活的是"查找"、"查询"、"查处"、"查实"、"查扣"、"查抄"等。而循着从右至左的逆序由"查"去激活"检查"、"搜查"、"调查"、"普查"等则要付出更多的认知努力。

汉语词语遵循从左至右的激活扩散顺序有其体验认知基础。我们从小都有过词语接龙游戏的经历，说出一个词，以这个词的尾字，去造出以该字为首字的词语来完成接龙游戏。例如，"明天"→"天气"→"气温"→"温度"→"度量"→"量具"→"具体"……而更为关键的是，现今汉语书本印刷均是横版的，从而导致我们的阅读习惯一般是从左至右的。此外，汉语词典，比如最有影响力、最为权威的《现代汉语词典》在对字词进行释义后，列出的词语条目中均是以该字为首字组成的词语，任何不以该字为首字但包含该字的词语均不在该字条目收录。还是以"检"和"查"为例，查阅《现代汉语词典》（第六版）可以发现，在"检"条目下列出了以"检"为首字、按照拼音顺序排列的一系列词语，如"检波"、"检测"、"检查"、"检察"、"检察官"、"检察院"、"检场"、"检点"、"检定"、"检核"、"检定"、"检获"、"检举"、"检控"、"检漏"、"检录"、"检票"、"检视"、"检束"、"检索"、"检讨"、"检修"、"检验"、"检疫"、"检阅"、"检字法"。而在"查"条目下，同样列出的是以"查"为首字的词语，如"查办"、"查抄"、"查处"、"查点"、"查对"、"查堵"、"查房"、"查访"、"查封"、"查岗"、"查核"、"查获"、"查缉"、"查检"、"查缴"、"查结"、"查截"、"查禁"、"查究"、"查勘"、"查看"、"查考"、"查控"、"查扣"、"查明"、"查铺"、"查哨"、"查实"、"查收"、"查私"、"查问"、"查寻"、"查巡"、"查询"、"查验"、"查夜"、"查阅"、"查账"、"查找"、"查照"、"查证"。当然词典编纂者是出于避免重复的目的才这样编排的，但这样编排的结果也会在潜移默化中影响到我们的思维：习惯于从左至右的线性顺序去照"字"组词。

王吉辉在解释"林警"为"森警"所取代时，认为主要是受类推心理的影响，即基于"从众"的心理，遵照"经警"（经济警察）、"干警"（干部、警察）、"铁警"（铁路警察）、"武警"（武装警察）、"交警"（交通警察）、"乘警"（乘务警察）、"军警"（军事警察）等缩略语生成时取首字的方式，重新将"森林警察"缩略成"森警"

的结果①。我们承认类比思维会影响汉语缩略语的生成。事实上，类比思维本就是语言创造的基本原则。但"林警"出现的时间至少晚于"武警"，既然"林警"出现时，"武警"早已发生词汇化进入普通词汇行列，为什么"森林警察"在缩略时不遵照"武装警察"缩略取首字的原则，而是在多年之后才"幡然悔悟"再重新基于类比"从众"呢？况且，即使这种解释合理，但将其用于解释"邮编"、"邮码"之争时，又显得苍白无力，因为按照类比思维"邮码"才是更为合理的从众的结果。因此，我们认为在"检查"、"森林"、"销售"等近同义并列式词语缩略时取首字的根本原因还在于首字处于突显位置，在还原时首字易于激活，具有更好的启动效应（priming effect）。

为了进一步证实我们的论述，我们随机抽取《实用缩略语词典》中包含"电"字的缩略语进行统计分析。

原式中含"电"字，缩略语中"电"为首字的共有21例：

电炊（电热炊具）、电大（电视大学）、电专（电力专科学校）、广电（广播电视）、家电（家用电器）、电喷（电子控制汽油多点或单点喷射发动机）、电邮（电子邮件）、电教（电化教育）、邮电（邮政、电信）、电传（电报传真）、电调（电力生产调度）、电建（电力建设）、电卷（电热卷发）、电控（电子控制）、电疗（电治疗法）、电玩（电动玩具）、电游（电子游戏）、交电（交通、电器）、电料（电气材料）、水电（水费、电费）、宅电（住宅电话）

缩略语中"电"为非首字的共有11例：

农电（农业用电）、水电（水力发电）、风电（风力发电）、核电（核动力发电）、火电（火力发电）、影协（电影家协会）、影展（电影展览）、影视（电影、电视）、影帝（电影皇帝）、影

---

① 王吉辉：《现代汉语缩略词语研究》，天津人民出版社2001年版，第139页。

后（电影皇后）、影星（电影明星）

从数量统计上看，"电子"、"电化"中的"子"和"化"为缀，不具备说明性。但同为偏正结构的词语，缩略时大部分取"偏"去"正"，如在上面的例子中，"电热"、"电力"、"电视"、"电器"、"电信"、"电气"、"电费"、"电话"缩略时取"电"。但也有偏正式的"电影"在缩略时保留表意明确的"影"，以及述宾式的"用电"、"发电"没有取"述"的部分，而是保留"宾"的部分，这说明在汉语缩略语生成时取首字并不是唯一的原则。许多时候汉语缩略语生成时还会遵循语义显豁原则。

二 语义显豁原则及其认知理据

我们在上面包含"电"的缩略语的探讨中，已经很清楚地发现，在汉语缩略语的生成过程中，取首原则虽然是一条重要的原则，但并不是唯一的原则。很多时候，汉语缩略语生成时也会遵循语义显豁原则，这样生成的缩略语表意明确，还原性好，便于理解。

筱文认为，紧缩词的成分必须是原词语中最主要的成分，要能够表示原词语的意思，而且要一望而知[1]。闵龙华则认为缩略单位表意明确与否，"是它能否生存、流传的根本条件。语言固然需要经济简练，但是更重要的还在于明白清楚"[2]。正如我们在前面论证过的那样，有相当多的汉语缩略语是基于取首原则生成的。但不可否认的是，缩略作为一种语言交际行为，是基于缩略语创造者和解读者双方考虑的，交际的合作原则要求缩略语生成时，在追求省时省力的同时，要兼顾理据透明。王吉辉也指出：选取出成分组成的缩略单位，谁在意义上能与原式尽可能多地联系到一起，能让社会很容易地由缩略单位推及所对应着的原式，谁表意上就是明确的，就是可以为社会接受的[3]。

---

[1] 筱文：《现代汉语词语的缩简》，《中国语文》1959年第3期。
[2] 闵龙华：《简略语》，《南京师范大学学报》（社会科学版）1984年第1期。
[3] 王吉辉：《现代汉语缩略词语研究》，天津人民出版社2001年版，第132页。

尽管从严格意义上来讲,缩略就是牺牲表意明确来换取语言表达的经济性,但不能排除语义因素在缩略语生成过程中的作用。

(一) 缩略语构造的语义显豁原则

与现代汉语缩略语生成时全部取首字形成鲜明对照的是全部取尾字的缩略语,以它们为样本可以发现缩略语生成时取首原则之外的规律。因此,我们先列出《实用缩略语词典》收录的均取尾字的双音节缩略语如下:

> 测报(监测预报)、调演(选调公演)、定息(固定股息)、督抚(总督、巡抚)、复产(恢复生产)、复交(恢复邦交)、港胞(香港同胞)、港府(香港政府)、港督(香港总督)、港姐(香港小姐)、港星(香港明星)、工料(人工、材料)、宫缩(子宫收缩)、减支(削减开支)、理疗(物理治疗)、亩均(每亩平均)、皮黄(西皮、二黄)、生均(学生平均)、寿险(人寿保险)、受阅(接受检阅)、音带(录音磁带)、音像(声音、图像)、影赛(摄影比赛)、影视(电影、电视)、影帝(电影皇帝)、影后(电影皇后)、影星(电影明星)、油气(石油、天然气)、院校(学院、学校)、援藏(支援西藏)

可以看出这些取尾字的缩略语生成时很明显是遵循语义显豁原则的。俞理明认为末字或末词通常是词语的中心语或中心语的核心成分;加之,词语结尾往往会有一个停顿来标记词语的结束,这个停顿可以起到增强印象的作用①。因此,词语的尾字或者尾词,也较吸引人们的注意,经常被优先选作缩略的代表形式。当然,保留语义显豁的成分也不乏受到客观因素的影响,比如"总督、巡抚"不可能缩略成"总抚"、"总巡","督抚"只能是唯一的选择。同样,"电影明星"中的"电"和"明"均是起限制作用的修饰成分,不具备表意

---

① 俞理明:《汉语缩略研究——缩略:语言符号的再符号化》,巴蜀书社2005年版,第262页。

性，不可能缩略成"电明"、"电星"，取前后两个意义段中表意明确的"影星"也是顺理成章的事。"冬虫夏草"、"西皮、二黄"、"天干、地支"也都一样，舍弃修饰性的"偏"部分，保留表意明确的"正"是不二的选择。从激活扩散理论的角度看，这些"偏"的部分组词能力远强于"正"的部分，如果缩略时保留"偏"，还原激活时要付出更多的认知加工努力。因此，缩略语生成时取语义显豁的"正"的部分也是经济原则的体现。

据人民网2002年6月4日庆祝香港回归五周年背景资料中介绍，"香港"，原意为出口香料的港口。"港"是"香港"中表意明确、不致引起歧义的语素，因此在"香港"的缩略中，取表意明确的"港"是不二的选择。毕竟如果取首字"香"，很难激活"香港"，并且会带来语义含混和歧义。假如将包含"香港"的词语，如"香港小姐"、"香港政府"、"香港明星"、"香港股市"、"香港媒体"等缩略成"香姐"、"香府"、"香星"、"香股"、"香媒"，其结果必定是让人不知所云。同样包含"电影"的词语缩略时保留"影"，如"影视"、"影帝"、"影后"、"影星"等，不取首字"电"同样也是缘于遵守语义显豁原则。

上面我们曾经论述过，偏正式结构在缩略时通常取具有区别性意义的"偏"，略去表意明确的"正"，这似乎与语义显豁原则相矛盾。但必须要注意的是，偏正式结构舍"正"留"偏"的前提是在一定的语境下，"正"是不言自明的。"大学"、"中学"、"小学"缩略时如果保留表意相对明确的中心词"学"反而会增加理解的困难。而"大"置于缩略语的词尾，人们自然而然地会想到是"大学"的缩略。但是"学校"、"学院"在缩略时，相对于前面的"学"，居后的"校"和"院"表意明确得多。尽管"学"也有"学校"之义，但提及"学"，人们可能立马想到"学习"、"学科"、"学问"等，而较难联想到"学校"。其次，因为"学"还可以表"学科"，如果"农校"、"林校"、"美校"、"商院"等缩略时取前面的"学"，变成"农学"、"林学"、"美学"、"商学"等，就会与业已存在的词语同形，从而引起歧义。因此，"学校"、"学院"缩略时会取表意更加明确的"校"、"院"。

"院"的字义除了"学院"外,还可以是"对某些机关和公共场所的称呼"。相应地,"院"除了可以是"学院"的缩略外,还可以是"医院"、"法院"、"福利院"、"疗养院"、"参议院"、"科学院"、"研究院"等的缩略。不可否认,这些林林总总的"院"会增加理解难度,但在这些词语中,"院"是其意义所系,表意最为明确,因此缩略时会保留下来。

(二) 语义显豁原则的认知转喻理据

认知语言学强调以意义为中心,认为语言的形式是由其意义所决定。语言是人类基于自身的体验对其所生活的外部世界认知加工的结果,是对外部世界概念化的编码符号,或者说语言符号是词汇化了的概念,词汇是用来表达概念的。李福印直白地指出,"语义结构是概念结构的语言形式。语义结构是我们赋予语言表达的意义,或者说是和语言表达相联系的意义"。①

汉语缩略语的生成构造是基于转喻认知机制对概念化后的符号表达进行压缩,使压缩后的语言符号能代替压缩前语言符号所代表的意义。尽管一般认为缩略法是新造词语的一种重要方法,但缩略语不是对外部世界的直接概念化,而是在保持概念化结果不变的前提下,将原有语言符号压缩。通俗点讲,即在保持意义不变的前提下,实现语言符号的简短化。因此,这一形式和意义之间特殊的不平衡,本能地要求将高度突显、表意性强的成分保留下来。

当然,一些高频使用的现代汉语缩略语会发生词汇化进入普通词汇行列,从而取代原式来表达相同的概念意义。对于不知该词汇来历的习得者而言,这是一个全新的词汇习得过程。例如,"财经"、"财政"、"编导"、"保安"、"纪检"、"语文"等已经完全词汇化,很多人并不知道它们是缩略而来,但这并不妨碍这些词汇的习得。因此,从语言习得的角度来讲也要求汉语缩略语的编码符号能高度突显,像汉语普通词汇一样具有很好的表意性。

---

① 李福印:《认知语言学概论》,北京大学出版社2008年版,第79页。

Matlin将注意定义为心理努力的集中和聚焦①。认知心理学认为，注意在人类的信息加工中有着重要的意义。没有注意的参加，信息的输入、编码和提取都难以实现②。语言符号的压缩就是一种选择性注意，缩略语构造者希望解读者能通过选择性注意保留下来的成分很好地激活缩略语原式，从而完成形式和意义的匹配。相对于无意义或者表意模糊不清的字，语义显豁的字更易识别，也更易激活目标词语，因此理所当然地会优先保留下来。

　　缩略语是一种特殊形式的转喻，是以部分的语言形式代替完整语言形式的转喻。Langacker将转喻视作认知参照点现象。他认为认知参照点最好被描述为一种认知能力，通过激活某一实体概念来建立与另一实体的心理接触，使之获得意识的单独重视③。为了加深人们对认知参照点的理解，Langacker曾作过一个形象的比喻，他认为世界可被想象为有着不同特征的无数事物④。对于观察者而言，这些事物突显程度各异，如同夜晚的星空，一些星星对于观察者来说十分突显，而更多的星星却只有经过特别的努力寻找才能发现。突显的事物可以充当寻找目标的参照点，假如观察者知道非突显的目标位于突显物附近，便可将注意力先投向该突显物，再在其附近寻找，从而找到那个非突显的目标。这种认知参照点现象有着广泛的体验认知基础，我们在找寻目的地时，都会以一些标志性建筑为参照点去查找周边相对不那么起眼的地方。因为从认知上讲，锚定突显的事物相对容易得多，再由这些突显的事物去周边搜寻相对不那么突显的事物。

　　Alac和Coulson也曾指出，不同的转喻由相对突显的认知原则提供理据，中心的和高度突显的项目作为认知参照点，去激活其他不那

---

① Matlin, M., *Cognition*, New York: CBS College Publishing, 1983.
② 彭聃龄、张必隐：《认知心理学》，浙江教育出版社2004年版，第102页。
③ Langacker, R.W., "Reference-point constructions", *Cognitive Linguistics*, No. 4, 1993, p. 5.
④ Langacker, R.W., *Foundations of Cognitive Grammar, Vol. II Descriptive Applications*, Stanford: Stanford University Press, 1991, p. 170.

么突显的项目①。汉语缩略语构造的语义突显原则正是基于突显的认知原则，将表意明确、高度突显的语素作为认知参照点去引导解读者激活相对不那么突显的原式。因此，现代汉语缩略语构造的语义显豁原则的认知理据同样是概念转喻。Giora 从心理语言学的角度也证明，在对词语的理解过程中，显著的词义比不显著的词义优先处理。而这些显著的词义正是汉语缩略语生成时优先考虑的②。桂诗春也曾指出，从频率效应的角度来看，假如其他因素相同，那么更常用的意义较之少使用的意义更容易提取③。

我们先以"醉酒驾驶"的缩略为例来进行说明。该短语由两个意义段组成，理论上讲，如果采取汉语中普遍的双音节形式缩略，则"醉驾"、"醉驶"、"酒驾"、"酒驶"四种形式应该都可以。《新华大字典》（2012 年版）对"醉"的释义是："喝酒太多以致神志不清"；"酒"的释义为"用粮食或水果等发酵后制成的一种饮料，含乙醇（酒精），有刺激性，品种很多，常见的有高粱酒、米酒、葡萄酒、白酒等，多饮会危害身体"；"驾"释义为"骑，乘，引申为操纵，支配"；"驶"释义为"驾驶，开动交通工具（一般指有发动机的）；使之行动"。前一个意义段"醉酒"中，"醉"的程度明显强于"酒"，因此，选择"醉"比"酒"表意更为明确。后一个意义段"驾驶"中，"驾"单独使用本就可以表达明确的意义，在汉语双音化的作用下才增加了一个"驶"。而"驶"的基本义为"车马快跑"，后来表"驾驶"义则是因为与"驾"经常一起使用的结果。况且，"驾"更容易让人想到"驾驶"，而"驶"则不然。两相比较，"驾"表意也更为明确，因此生成的缩略语是"醉驾"。事实上，"酒驾"是作为"酒后驾驶"的缩略语而存在的。

再来看"交强险"，它是"机动车交通事故责任强制保险"的缩

---

① Alac, M. & S. Coulson, "The man, the key, or the car: who or what is parked out back?" *Cognitive Science Online*, No. 2, 2004, pp. 21-34.

② Giora, R., "Understanding figurative and literal language: The graded salience hypothesis", *Cognitive Linguistics*, No. 3, 1997, pp. 183-206.

③ 桂诗春：《新编心理语言学》，上海外语教育出版社 2000 年版，第 281 页。

略。"险"是这个由13个字组成的短语的中心表意成分，是保险公司推出的保险种类之一，其表意明确，理所应当保留下来。这样，即使不知道"交强险"具体是指什么，至少也会因为中心词"险"的存在，让人能猜测到是保险种类之一。原式可以粗略分为"机动车"、"交通事故责任"、"强制保险"几个意义段。常识告诉我们，机动车是引发各种交通事故的主体，只有针对"机动车"的各种保险，没有针对非机动车的保险，因此在缩略时"机动车"可以完全略去而不影响缩略语的表意。"交通事故责任"是个偏正短语，中心词为"责任"，但假如保留中心词而略去修饰限定成分"交通事故"反而会造成表意模糊，如缩略成"责强险"，到底是什么责任呢？无从知晓。因此，这里出于表意明确的考虑，取前面的修饰语更为妥当。而修饰语"交通事故"实际上也是一个偏正短语，基于同样的道理，只能在"交通"中选择"代表字"，而"交"更容易让人联想到"交通"，因此在这一意义段中保留下来的就是"交"。最后的意义段"强制保险"，也是一个偏正短语，光保留"险"，表意不明确，因而还得加一个限定成分，"强制"中"强"表意更为显豁，因此整个缩略语"交强险"就合情合理地产生了。

语义显豁原则要求缩略语生成时保留下来的成分要具备良好的提示性或者可以充当高度突显的参照点，能引导话语理解者对缩略语的还原解读。所以，正如王吉辉、焦妮娜所言：

> 缩合组成成分的最终选择得看它们与原形式关联的程度来决定。从意义段中选取出来的成分，谁在意义上能与原形式尽可能多地联系到一起，能让社会容易地由缩合单位推及所对应着的原形式，谁就是关联原式程度高的，就应该被推荐选作缩合语的组成成分。①

---

① 王吉辉、焦妮娜：《汉语缩略语规范原则（草案）》，《术语标准化与信息技术》2009年第1期。

因此，对于现代汉语缩略语的构造而言，取首原则可以视作一种位置上的突显，语义显豁原则可以视作意义上的突显。缩略语构造时突显的目的都在于选取最具提示性、最有代表性、最易于人们理解的"代表字"来替代原式。语言的经济性和象似性是一对无法调和的矛盾，通过缩略追求经济、达到省时省力的目的，就必然意味着象似性的降低。而如果保持语言的透明，易于理解，则根本无须缩略。加之，缩略不只是从说话人自身的角度去考量，还需兼顾听话人的理解接受能力。因此，在这一前提下，只能选取提示性好、高度突显的成分来代表原式，在保证经济的前提下，尽可能地使缩略语的语义透明，理据性好。

以上我们分别论证了现代汉语缩略语构造的取首原则和语义显豁原则，这基本上可以涵盖绝大多数的缩略语。但是，除了这两条重要原则之外，汉语缩略语构造时还要遵循避歧原则。

三 避歧原则及其认知理据

歧义是指同一语言形式可表达多种意义的现象。歧义可以是句法层面上的，也可以是词汇层面上的，甚至可以是语用层面上的。我们这里只关注词汇层面上的歧义，即词汇歧义，而不去探讨缩略语所带来的结构歧义。下面我们只从书写形式相同和读音相同两个角度将其粗略地分为同形歧义和同音歧义。此处的同形词指书写形式相同的一组词，而不区分它们的读音是否相同。由于汉语是声调语言，发音相同而书写不同的字词很多，因而同音词也会给人们的理解带来困难。现代汉语缩略语的生成着眼于还原性好、表意明确。因此，缩略语生成时应该尽量避免引起同形歧义或同音歧义。

(一) 缩略语构造的避歧原则

在缩略语的生成过程中，除非故意或者别无选择，人们一般会遵守交际的合作原则，尽量避免使用会引起歧义的同形词或同音词。

我们先来看几个例子。"彩色显像管"遵循取首原则缩略成"彩显"是没有任何问题的。但是因为"彩显"之前对应的是"彩色显示器"的缩略语，因此为了避免引起歧义，"彩色显像管"生成缩略语时选择为"彩管"。"家庭装饰"既可缩略成"家装",也可缩略成"家饰",但"家装"之前已经作为"家庭装修"的缩略语,出于避歧的考虑,"家庭装饰"则缩略成"家饰"了。当微博取代博客,成为交互性更强、更为方便快捷的实时信息传播平台时,"官方微博"顺应潮流大量出现。在缩略时为了避免与之前"官方博客"的缩略语"官博"相混淆(事实上,"官博"还可以是"官员博士"的缩略语),出于避歧的考虑,"官方微博"生成的缩略语是"官微"。

"汽车配件"遵循取首原则,缩略成"汽配"。"汽车模特"却未遵循取首原则缩略成"汽模",而是缩略成"车模",尽管之前已有"汽车模型"的缩略语选用了"车模"作缩略语。其原因在于"汽车模特"假如缩略成"汽模"的话,一则表意不明确,二则"汽模"同样也是"汽车模具"的缩略语。加之,"汽模"还与"气模"(充气模型)同音,容易造成同音歧义。两"歧"相较取其轻,因此"汽车模特"生成缩略语时取了与"汽车模型"一样的缩略形式"车模",对两种"车模"的理解只能依赖语境。

北京、上海、天津等城市名称在高速公路、高速铁路等多数场合使用简称"京"、"沪"、"津"。为了避免引起歧义,在高等院校名称的缩略上,"北京"、"上海"、"天津"等就不再使用"京"、"沪"、"津"等别称,而改为使用首字。例如,"北京大学"缩略成"北大"。而如果不避歧,"北京"缩略成"京"的话,"北京大学"缩略成"京大",反而表意模糊不清,歧义重重。因为"京"不仅可以指"北京",还可指"南京","京"和"大"结合在一起,又会让人联想到高速公路和铁路线路名称的缩略,指"京大(北京—大连)高速",或"京大(北京—大连)高铁"。假若以"北京"起首的大学名称缩略时不遵循避歧原则,"北京"按照惯例缩略成"京"的话,那么"北京外国语大学"生成的缩略语就不是"北外",而是"京外"了。同样,"北京航空航天大学"对应的缩略语为"京航"。"京外"是一个明显带有歧义的同形词,可表达"北京以外"、"京城之外"之意;听到"京航"人们立马想到的是"京杭大运河"。同样,如果"天津"生成缩略语时选用简称"津",那么"天津外国语大学"对应的缩略语是"津外","天津工业大学"对应的缩略语是"津工"。"津外"同样是同形歧义,而"津工"与"金工"同音歧义,听到"jīngōng"人们首先会想到的是"金工"(各种金属加工的泛称)。因此,出于避歧的考虑,含省份名称的大学在生成缩略语时省份名称往往不取简称,而是取首字。

在我国法院一般分为四级,分别是中华人民共和国最高人民法院、高级人民法院、中级人民法院、基层人民法院。"中华人民共和国最高人民法院"缩略成"高法",那么省(直辖市、自治区)一级的"高级人民法院"缩略时为了避歧,就不能也缩略成"高法",而只能缩略成"高院"。"中级人民法院"从理论上讲可以参照"最高人民法院"缩略成"中法",但这样就可能与"中国、法国"的缩略同形。因此出于避歧考虑,只能参照"高院"缩略成"中院"。

缩略时除了要考虑避免同形所带来的歧义外,还要尽量避免因同音所带来的歧义。"外国语学院"缩略为"外院","公共管理学院"缩略成"公管院","教育科学学院"缩略成"教科院"等一般表意明确,不会造成歧义。但是"计算机学院"却不能缩略成"计院",因为"计院"与"妓院"同音。这种缩略而成的同音词,不仅会因歧义造成理解上的困难,还可能带来不雅的联想。徐州师范大学之前一直缩略成"徐师",2011 年徐州师范大学更名为江苏师范大学,其校名的缩略出于避歧的考虑没有取"江师",而是取"苏师"。因为一则"江师"与"僵尸"谐音,二则"苏"本就是"江苏"的简称。王吉辉曾讨论过"节制生育"的缩略,认为本来可以按 A_1B_1 模式,缩略成"节生",但"节生"与"接生"同音,出于避歧的考虑,只能选择 A_1B_2 式,即"节育"①。可见,在现代汉语缩略语生成过程中,除了遵循取首原则和语义显豁原则之外,有时还需要遵循避歧原则。

需要说明的是,相对于汉语缩略语生成的取首原则和语义显豁原则,避歧原则有时并不一定会严格遵守。违反避歧原则的缩略既有客观上的原因,也有主观上故意缩略的考虑。客观上的原因,主要指一

---

① 王吉辉:《现代汉语缩略词语研究》,天津人民出版社 2001 年版,第 143 页。

些短语在缩略时没有别的选择，遵照缩略语的生成原则，不可避免地会带来同形歧义或同音歧义。例如，"长沙大学"缩略成"长大"，"重庆大学"缩略成"重大"、"天津大学"缩略成"天大"、"地质大学"缩略成"地大"、"天津外国语大学"缩略成"天外"、"厦门大学"缩略成"厦大"、"上海戏剧学院"缩略成"上戏"、"大连外国语大学"缩略成"大外"等都可能会引起歧义。"长"是多音字，"长大"在一起更有可能被误认为是"zhǎngdà"，可是"长沙大学"除了遵循取首原则缩略成"长大"外，别无其他选择，假如为了避歧选择"沙大"则更加令人费解。同样，"重大"也会因为"重"是多音字，而被人误解为"zhòngdà"。"厦门大学"的缩略尽管也会因为同音歧义，在会话交流中可能会被误认为"吓大"，但也没有别的更好的选择，况且至少"厦大"在书写上表意明确。"大连外国语大学"的缩略语"大外"，也会与"大学外语"的缩略语相同，但客观上也只能这样缩略。因此，"长大"、"重大"、"厦大"、"大外"、"天大"、"地大"、"天外"、"上戏"等大学名称的缩略有其客观原因，违反避歧原则是不得已为之的选择。

除了这些因各种客观原因缩略时无法遵循避歧原则的缩略语之外，还有一些是出于主观上刻意追求同形歧义的缩略语。这些缩略语在生成时不仅不避免歧义，反而会刻意为了达到良好的语用效果，有意识地去借用已经存在的语言形式外壳，来表达截然不同的意义，譬如前面我们所论述过的借形缩略语"蛋白质"、"无知少女"、"白骨精"等。尽管其表意功能减弱了，但良好的语用效果足以弥补歧义所带来的表意不明和理解上的困难。

(二) 避歧原则的认知理据

现代汉语缩略语生成构造时如果选择与之前已经存在的语言形式同形或同音，则会导致理解困难，大大增加理解者所付出的认知努力。Zipf 认为用词应该兼顾说话者和听话者双方的经济[①]。如果仅考虑说话者的经

[①] Zipf, G. K., *Human Behavior and the Principle of Least Effort: An Introduction to Human Ecology*, Cambridge, Mass: Addison-Wesley Press, INC., 1949, pp. 20—21.

济，用一个词表达所有的意义是最经济的。然而，从便于听话者理解的角度看，这种"单一词词汇量"却是最不经济的。反之，对听话者来说最为经济的是每个词都只有一个意义，即词汇的形式和意义之间完全一一对应，但这对说话者而言又是最不经济的。因此，只有在说话者和听话者之间寻求双方均能满意的平衡点，才能实现真正的省力。

可见，生成的缩略语如果与其他词语同形，就词语的使用者而言较为省力，但对话语理解者而言则因为要付出更多的认知努力从而并不省力。相对于新生成的缩略语，之前的词语形式在人们的头脑中已经根深蒂固，因此在理解时会优先被激活。只有当这种激活受到抑制造成理解困难时，才会在语境的引导下去寻求其他的理解。因此，这种词汇歧义会增加理解者的认知加工努力，是一种费时费力的行为。

从突显的角度来看，汉语缩略语构造时的避歧原则其实也可视作一种语言形式上的突显。这种突显强调现代汉语缩略语生成构造时不选择与已有词语同形或同音，而选择新造的、词库中不存在的全新语言形式。因而，这一新造的语言形式相对于整个词库而言是突显的。反之，如果选择与词库中已有的词语同形或同音的语言形式，缩略语这一形式—意义的配对无论从语义联系紧密度上，还是从使用频度上，都较之前的词语低，毫无突显度可言。因此，除了少数为了达到轰动的语用效果而借用已有的词语形式外，绝大多数缩略语生成时都尽量避免选用已有的词语形式，而创造出全新的、突显的语言形式。汉语缩略语构造时的避歧原则从根本上讲为了实现语言形式上的突显，是以突显的部分来代替整体，因此其构造理据同样是概念转喻。

周治金曾谈到，在没有上下文语境的条件下，歧义词语的多个意义都能得到通达，即词义网络中的词义被认知激活[①]。我们来看以下几则新闻标题：

（25）中特多领导人互致贺电　庆祝两国建交35周年

---

① 周治金：《汉语歧义消解过程的研究》，华中师范大学出版社2002年版，第129页。

(《人民日报》2009年6月21日001版标题)
(26) 从"白骨精"到"创业达人"
(《中华工商时报》2010年6月11日B08版标题)

  新闻标题一般因为受长度所限，并且出于"吸睛"的需要，经常会用到缩略语。乍一看到"特多"，人们通常会在第一时间将其理解为"特别多，很多"的意思，但在后面语境（领导人）的提示下，这一释义会被激活，即被否决掉。语境会提示此处的"特多"应该作为一个国家理解，"特多"作为认知参照点去激活其所替代的完整语言形式，即"特立尼达和多巴哥"。正如 Simpson 和 Kang 所言，在歧义词加工的早期阶段，歧义词的多个意义首先得到通达；随后，与语境不一致的意义受到抑制[①]。

  在中国，四大名著之一的《西游记》家喻户晓，其中的"三打白骨精"片段更是妇孺皆知。因此，例26中的"白骨精"一出现立马激活的是这一意义。但下面的语境抑制了这一解读，只能转而作拼缀式缩略语"白领、骨干、精英"的解读。

  黄福荣、周治金也认为相对意义频率影响歧义词的激活，高频意义通常会优先激活[②]。与之前已经存在的语言形式相比，新生成的缩略语无论是在使用频率上，还是在突显程度上均处于劣势。因此，首先激活的是借形缩略语原有语言形式的意义，只有原有语言形式的意义在当前语境下受到抑制时，才会将其摒弃。而要激活缩略语所要表达的实际意义，则需要付出更多的认知加工努力。周治金等认为在语言理解的过程中，一方面需要激活有关联的信息，另一方面则需要抑制无关联信息，才能保证语言意义的准确理解[③]。这种激活无疑存在

[①] Simpson G. B. & H. Kang, "Inhibitory processing in the recognition of homograph meaning", In Dagenbach, D. (ed.), *Inhibitory Processes in Attention, Memory, and Language*, Walham: Academic Press, 1994.

[②] 黄福荣、周治金：《词汇歧义消解的脑机制》，《心理科学进展》2012年第10期。

[③] 周治金等：《汉语同音歧义词歧义消解的过程及其抑制机制》，《心理学报》2003年第1期。

先后的顺序，甚至还存在无法激活的情况。假如缩略语的构造不遵循避歧原则，而是选用与已有词语同形或同音，则会导致很多时候先激活的并不是缩略语的意义，而是该语言符号之前的意义，即使缩略语的意义能够激活也需要付出更多的认知加工努力。

周明强通过问卷调查的方式来了解词汇歧义的消解，很好地验证了心理语言学的激活—抑制模式，该模式认为概念的激活以扩散方式进行，顺着中心节点向边缘节点激活扩散①。节点之间连线的长短由语义联系的紧密度所决定，连线的强弱由词语的使用频度决定。语义联系紧密的连线短，而使用频率高的连线强度就高，对应的语义激活速度就快；反之，语义联系相对不紧密的连线长，使用频率相对较低的连线强度低，对应的语义激活速度慢。语言中已经存在的词语由于其使用频率高，与该语言符号的语义联系紧密，会优先被激活。相反，与其同形或同音的歧义缩略语则会后激活，甚至受到抑制。可见，心理语言学的激活—抑制模式同样为汉语缩略语构造时的避歧原则提供了理据。

当然，不排除随着使用频率的增加，语义联系紧密程度的加强，后生成的缩略语会优先被激活。也不排除这种激活因人而异，如对于年轻人而言，提及"果粉"、"麦粉"可能激活的会是对应的缩略语的意义。对于热衷于网上购物、团购一族而言，"团"和"秒"优先激活的是"团购"和"秒杀"，而不是"团"的本义（把东西揉捏成球形或是聚合，会合）和"秒"的本义（时间计量单位）。这也充分证明了认知语言学基于使用、基于体验的观点。

第四节 小结

生活节奏的加快，沟通交际中时间、空间等客观条件的限制，与人们追求省时省力的主观"惰性"意愿一拍即合，使得缩略语生成的

---

① 周明强：《词汇歧义消解的认知解析》，《语言教学与研究》2011年第1期。

速度越来越快，数量越来越多，流行面越来越广。毋庸置疑，追求省时省力的经济原则是现代汉语缩略语生成的理据。但语言经济原则是从交际双方两方面进行考量的，经济性必然会带来理据性的磨蚀。从说话人角度来看语言形式缩略得越简短越省力，但从受话人角度来看不缩略理解起来最为省力。因此，理想的缩略形式是寻求交际双方用词经济的平衡点，在追求经济性的同时，要尽量使生成的缩略语具备较强的理据性，让人理解起来不至于太过费力。从认知的角度来看，汉语缩略语的生成理据是"部分的语言形式代替完整的语言形式"的概念转喻。正是"部分代整体"的转喻认知才使得我们可以用缩略语来代替原式，实现表达上的经济。

　　缩略语是在已有的语言形式基础之上进一步减缩的结果，但在缩略语生成过程中孰去孰留并不是任意的，而是受人类认知所决定的。现代汉语缩略语在生成构造过程中表现出明显的取首字倾向，遵循语义显豁原则和避歧原则。取首原则是首字通常较为重要，更容易激活人们对原式的联想。语义显豁原则是遵循以意义为中心的原则，选用表意明确的成分来构造缩略语，以方便解读者理解。避歧原则同样是为了方便缩略语的语义提取。事实上，无论是取首原则、语义显豁原则，还是避歧原则，都是出于方便理解的考虑，是从交际双方的角度来考量语言经济原则，在保证语言形式经济省力的前提下，尽量保证其理据的透明。从某种程度上讲，现代汉语缩略语生成的取首原则、语义显豁原则，抑或是避歧原则，其实都是一种突显，都是将最为显豁的部分保留下来代替完整的原式，这种以突显的部分代替整体正是概念转喻的认知机制。因此，可以说概念转喻是现代汉语缩略语生成背后的认知理据。

　　汉语缩略语因其生成时取"代表字"的特点，其意义并非组成成分意义的简单相加，而且许多缩略语生成之后还会发生意义的转喻或隐喻拓展，因此在下一章我们将要探讨现代汉语缩略语的语义建构。

第五章

现代汉语缩略语的语义建构

客观主义语义观追求绝对的理性，认为语言忠实、镜像地反映外部的客观世界，因而将语言的意义视作语言符号和现实的对应关系，认为语言意义是客观、绝对的。更为糟糕的是，客观主义语义观还坚持意义的组合性，将意义视作如同叠积木般的组合，高一层次语言单位的意义由低一层次语言单位的意义及其组合方式决定。客观主义语义观在理解汉语缩略语时显得无能为力，毕竟汉语缩略语的意义并非由其组成成分意义相加那样简单和理性。

认知语言学基于体验哲学，体验哲学强调心智的体验性和思维的隐喻性。因为每个人的体验不同，使得意义不可避免地带有一定的主观性。同时，思维的隐喻性以及语境的多变性又会使意义带有一定的动态性。所以 Lakoff 和 Johnson[1] 指出，Frege[2] 为语言哲学开了个坏头，他在研究心智和思维时极力否定主观性，着力论证其所具有的客观性、绝对性和固定性，认知语言学派的观点是与其背道而驰的。Sweetser 也认为真值语义学将意义视作词语和世界之间的对应关系，割裂了语言系统和认知组织之间的关系[3]。认知语言学遵循"现实—认知—语言"的路径，坚持人类认知在意义建构中的积极作用。

Evans 归纳出认知语义学的四条基本指导原则：

---

[1] Lakoff, G. & M. Johnson, *Philosophy in the Flesh*, New York: Basic Books, 1999, p. 468.

[2] Frege, G., "On sense and reference", In P. Geach & M. Black (eds.), *Translations from the Writings of Gottlob Frege*, 2nd ed., Oxford: Blackwell, 1966.

[3] Sweetser, E., *From Etymology to Pragmatics—Metaphorical and Cultural Aspects of Semantic Structure*, Cambridge: Cambridge University Press, 1990, p. 4.

1) 概念结构是基于体验的。
2) 语义结构等同于概念结构。
3) 意义表征是百科性的。
4) 意义建构是概念化。①

人类正是有了与外部世界的感知体验，才慢慢形成概念，建立起认知结构，从而获得意义，再将概念进行词汇化后便有了语言。我们经常无意识、脱口而出的"掉进陷阱"、"突出重围"、"众星捧月"、"层层包围"、"沧海一粟"等话语正是基于体验认知所形成的"容器"、"中心边缘"、"部分—整体"等意象图式在语言中的体现。因此，Lakoff 和 Johnson 认为，"概念是通过身体、大脑和对世界的体验而形成的，并只有通过它们才能被理解"②。

不同于客观主义语义观，认知语言学认为语言结构是人们心智概念的外化形式，语言并不直接指向外部世界的事物。Talmy 将认知语义学的研究内容简单归纳为概念内容及其在语言中的组织③。汉语新词语"凤凰男"的理解，必须以激活"山窝飞出金凤凰"这一汉语文化中特有的概念背景知识为前提。同样，"考拉族"也必须激活"考拉性情温顺、行动迟缓、昼伏夜出"等概念结构才能提取其语义"周末或者假期选择像考拉一样宅在家中，大部分时间用于睡眠的白领一族"。对英语新词"deer market"的理解，必须建立在激活"鹿在强光照射下惊恐不安、不知所措"这一概念结构，并用鹿来喻指股民在市场不确定情况下的犹豫不决，才能理解其语义"市场前景不明朗的股市"。对"pancake people"（煎饼人）语义的理解，必须以理解"煎饼"的概念结构（煎饼摊得很宽很薄）为前提，隐喻思维引导人们在二者之间进行相似性联想，从而进行语义建构达到对其语义

---

① Evans, V. & M. Green, *Cognitive Linguistics: An Introduction*, London/New York: Routledge, 2006, p. 157.

② Lakoff, G. & M. Johnson, *Philosophy in the Flesh*, New York: Basic Books, 1999, p. 497.

③ Talmy, L., *Toward a Cognitive Semantics*, Vol. I: *Concept Structure Systems*, Cambridge, MA.: The MIT Press, 2000, p. 4.

的解读,指"网络时代宽泛、浅薄的阅读者"。语言结构等同于概念结构并不意味着二者完全一致。语言本身是基于形式转指概念的,语言结构只是人类纷繁复杂的概念结构的一部分,并不是所有的概念结构都会有对应的外在语言编码形式,所以我们经常会说"难以用语言形容"、"溢于言表"等话语。

认知语义学摒弃传统的语义词典观,坚持语义百科观。词语只是其所表征的特定概念背后大量知识仓库的参照点。Wierzbicka 就曾指出:"在自然语言中,意义存在于人们对世界的解释之中。"[1] 对世界的认识意味着语义与人们的经历、背景知识、常识、社会文化等百科知识息息相关。这种百科知识大致与知识框架或语义框架相当,即提及一个词语,会激活其背后的框架知识系统。"手机"激活的不仅是其基本的通话、发短信功能,还可能激活上网、手机词典、手机游戏、网购、导航、微信、手机支付、身份象征,甚至《手机》电影等一系列庞大、复杂的百科知识网络。

认知语言学坚持整体大于部分之和的观点,坚决反对语义的组合观,支持语义的在线、动态建构整合观。Fauconnier 和 Tuner 认为整合是一种看不见的、无意识的活动,整合发生在人类生活的方方面面。词语的意义绝不是仅由其构成成分的意义和组合方式决定,而是涉及复杂的幕后认知,是由概念整合得来的。[2]

汉语缩略语生成时取"代表字"的特点决定了其意义并非是组成成分意义的简单相加,缩略语的语义建构是对意义组合观的最好驳斥。缩略语"地铁"的语义并不是"地"和"铁"意义的相加。同样,"官推"也并不是"官"和"推"意义的简单组合。"手"在字典里并无"手机"之义,"游"亦无"游戏"之义,因而缩略语"手游"的意义绝非"手"和"游"意义的相加。虽然汉语是表意文字,但汉语缩略语的语义并不都是透明、一看即知的。加之,许多汉语缩略语还会发生基于隐喻和转喻的意义拓展,因此汉语缩略语的语义需

---

[1] Wierzbicka, A., *The Semantics of Grammar*, Amsterdam: John Benjamins, 1988, p. 2.
[2] Fauconnier, G. & M. Turner, *The Way We Think*, New York: Basic Books, 2002, p. 18.

要在线建构得出。认知语言学基于体验、基于语义的在线建构观以及语义的百科知识观能够很好地用来解释汉语缩略语的语义建构。但各类汉语缩略语的语义建构并不完全相同，因此以下我们将按照之前对现代汉语缩略语的分类分别进行探讨。

第一节　缩合式缩略语的语义建构

一般认为汉语是表意文字，汉语缩略语的理据性强于表音文字的英语。但原本理据性较强的汉语受经济原则的影响，其理据性受到极大的磨蚀，这在追求新颖、追求创新的网络缩略语中体现得尤为明显。缩略是语言经济原则的体现，Fauconnier 曾对语言经济性作出如下阐述：

> 说到"经济"，我认为有以下含义：语境中的任何语言形式具有激活大量认知构造的潜势，包括类比映射、心理空间连接、参照点组织、合成和复杂场景模拟。当我们试图阐明后台认知时，语言形式的极度简洁与其对应语义建构的极其丰富之间形成鲜明的对比给我们留下了深刻的印象。①

"字"是汉语中"音节、汉字、意义"的最小结构单位。一般汉语词语都能够"望文生义"，其透明度较高，似乎不会涉及语义建构的问题。传统观点也认为汉语缩略词语的还原性较强，从其缩略形式一般可以较为容易地推出其缩略前的原形形式，从而理解其意义。但认知语言学告诉我们即使再简单的意义建构过程也涉及大量复杂的不为我们所意识的幕后认知。编码外显的语言形式只是显露于复杂内隐的意义建构的冰山之一角。缩合式缩略语的语义并不一定完全是其语

---

① Fauconnier, G., "Methods and generalizations", In T. Janssen & G. Redeker (eds.), *Cognitive Linguistics: Foundations, Scope, and Methodology*, Berlin: Mouton de Gruyter, 1999, p. 98.

素义的简单相加,而是各自激活的词汇概念的整合。缩合式缩略语的构成方式是沈家煊先生称之为"截搭"的方式,即从原式各意义段中截取"代表字"再重新拼合在一起①。因此,缩合式缩略语的意义建构最为基本的方式就是基于转喻的截搭型概念整合。

一 截搭型概念整合

Saeed 认为当我们研究语言意义时,实际是在研究语言如何以一种不完备、部分的方式来激活一系列复杂的认知过程。② 从这个角度来看,"意义不存在于语言之'内'"。相反,语言不过是建构意义的食谱,而这食谱依赖于许许多多独立的认知活动。这与认知参照点的观点相类似,我们认为缩合式缩略语基本义的建构正是由这些构成成分充当认知参照点,激活相关的词汇概念,再对这些词汇概念进行整合的结果。

汉语缩合式缩略语绝大多数是"一对一"式,即一个缩略语对应一个原式。但有些汉语缩合式缩略语因为各种原因,存在一个缩略语对应多个原式的情形,我们称之为"一对多"式。相应地,缩合式缩略语的语义建构也分为"一对一"式概念整合和"一对多"式概念整合。我们从最为基本的"一对一"式概念整合开始探讨。

(一)"一对一"式概念整合

汉语缩合式缩略语绝大多数是一个缩略语对应一个原式,请看下例:

(27) 手游创业,撞大运?

(《人民日报·海外版》2013 年 9 月 5 日第 006 版标题)

报纸标题中的缩略语"手游"对于许多人而言是十分陌生的,会阻碍他们对整句话的理解。汉语缩略语的生成是选取最突显、最能激

---

① 沈家煊:《"糅合"和"截搭"》,《世界汉语教学》2006 年第 4 期。

② Saeed, J., *Semantics*, Oxford:Blackwell, 1997, p. 319.

活原式的成分来充当"代表字",而其理解则是基于这些"代表字"进行逆向认知推理的过程。Cummings 认为,推理就是从已知、明确的信息中获取新的、不明确的信息。①"手游"的语义建构就是基于已知的语言形式,"手游"推理获得不为我们所知的原式。

　　心理语言学的研究表明,熟悉的词语被视作一个整体,不熟悉的词语则会被视作词素单位,将其进行解构。"手游"在多数人的心理词库中并不存在,因此会将其分解成"手"和"游"两个语素。再由"手"和"游"分别充当认知参照点,激活相关词汇概念进行整合。"手"能够激活诸如"手表"、"手枪"、"手套"、"手镯"、"手链"、"手机"、"手帕"、"手球"、"手语"、"手册"、"手腕"、"选手"、"球手"、"枪手"、"水手"、"写手"、"打手"、"鼓手"、"号手"、"动手"等一系列的词汇概念。高度突显的"游"也会激活"游戏"、"游泳"、"游玩"、"游览"、"游客"、"游民"、"游侠"、"游牧"、"游子"、"旅游"、"游击"、"游动"、"游走"、"导游"、"交游"等一系列的词汇概念。当然"手"和"游"在不同人的大脑里激活的词汇概念优先顺序不一样,使用频率高、语义联系紧密的词汇概念会优先得到激活。反之,使用频率低、冷僻陌生的词汇概念激活得较慢,甚至得不到激活。

　　Collins 和 Loftus 认为,语义信息的提取是一个激活扩散的过程:当一个概念被激活,其效应就会向四处扩散到与之相连的其他概念,并且激活的能量会随着扩散距离的拉长而减弱,因此联系密切的概念比相对生疏的概念更容易被激活②。董燕萍通过研究也发现,如果人们接触某些词的机会越多,那么这些词越容易被提取,即词频效应。③

　　尽管在《新华大字典》(2013 年版)里"游"字并没有"游戏"义,但"手游"的构成方式会不自觉地引导人们向与其构成方式相同

---

① Cummings, L., *Pragmatics: A Multi-Disciplinary Perspective*, Edinburgh: Edinburg University Press, 2005, p. 75.

② Collins, A. & E. Loftus, "A spreading-activation theory of semantic processing", *Psychological Review*, Vol. 82, No. 6, 1975, pp. 407-428.

③ 董燕萍:《心理语言学与外语教学》,外语教学与研究出版社 2005 年版,第 46 页。

的"桌游"(桌上游戏)、"电游"(电子游戏)、"网游"(网络游戏)等词语发生类比联想。当我们走在街上,映入眼帘的是形形色色的电子游戏厅广告牌匾;打开网页或电视,铺天盖地的"网游"的广告同样令人目不暇接,"游"表达"游戏"义的使用频率高,语义联系较紧密,在词频效应的作用下,"手游"中的"游"会被激活为"游戏"。新闻标题中的"创业"这一上下文语境也提示我们理应将此处的"游"解读为"游戏",毕竟与"创业"能发生联系的只有"旅游"和"游戏",而旅游业发展相对较为成熟,市场蛋糕瓜分殆尽。相反,游戏产业发展得正如火如荼,适合创业。

缩略语中"游"的对应原式基本锚定为"游戏"后,再去推理解读出"手"的原式相对就容易得多。能与"游戏"组合在一起的"手"的词汇概念范围要狭窄得多。联想到新一代智能手机功能强大,很多人在闲暇之余,也喜欢用手机来玩游戏,并且手机游戏开发正成为众多游戏厂家竞相争夺的新的赢利点,也不乏一些创业者在手机游戏领域一炮走红。"手"充当认知参照点,在百科知识的引导下通达"手机"。至此,缩略语"手游"的原式解读完成。"手"并无"手机"之义,"游"亦无"游戏"之义。"手"和"游"不过是作为"代表字"引导解读者去激活其对应的原式——"手机"和"游戏"。

"手游"的语义建构也充分说明汉语缩略语的语义建构是突显的缩略语构成成分充当认知参照点引导下的概念整合过程。正如张辉指出的那样,"词语本身并不表征界限分明的一组意义,而是作为与某一概念域相关的通达点(point of access),语言本身并不具备编码意义,词汇只是意义建构的'触发点',语言的理解需要人的推理"[①]。缩合式缩略语"手游"的语义建构过程如图5-1所示。

我们再来看另一缩略语"果粉"的语义建构过程。请看下例:

(28) 果粉抱怨:苹果你也太"快"了

(《北京日报》2012年12月14日第10版标题)

[①] 张辉编:《认知语义学研究》,上海外语教育出版社2011年版。

第五章　现代汉语缩略语的语义建构　　　　　　　　　　　　　129

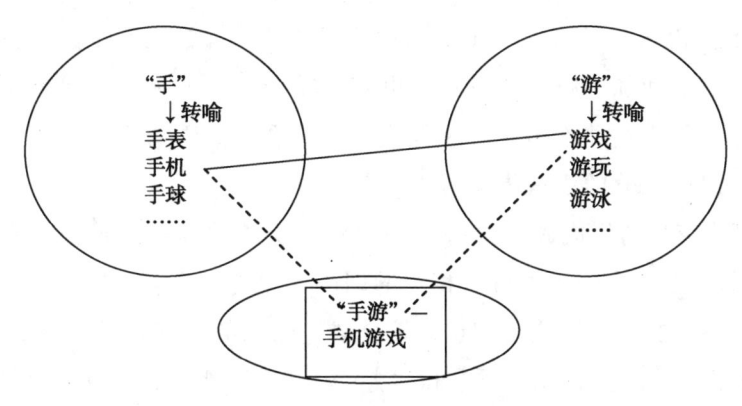

```
    "手"                    "游"
    ↓转喻                   ↓转喻
    手表                    游戏
    手机                    游玩
    手球                    游泳
    ……                     ……

            "手游"—
            手机游戏
```

图 5-1　"手游"的语义建构

虽然认知语言学坚持词语意义百科知识观，反对词典观，但不可否认的是，词典收录的是整个社会所接受的最核心、最典型的词语意义。因此，在意义的建构中最先被激活。根据《新华字典》第 11 版（商务印书馆 2011 年版）：

"果"的四个义项分别是：
❶果实，某些植物花落后含有种子的部分；
❷结果，事情的结局或成效；
❸果断，坚决；
❹果然，确实，真的。

"粉"的六个义项分别是：
❶细末儿，如药粉，藕粉；
❷粉刷，用涂料抹刷墙壁，进一步引申为"掩盖污点或缺点"，如 粉饰太平；
❸使破碎，成为粉末：粉碎等；
❹浅红色；
❺白色的或带粉末的：粉蝶，粉墙；
❻用淀粉做成的食品：粉条，米粉。

可以看出，仅通过"果"和"粉"字典义的排列组合，只能组合出"果实粉末"的意义。水果的加工以果汁较为常见，虽然现在随着人们的需要和加工技术的革新，也有果粉产品，如无花果果粉、沙棘果粉等，但毕竟并不多见。这也验证了汉语缩略语的语义并不一定能通过其组成成分的语素组构得出。

高度突显的组成成分"果"和"粉"会充当认知参照点，引导人们去激活与"果"和"粉"相关的词语，并进行概念合成。作为偏正结构中心词的"粉"是理解这一缩合式缩略语的关键。联想到2005年湖南卫视推出大型娱乐选秀节目"超级女声"，伴随着节目的火暴，超女张靓颖的粉丝被称为"凉粉"（"凉"来自"靓"的谐音；"粉"是对外来词"fans"的谐音词"粉丝"的俏皮节略），"凉粉"的构词方式与网络语言追求新颖、追求个性的特点一拍即合，自此"粉"在网络上流行开来。《现代汉语词典》第6版（商务印书馆2012年版）已将"粉丝"单独列为一词条收录进词典，表达"迷恋、崇拜某个名人的人"的意义。从这一角度对"果粉"进行解读就显得顺理成章。

那么"果"到底是指什么？遵循"凉粉"类词语构造的惯性思维，我们会本能地从耳熟能详的文体明星、社会名流的名字中去搜寻与"果"同字或同音的人，但徒劳无功，因此可以排除"果"作为"迷恋、崇拜某个名人的人"的理解。既然排除了人，那"果"就只能与物发生联系，与"粉"结合在一起表达某物的喜好者之意。"果"可泛指所有的水果，因此"果粉"可以理解为"嗜水果者"。"果"也会让人想到包含"果"字的水果"苹果"，因此"果粉"也可解读为"喜欢吃苹果的人"。虽然这两种解读都合理，但太过平淡无奇。既然"果"通过部分代整体的转喻能激活"苹果"，而说到"苹果"，现在让人想到的可能不仅是水果，而更可能是风靡全球、追随者甚众的美国苹果公司数码产品，如苹果个人电脑 Mac、音乐播放器 iPod、平板电脑 iPad 以及手机 iPhone 等。毕竟就近现率而言，这一意义的"苹果"出现在各种媒体上的频率远高于作为水果的"苹果"。此外，就意义的突显度而言，这一意义无疑也更为突显，因此会优先得到激活。至此，得出"果粉"的真正意义就是"苹果数字产品的追随者、发烧友"，他们热衷于追逐苹果公司最新的数字产品，是苹果公司产品的忠实拥趸,这是缩合式缩略语"果粉"最具普遍意义的解读。由于它的流行和接受度,现在互联网甚至还出现了专门的"果粉吧"、"果粉社区"、"果粉网"等。"果粉"的意义建构如图5-2所示:

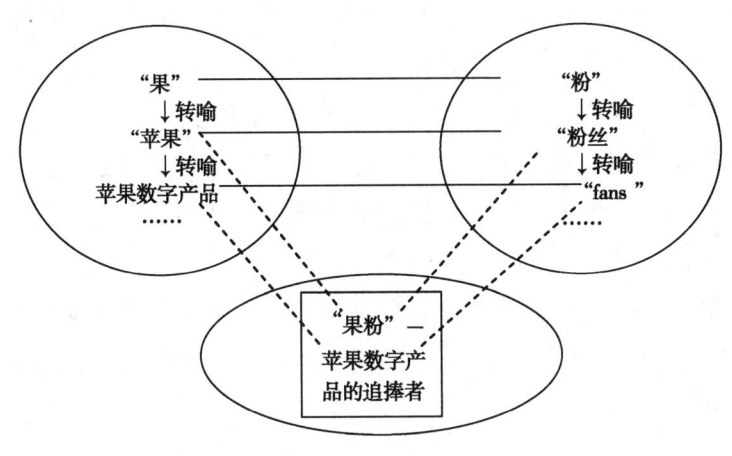

图 5-2 "果粉"的语义建构

"手游"、"果粉"的意义建构过程充分说明了现代汉语缩略语的意义建构过程远非想象的那样简单,貌似简单的意义建构背后实则涉及大量复杂的幕后认知。高度浓缩、高度突显的缩略语如同"夜空中最亮的星星",浩渺的夜空繁星点点,我们只有在"最亮的星星"充当认知参照点的引导下,才能通达所要找寻的那一颗目标"星星"。

(二)"一对多"式概念整合

汉语缩略语一般只对应一个原式,但也不乏一些缩略语对应多个原式的情形,我们称之为"一对多"式缩略语。Fauconnier 和 Turner 曾指出:"语言形式是非常简化的,同一语言形式或许能够适合多种场景。"① 许多现代汉语缩略语也可以适合多种场景,除此之外,汉语缩略语中还存在相当数量的同形缩略语,即相同的缩略语形式对应不同的原式,例如,"妇保"既可指"妇女保健",也可指"妇女权益

---

① Fauconnier, G. & M. Turner, "Conceptual integration networks", *Cognitive Science*, Vol. 22, No. 2, 1998.

保障";"副高"既可指"副高级职称",也可指"副热带高压";"高职"既是"高级职业学校"的缩略,也是"高级职称"的缩略;"国标"既是"国际标准交谊舞"的缩略,也是"国家标准"的缩略。其他的如"家教"(家庭教师/家庭教育)、"劳保"(劳动保护/劳动保险)、"联大"(联合大学/联合国大会)、"联防"(联合防守/联合防治)、"民调"(民意调查/人民调解)、"影展"(电影展览/摄影展览)、"人大"(中国人民大学/人民代表大会)等。

这些缩略语不是一词多义,而是两个不同的原式通过缩略恰好生成了相同的语言形式,可以看作同形缩略语。从语言使用者的角度而言,这些同形缩略语无疑是经济省力的。但这种"一对多"式缩略语违反了避歧原则,因此从解读者角度而言,则会增加其理解时的认知加工努力。我们仅以"民调"为例来说明"一对多"式缩略语的语义建构过程。

(29) 民调显示 BBC 公信力大跌

(《光明日报》2012 年 11 月 20 日 008 版标题)

"民调"(míndiào)本身可以作为一个已经词化的词语,表达"流传民间的曲调"之义,但这一意义放在当前的语境下根本解释不通。既然整体解读受阻,那么只有将其视作词素单位,进行解构推理。"民"和"调"分别作为认知参照点,去激活包含它们的词语和概念。"民"能激活许许多多的词汇概念,如"民风"、"民情"、"民意"、"民间"、"民族"、"民生"、"民主"、"民歌"、"民心"、"民谣"、"民俗"、"民航"、"民用"、"民国"、"民居"、"民宅"、"民法"、"民办"、"民企"、"民革"、"民盟"、"人民"、"贫民"、"平民"、"公民"、"居民"、"网民"、"草民"、"回民"、"农民"、"渔民"等。

"调"在汉语里是多音字,使得原本就很复杂的语义建构显得更加复杂。"调"读 diào 时,能激活"调查"、"调研"、"调动"、"调档"、"调换"、"调度"、"调集"、"对调"、"高调"、"情调"、"格调"、"色调"、"笔调"、"论调"、"声调"、"曲调"、"调号"、"腔调"、"函调"、"征调"、"跑调"等词汇概念。

"调"读 tiáo 时，也能激活诸如"调整"、"调解"、"调节"、"调和"、"调养"、"调教"、"调停"、"调制"、"调配"、"调笑"、"调皮"、"调试"、"调味"、"调音"、"协调"、"失调"、"谐调"等一系列词汇概念。

"民"和"调"激活的词汇概念分别作为输入空间进行概念整合。理论上而言，由"民"激活的词汇概念和由"调"激活的词汇概念都能组合在一起，这样组合的数量将十分惊人。但语境的提示和制约作用，会大大减轻语义建构所付出的认知加工努力。王正元指出：

> 概念整合离不开背景区。背景区包含的语言事件、语言事件参与者及环境背景对概念整合呈现空间输入、所指空间输入及心智空间都具有动因作用；背景区是一系列重要语境假设关系话语表征起因影响意义结构过程。[①]

"调"读 diào 时，"调查"因语义联系最为紧密会优先激活。将这一意义置于新闻标题中，正好解释得通，"公信力大跌"是调查显示的结果。事实上，其他由"调"激活的词语，放在当前语境中根本解释不通。确定了"调"的原式为"调查"后，另一输入空间"民"的推理就相对容易得多。如果没有语境的制约，几乎所有由"民"激活的词汇概念都能与"调查"组合在一起的，如"民风调查"、"民情调查"、"民意调查"、"民生调查"、"民歌调查"、"民心调查"、"民主调查"、"网民调查"、"公民调查"等。但很明显"民风"、"民情"、"民生"、"民歌"、"民心"等与"BBC 公信力大跌"之间毫无关联，因此可以排除。"公民调查"表面上可以解释得通，但是即便作为全球知名的媒体之一，BBC 公信力的下跌与否还没有重要到要进行公民调查的程度。"网民调查"似乎可以解释得通，但"网

[①] 王正元：《概念整合理论及其应用研究》，高等教育出版社 2009 年版，第 42 页。

民"中的"民"取"某类人"的字义，与"渔民"、"农民"、"回民"等一样。况且，如果针对网民进行调查，一般选择的是在网络上进行，但此种在网络上的调查，已经有对应的"网络调查"的缩略语"网调"。调查涉及的对象是"意见、意愿"，因此不难推断出"民"对应的原式应该是"民意"，即针对"人民共同的意见或普遍的意愿"的"调查"。

语言是灵活的，语言表达式的意义也不是固定不变的。正如Turner 所言：

> 意义来自跨越一个以上心智空间的连接。语义并不是概念容器中的存放物，而是有生命的、活跃的，具有动态性和分布性。意义不是限定在概念容器中的心理物品，而是投射、连接多个空间进行融合的复杂运算。①

"民调"并不仅仅只能表达"流传于民间的曲调"和"民意调查"之意。以上阐述的只是"调"读 diào 时的语义建构过程。考虑到"调"是多音字，也可读 tiáo。因此，同样的语言符号"民调"也可能有其他的语义建构。请看下例：

(30)"民调"需要法律支持和保护

(《法制日报》2009 年 3 月 8 日)

乍一看，我们会不自觉地将"民调"也作"民意调查"理解。但仔细思量，"民意调查"只是为了了解民众意愿而进行的调查，是不需要法律来支持和保护的。上面我们对"民调"进行语义建构时已经仔细分析过了"调"读 diào 时的解读，因此这里尝试"调"读 tiáo 时的语义建构。"调"（tiáo）最为突显的意义是"调解，使和谐"，这一意义会首先被激活。作这一意义理解时，组合的词语有"调解"、

---

① Turner, M., *The Literary Mind*, Oxford: Oxford University Press, 1996, p. 57.

第五章 现代汉语缩略语的语义建构

"调节"、"调整"、"调停"等。事实上"调"(tiáo)的其他意义，如"配合均匀、得当"（"谐调"、"失调"），或者表达使动意义的"使配合均匀、得当"（"调色"、"调味"、"调音"等），抑或表达"挑逗、嘲弄"（"调戏"、"调逗"、"调皮"、"调笑"等）时都无法与"民"组合在一起表达一个恰当而完整的意义。

语境中的关键信息"需要法律支持和保护"也隐含着涉及纠纷、矛盾之类的事情，而这些是需要"调解"的。但"民"与"调解，使和谐"义组合在一起能表达完整意义的，也只有表泛指意义的"百姓"（人民）。"民"表达"某类人"意义的"贫民"、"平民"、"公民"、"居民"、"网民"、"草民"、"回民"、"农民"、"渔民"等，表达"民间"意义的"民风"、"民情"、"民意"、"民生"、"民办"、"民企"等，以及表达"非军事的"意义的"民航"、"民用"等均无法"调整"或"调解"。"人民"也只能与"调解"结合在一起，不能与"调整"、"调节"、"调停"等搭配。因此，"民调"在这里语义建构的结果就是"人民调解"了。事实上，人民调解制度一直是具有我国特色的民主法律制度，但调解作为代替诉讼处理纠纷的重要方式，其法制建设相对滞后，因此人民调解需要加强法律的支持和保护。

其实，汉语缩略语"民调"最早对应的原式就是"人民调解"。但现在随着民主制度的不断完善，"民意调查"成为了解民众意愿的一种重要方式。"民意调查"频繁地出现在各种媒体上，它的高频使用促使缩略语"民调"的诞生。当然，"民调"（民意调查）的生成也是遵循缩略语构造的取首原则，并非故意缩略的结果。缩略语"民调"的"一对多"意义建构过程也在一定程度上印证了 Turner 的观点，语言表达式本身没有意义，它们不过是我们建构意义的提示[①]。而正是有了这些提示，我们便可以在语境的指引下通过概念整合来获得意义。

以上我们所例证的"手游"、"果粉"和"民调"只是缩略语基

[①] Turner, M., *Reading Minds: The Study of English in the Age of Cognitive Science*, Princeton: Princeton University Press, 1991, p.206.

本义的建构过程。而相当多的缩略语还会在隐喻认知和转喻认知的作用下发生意义的拓展，使得意义的建构更为复杂。

二 截搭型概念整合基础上的糅合型整合

人类的概念系统本质上是隐喻性的，隐喻是人类用来组织概念系统、赖以生存的认知工具。隐喻不是语言的表象，而是深层的认知机制。隐喻组织我们的思想，形成我们的判断，促使语言的结构化，从而具有巨大的语言生成能力。相似映射是隐喻赖以存在的认知心理理据，通过相似映射人们可以利用熟悉、具体的事物去理解相对陌生、抽象的事物。同时，隐喻也是实现语言经济原则的重要认知工具。人类的概念系统和语言表达系统之间不是一一对应的，相对于创造新的语言符号，对旧有语言符号进行隐喻、转喻和类比扩展以表达新的概念无疑是最为经济的一种方式。汉语缩略语生成之后，意义也会进一步发生隐喻扩展。沈家煊将比喻性构词称之为"糅合"型构词[1]。Fauconnier 和 Turner 则认为隐喻和类比不过是概念整合的特例[2]。因此，汉语缩略语比喻义的建构也是基于概念整合。

"备胎"原是"备用轮胎"的缩略，但在基于相似性的隐喻认知机制的作用下，其意义不断发生泛化，请看以下几例：

　　（30）据说备胎已成大学校园里的一种现象，在大学生聚集的某网站论坛，92 名受访学生中，有 21 人曾有过或正在经历与备胎有关的情感。

（《中国青年报》2009 年 10 月 23 日）
　　（31）麦迪不上马刺请退票！主帅暗示酱油男备胎命运
　　（中国日报网 2013 年 4 月 26 日，http://www.chinadaily.com.cn/typd/nba/2013-04-26/content_ 8880242.html）

---

[1] 沈家煊：《"糅合"和"截搭"》，《世界汉语教学》2006 年第 4 期。
[2] Fauconnier, G. & M. Turner, *The Way We Think*, New York: Basic Books, 2002.

以上两例中的"备胎"是以机动车"备胎"（备用轮胎）为基础，经过相似映射的隐喻认知机制所产生的新意义。"备胎"基本义的语义建构是一种截搭型整合。而"备胎"的比喻义是建立在其基本义基础之上的，所以我们将汉语缩略语这一类整合称之为截搭型概念整合基础上的糅合型整合。机动车"备胎"的用途在于当正胎发生意外后，替代正胎，并完成正胎的使命将旅途继续下去。情感"备胎"是为应对与正选男友或女友感情破裂而预备的备用人选，而体育领域的"备胎"指当主力队员状态不佳或者意外受伤时上场比赛的替补。可见，正是基于这种"备用、有备无患"的相似之处，原始意义的"备胎"才得以不断拓展开来。例31中"备胎"比喻义的建构过程如图5-3所示：

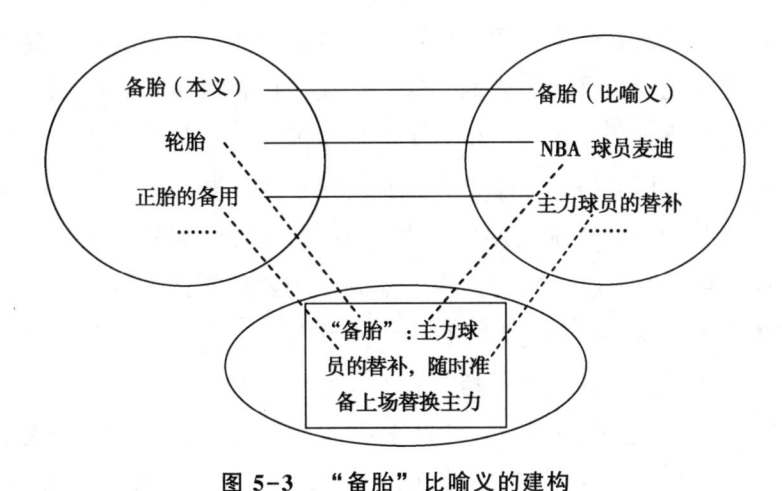

图5-3　"备胎"比喻义的建构

下面我们再来看另外一个例子：

（32）"医疗航母"：乘风破浪海天阔

（《解放军报》2013年10月15日第001版标题）

"航母"是"航空母舰"的缩略语。航母是一种大型水面舰船，有着巨大的甲板作为平台供军用飞机起飞和降落。作为航空母舰战斗群的核心，航母能够提供空中掩护和实施远程打击，因而是海军不可或缺的利器，是一个国家综合国力的象征。航母在第二次世界大战中首度被广泛使用,用来携带着战斗机远离国土去执行攻击目标的任务。

隐喻基于相似性,利用熟悉的、具体的事物来认知相对陌生、抽象的事物。隐喻通过基于部分相似性的跨域映射,在看似不相关的不同认知域的事物之间建立联系,将原本属于喻体的部分特征向本体投射。在该则标题中,喻体航母属于军事领域,与本体医院不属于同一个认知域。但除了业内人士,人们对本体解放军总医院的认知度无疑要低于喻体航母。为了言简意赅地让人们了解解放军总医院在行业中的地位,通过将其比喻成医疗航母,将航母的部分特征向本体映射,从而达到加深和方便人们理解的目的。

汉语缩略语隐喻意义的建构是截搭型概念整合基础上的糅合型整合,是一个二次整合的过程。但不难发现,发生隐喻拓展的缩略语往往已经词汇化,正是因为人们对这些缩略语的接受度已经较高,它们才能作为喻体去理解更为陌生、更为抽象的本体。但缩合式缩略语基本义的建构,即截搭型概念整合,我们在本章"第一节 一 截搭型概念整合"中已经详细论述过,这里只探讨其糅合型整合过程。

输入空间1为航母空间,输入空间2为解放军总医院空间,类属空间为更为抽象的事物空间,每个空间都有自己的意义结构。"航母"空间中,相关的概念结构包括"体积庞大"、"海上"、"飞机起降的平台"、"武器装备先进"、"可以移动"、"核心地位"等,结构关系包括"航母在海上执行任务,目的是实施空中掩护和远程打击"等。而"解放军总医院"空间的概念包括"规模大"、"陆地"、"医疗、保健、教学、科研平台"、"医疗设备先进"、"不能移动"、"领先核心地位"等,结构关系包括"解放军总医院作为一个综合体,目的是救死扶伤,培养人才,科技攻关"等。

Evans认为,词语的基本意义往往会为其隐喻意义的激活提供指引[①]。喻体"航母"空间和本体"解放军总医院"空间部分、有选择性地向合成空间投射,经过组合、完善、扩展的认知加工过程,得出

---

① Evans, V., "Figurative language understanding in LCCM Theory", *Cognitive Linguistics*, Vol. 21, No. 4, 2010, p. 623.

医疗航母的意义：解放军总医院规模庞大，学科门类齐全、专业人才密集、医疗设备先进，集医疗、保健、教学、科研于一体，综合实力全军领先，是部队医院的排头兵。"航母"比喻义的糅合型整合过程可简单图示如下：

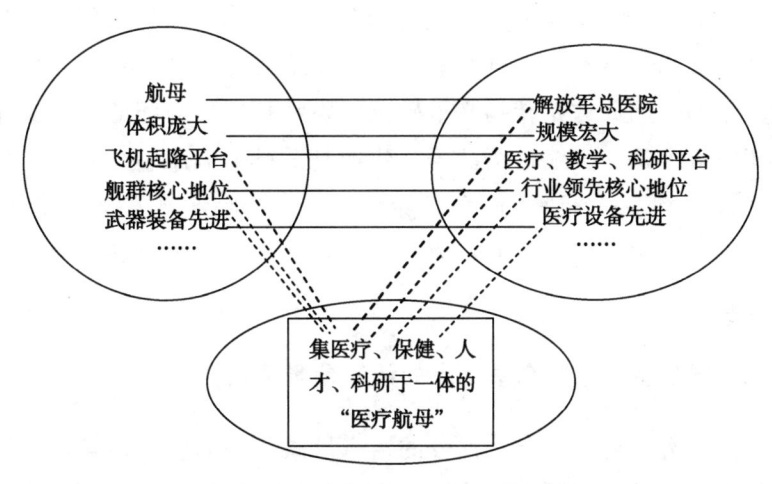

```
     航母                          解放军总医院
    体积庞大                        规模宏大
   飞机起降平台                    医疗、教学、科研平台
   舰群核心地位                    行业领先核心地位
   武器装备先进                    医疗设备先进
     ……                              ……

              集医疗、保健、人
              才、科研于一体的
                "医疗航母"
```

图 5-4 "航母"比喻义的建构

当然，概念整合过程中，两个输入空间的概念并不是不加选择、全部地投射到合成空间，只有在两个输入空间之间建立起映射对照关系的概念成分才会投射到合成空间。"航母"空间中的"远程打击"、"可以移动"、"战争装备"等，以及"解放军总医院"空间中的"救死扶伤"、"人才培养"、"不能移动"等概念并未向合成空间投射。投射的只是一些共同的概念成分，如"大"、"核心地位"、"平台"等。因此，正如束定芳所认为的那样，隐喻实质是在差异中寻找相似性，突显源域和靶域之间的某一共同点，通过突显源域某一方面特征的同时，达到突显靶域中相对应的特征。①

隐喻是人们通过类比思维，发挥创造力的结果。由于人们的创造力是无限的，因而同一喻体"航母"，可以被用来喻指不同的事物，如"商业航母"、"地产航母"、"家电航母"、"手机航母"、"电商航母"、"物流航母"、"家居建材航母"、"旅游航母"等不胜枚举的

---

① 束定芳：《论隐喻与明喻的结构及认知特点》，《外语教学与研究》2003 年第 2 期。

例子。

汉语缩略语"备胎"、"航母"意义的隐喻扩展也印证了隐喻是概念性的,隐喻普遍出现在人们的思维和行动之中的观点。Fauconnier和Turner将这种同一语言形式可以适用于多种场景的神奇之处称为语言的"恒势"(equipotentiality)①。当然,所有汉语缩略语的隐喻性意义拓展,是以其基本义为基础的,而缩略语是基于部分代整体的转喻机制产生的,因此这是转喻义基础上的隐喻拓展。与缩略语语义拓展方式相对应,这一类缩略语的语义建构是截搭型概念整合基础上的糅合型整合。汉语缩略语生成之后除了能通过隐喻实现意义的拓展外,还能通过转喻来实现意义的拓展。以下我们将探讨缩合式缩略语转喻意义的建构。

三 截搭型概念整合基础上的认知参照模式

汉语缩略语本是基于"部分的语言形式代替完整的语言形式"的转喻认知产生的,但基于转喻认知生成的汉语缩略语,还可能进一步基于转喻认知发生语义变化。转喻不仅是汉语缩略语生成的重要认知机制,还是其语义拓展的重要幕后认知机制,甚至比隐喻更为基本。

缩略语生成之后通过转喻实现意义的拓展,通常是基于原有意义基础之上的引申。换而言之,这些缩略语应该经历了词汇化的过程,为大众所熟知,一些甚至已经进入普通词汇行列。Caramazza等认为熟悉的词语是以整词形式通达的,无须经历词汇的分解②。加之,不同于缩略语基于相似性的隐喻认知通过跨域映射实现意义拓展的是基于概念邻近的转喻认知一般发生在同一个认知域内,由突显的喻体转指目标,从而实现意义拓展。基于转喻的意义建构通常无法构成整合空间,因而汉语缩略语转喻意义的建构不是一个概念整合的过程。

Panther和Thornburg认为转喻同样也是意义建构的过程。在一个

---

① Fauconnier, G. & M. Turner, *The Way We Think*, New York: Basic Books, 2002.

② Caramazza A, A. Laudanna, C. Romani, "Lexical access and inflectional morphology", *Cognition*, No. 28, 1988, pp. 297-332.

转喻关系中，始源意义和目标意义通过语素、词语、短语、句子等语言工具相连①。Langacker则认为转喻的本质是一种认知参照点现象②。转喻喻体充当认知参照点为转喻目标提供心理通道。参照点能力是人类与生俱来的一种能力，许多时候我们驾轻就熟地以一个概念去转指与之相邻的另一概念，实现意义的转指，而并没有意识到转喻认知在其中的作用。鉴于转喻的认知参照模式较为成熟，接受度也较高，我们认为概念转喻的认知参照模式能很好地对缩合式缩略语的转喻意义建构进行解释。当然，这种认知参照模式是以缩合式缩略语的基本义为基础的，而其基本意义的建构是一个截搭型整合过程，我们因此将这一类语义建构称为截搭型概念整合基础上的认知参照模式。以下我们以"快递"为例来说明缩合式缩略语转喻意义的建构。

(33) 无人机送快递"看上去很美"

（《中国贸易报》2014年1月14日004版标题）

(34) 快递倒卖信息利润超主业

（《北京商报》2013年10月24日004版标题）

"快递"是"快速投递"的缩略语，原为动词，可以指一个事件。Langacker指出事件中的语义角色一般包括施事、受事、工具、移动者、感事、刺激、零角色、位置、源头、路径和目标等③。动词可以通过突显其中不同的参与者而转指不同的语义角色或场景成分。因此，在例33中，"快递"转指"受事"；而在例34中，"快递"转指"施事"。"快递"的意义建构可简单如图5-5所示：

---

① Panther, K.-U. & L. Thornburg, "Inference in the construction of meaning: The role of conceptual metonymy", In Gorska, E. & G. Radden (eds.). *Metonymy-Metaphor Collage*, Warsaw: Warsaw University Press, 2005.

② Langacker, R. W., "Reference-point constructions", *Cognitive Linguistics*, No. 4, 1993, p. 30.

③ Langacker, R. W., *Foundations of Cognitive Grammar*, Vol. II Descriptive Applications, Stanford: Stanford University Press, 1991.

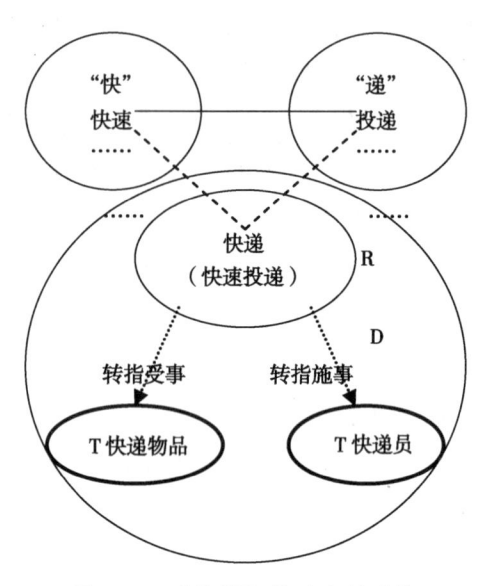

图 5-5 "快递"转喻义的建构

  "快递"通过概念整合得到其基本意义的建构——"快速投递",这一概念整合的结果又充当认知参照点 R,在这一事件域 D 内引导通达不同的目标 T。例 33 中"快递"突显受事,引导通达的转喻目标是"快递物品"。而例 34 中"快递"突显施事,"快递"充当认知参照点,引导通达的转喻目标是"快递员"。"快递"转喻意义的建构很好地说明了缩合式缩略语转喻意义建构的过程。

  由于转喻和隐喻构成连续体关系,因此它们往往交织在一起共同实现缩略语意义的拓展。一些缩合式缩略语语义在经历转喻拓展之后,还会发生基于隐喻的进一步拓展,如"客服"基于"工作的内容转指施事(JOB CONTENT FOR AGENT)"的转喻,转指"从事客户服务的人",再在此转喻义基础上发生隐喻拓展(机器人客服),严格来讲这些缩略语的语义建构经由的是"概念整合—认知参照模式—概念整合"的过程。而与此相反,部分缩合式缩略语的语义在隐喻拓展的基础上,还会基于转喻认知实现意义的进一步拓展,如"备胎"在隐喻拓展的基础上还可转类为动词,实现意义的进一步转喻拓展,相应的这种语义建构过程是"概念整合—概念整合—认知参照模式"。鉴于这些复杂的语义建构过程只是概念合成和认知参照模式两种意建构方式的整合，因此对于较为复杂的现代汉语缩略语转喻义基础上的隐喻拓展和隐喻义基础上的转喻拓展我们不再赘述。

第二节　拼缀式缩略语的语义建构

缩合式缩略语是在原本结合在一起、固化程度较高的原式基础上进行减缩，而拼缀式缩略语许多时候是从临时拼凑在一起，结构上较为松散的几个词语中各截取一个语素拼合而成。相对于缩合式缩略语的原式，拼缀式缩略语的原式更难以确定。因而，其语义建构较之缩合式缩略语更为复杂，需要解读者付出更多的认知加工努力。尽管如此，缩合式缩略语和拼缀式缩略语经历相同的先截取后拼合的构词过程，因此之前的学者并不从缩合式缩略语中细分出拼缀式缩略语。周启强、白解红认为英语拼缀构词的认知机制可以归结为不同心理空间的概念合成[①]。蒋向勇、白解红则发现汉语拼缀式缩略语的语义建构机制也是概念合成[②]。以下我们详细探讨拼缀式缩略语的语义建构过程。

一　截搭型整合

汉语中一些早已词汇化的拼缀式缩略语如"武汉"、"江苏"、"财经"（财政、经济）、"动漫"（动画、漫画）、"青藏"（青海、西藏）、"参茸"（人参、鹿茸）等，人们并没有意识到它们是缩略语，而是把它们当作普通词汇来理解和记忆，但如果了解这些词语的拼缀构成方式无疑更有助于对它们的理解。我们以"新西兰"为例来说明汉语拼缀式缩略语的语义建构过程。

[①] 周启强、白解红：《英语拼缀构词的认知机制》，《外语教学与研究》2006年第3期。

[②] 蒋向勇、白解红：《从"高富帅"看网络拼缀词形式和意义的统一》，《湖南师范大学社会科学学报》2014年第1期。

（35）习近平谈"新西兰"就业

（凤凰网，http://tj.ifeng.com/news/detail_2013_05/15/802442_0.shtml）

大洋洲岛屿国家新西兰作为语义联系紧密、出现频率相对较高的词汇概念会优先得到激活。但很明显"新西兰"的这一词汇概念在当前语境下受到抑制。

Libben通过心理语言学的证据表明，采取分解的方法解读名名复合词的语义得了证实[①]。从整体的角度理解"新西兰"受阻，促使我们试着将其视为缩略语来进行语义建构。搜寻我们的脑海，并未发现之前有固定短语的缩略形式为"新西兰"，表明它不是一个缩合式或节略式缩略语，因而只可能是临时拼凑在一起的词语通过拼缀缩略而成。"新"、"西"、"兰"分别作为输入空间，并作为认知参照点激活相关词汇概念进行概念整合。较之由两个字组成的缩合式缩略语的语义建构，三个字组成的拼缀式缩略语要更为复杂。当然，输入空间越多，各个输入空间之间也会相互制约，帮助我们摒弃一些不合理的语义建构。

由"新"、"西"、"兰"分别充当认知参照点可以激活的词汇概念相当多，如果不考虑语境的提示作用，孤立地以"新"、"西"、"兰"进行词语游戏似的认知推理，是相当费时费力的行为，况且其结果很可能也是徒劳无功。人类总是本能地试图付出最小的认知努力，获得最大的回报。当前的语境提示我们这里的"新西兰"应该是指地名，因为作为党和国家领导人，习近平不可能专门就某个人或某所学校谈就业问题。这一关键突破口的打开，为我们顺利解读"新西兰"的语义奠定了坚实的基础。

在中国，地名中包含"新"的主要有"新疆"、"新余"、"新乡"、"新密"、"新林"、"新河"、"新泰"、"新绛"、"新和"、"新

[①] Libben, G., "Why study compound processing? An overview of the issues", In Libben G., & G. Jarema (eds.). *The Representation and Processing of Compound Words*, Oxford: Oxford University Press, 2006, pp. 1-22.

源"、"新民"、"新宾"、"新郑"、"阜新"等,其中"新疆"作为新疆维吾尔自治区的缩略,行政级别最高,管辖区域面积最大,知名度最高。名称中含"新"的地级市只有江西的"新余"和河南的"新乡"。同样,包含"西"字的地名主要有"西藏"、"江西"、"广西"、"山西"、"陕西"、"西安"、"西宁"、"鸡西"、"肥西"等。包含"兰"字的地名,主要有"兰州"、"兰考"、"乌兰察布"、"贺兰"、"都兰"、"木兰"等。

既然采取拼缀式缩略,"新西兰"中的每个代表字所指代的地名应该是公众耳熟能详的。在这三个认知参照点中,包含"兰"字的地名相对较少,可以作为突破口。在包含"兰"的地名中,"兰州"作为甘肃省省会,甘肃省的政治、文化、经济和科教中心,其突显度无疑最高。其余包含"兰"的地名中,除了"兰考"因焦裕禄而声名远播外,其他的地方对大多数人而言都是不太熟悉的。但"兰考"仅是河南省的一个县,语境限制了这一解读。因此,"兰"对应的原式只能是"兰州"。确定了兰州之后,"兰州"作为省会的地位要求"新"和"西"激活的至少也应该是省会或者省、自治区。"新"作为认知参照点能通达的省会或者省、自治区等转喻目标只有"新疆"。"西"则稍微复杂一点,因为对应的可选项有"西藏"、"江西"、"广西"、"山西"、"陕西"、"西安"、"西宁",理论上而言这七个都可以充当"西"的原式。但正如束定芳所言,脱离语境的语言符号并没有什么实际意义①。语言符号表达的实际意义必须与语境结合起来才能得到确定。Carston 也认为意义需要语言信息通过语境推理驱动加以完善②。语境既包括言内语境,也包括百科知识。地理知识是确定"西"指代对象的关键,"新疆"和"兰州"位于西部地区,而江西位于华东地区,广西则位于华南地区,因此二者可以首先被排除掉。西安作为陕西省的省会,"陕西"和"西安"可以一并考虑。陕西虽

---

① 束定芳:《认知语义学》,上海外语教育出版社 2008 年版,第 217 页。

② Carston, R., " Implicature, explicature, and truth - theoretic semantics ", In R. M. Kempson (ed.). *The Interface Between Language and Reality*, Cambridge: CUP, 1988, pp. 155-181.

然位于西部内陆腹地，属于西部地区，但地理位置上与新疆相隔很远，因此"陕西"、"西安"也可以被排除掉。山西与陕西毗邻，基于同样的理由可以排除掉。余下的"西藏"与"西宁"单就地理位置而言，应该都可以。但考虑到"新疆"是自治区，同为自治区的"西藏"无疑更有理由成为"西"通达的目标。选择"兰州"而非甘肃，则更多的是为了拼凑成"新西兰"，借用已有的语言形式来达到诙谐幽默的"言在此，意在彼"的语用效果。至此，通过截搭型整合实现"新西兰"的语义建构为"新疆、西藏、兰州"。

在这一语义建构过程中，转喻认知发挥着重要的作用。首先，"新"、"西"、"兰"在转喻认知的作用下分别充当认知参照点激活相关词汇概念进行概念整合。其次，"兰"的成功解读同样离不开转喻认知机制的作用。正是在"范畴典型成员转指其所属范畴"的转喻认知机制作用下，"兰州"作为甘肃的省会，才可以用来代指甘肃。最后，即便实现了对"新西兰"的成功解读，也并不意味着其语义建构的完成。"新疆、西藏、兰州"不过是作为西部范畴的典型成员来代指广大西部地区，指国家领导人鼓励大学生去西部、去基层就业，其背后的认知机制同样是"范畴典型成员转指其所属范畴"的转喻。"新西兰"的语义建构如图5-6所示。

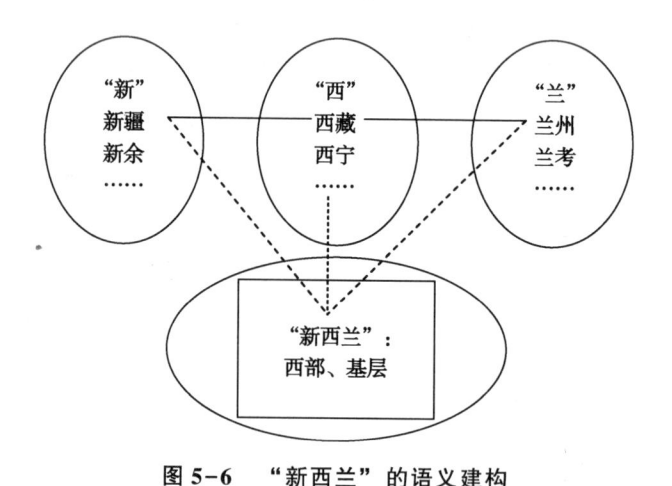

图5-6　"新西兰"的语义建构

拼缀式缩略语"新西兰"的语义建构过程显示出这一类缩略语的

语义建构较之缩合式缩略语更为复杂，毕竟拼缀式缩略语不是在相对稳定、高频使用、熟悉度较高的原式基础上进行缩略的结果。蒋向勇、白解红认为汉语网络拼缀词语是人类整合思维在语言中的直接反映，其构成成分形式上的拼缀象似于其意义建构上的概念整合，形式和意义之间具有对应性①。

汉语拼缀式缩略语的原式往往是临时拼凑在一起，并且很多拼缀式缩略语生成时常常还出于追求轰动语用效果的目的，会借用已有的语言形式，如"白骨精"、"蛋白质"、"新西兰"等，这些因素大大增加了其语义建构的复杂程度。因此，语境的提示和制约作用对拼缀式缩略语的语义建构至关重要。

追求经济省力是人类的天性。同缩合式缩略语一样，本就将经济原则发挥至极致的拼缀式缩略语生成之后同样会发生意义的隐喻拓展，实现填补概念空缺、丰富语言表达的另一种经济。

二 截搭型概念整合基础上的糅合型整合

汉语拼缀式缩略语同缩合式缩略语一样，也会发生意义的隐喻拓展，使得原本表达单一的词汇概念，变得丰富起来。正如 Coulson 所说，意义建构最好视作一种连续体，一端是常规框架和默认值的提取，另一端是新意义的创造②。拼缀式缩略语"高富帅"2012 年迅速蹿红网络，入选《咬文嚼字》杂志社"2012 年十大流行语"；用以指集"高大、富有、帅气"于一身的极品男人形象，但在隐喻机制的作用下，这一拼缀式缩略语的意义也不断拓展开来。

概念整合作为人类认知中最普遍、最核心和最能产的方面，不断地推动新事物和新概念的产生，进而推动语言的发展。Faucconier 和 Turner 曾作过精辟的论述：

---

① 蒋向勇、白解红：《从"高富帅"看网络拼缀词形式和意义的统一》，《湖南师范大学社会科学学报》2014 年第 1 期。

② Coulson, S., *Semantic Leaps: Frame-Shifting and Conceptual Blending in Meaning Construction*, New York: Cambridge University Press, 2001, p. 47.

从武器到意识形态，从语言到科学，从艺术到宗教，从幻想到数学，人类和人类所创造的文明，一步步地制造整合物（blends），又不断毁灭它们，并重新进行整合，去创造新的整合物，总是达到人类可以直接操控的整合物。①

语言的发展更是如此，一个新词语从诞生到广为人们所接受进而词汇化后，它又会被人们有意或无意地作为加工材料发生进一步的整合，从而创造出越来越多的新词语（包括新的语言形式和在旧的语言形式基础上增添新的语义）。基本意义的"高富帅"本是概念整合的产物，但它同样又会作为加工材料被人们用来进一步整合加工，从而实现语义范畴的不断扩大。请看以下诸例：

(36) "高富帅"新轩逸泰城亮相
（《齐鲁晚报》2012年8月4日C10版标题）
(37) 反垄断向白酒"高富帅"开刀，这个应该有
（《工人日报》2013年2月21日第003版标题）
(38) 房企大鳄：调控凸显"高富帅"
（《中国房地产报》2013年1月28日第T09版标题）
(39) "高富帅"要带动"小家碧玉"
（《南方日报》2013年1月29日第A07版标题）

例36中，将新轩逸比作车中"高富帅"。例37中则将白酒行业中的领导者茅台、五粮液等比作酒中"高富帅"。例38中则是将房地产业比作行业中的"高富帅"，"高"是指其庞大的规模和狂飙的速度，"富"是指其令人艳羡的融资渠道和现金储备，"帅"则是指其足以影响市场的强大品牌号召力和溢价效应。例39更是进一步抽象化，将珠三角比作"高富帅"，借以喻指珠三角产业层次高，财富集

---

① Fauconnier, G. & M. Turner, *The Way We Think*, New York: Basic Books, 2002, p. 396.

聚力强，城市面貌美。当然，对"高富帅"的灵活使用远不止上述各例。"高富帅"的各种语义拓展，很好地诠释概念整合理论关于意义的在线、动态建构观点。概念整合理论将心理空间网络中的动态认知模式整合在一起，允许"高富帅"在汽车域、白酒域、行业域以及城市域等各种各样的概念域内进行创造性的意义建构。我们仅以例36为例，来说明汉语拼缀式缩略语比喻义的建构过程。

该例通过隐喻认知将概念整合的产物，基本意义的"高富帅"进行拆解，并进行全新的再整合，得到意义截然不同、令人耳目一新的车中"高富帅"。概念整合网络的构建中，基本义的"高富帅"及其相关的元素作为输入空间1，而"新轩逸"及其相关的特征元素作为输入空间2。概念整合的关联原则引导两个输入空间相关联的部分建立联系并进行跨空间映射。Schmid认为关联在概念整合过程中扮演着非常重要的角色，不仅表现在对整合过程进行限制，更为基本的是关联实际上激发整合[1]。输入空间1中的"高大"与输入空间2中用来描述"新轩逸"的相关元素互相映射，联想到当今小车注重节能环保的设计理念，"高效"义会被激活。由于"新轩逸"的售价只有十万元左右，排除了其"富贵奢华"之意，"富"指车身空间宽敞富足。"帅"用来形容车，无外乎是指"新轩逸"帅气的外观和内饰。两个输入空间中建立了联系的部分向合成空间投射，经过组合、完善和细化三个认知加工过程并在概念整合的压缩原则作用下，得到全新、比喻义的"高富帅"。用以表达"新轩逸"的"高效节能、高效稳定和高效安全"、"极富空间、极富舒适"以及"帅气的外观设计"。其语义建构过程如下页图所示。

"高富帅"的语义拓展也在一定程度上印证了Fauconnier所说的语言表达式本身没有意义，有的只是意义潜势的观点[2]。世界上的万

---

[1] Schmid, H., "Conceptual blending, relevance and N + N - compounds", In Handl, S. &H. Schmid (eds.), *Windows to the Mind: Metaphor, Metonymy and Conceptual Blending*, Berlin/New York: Walter de Gruyter, 2011, p. 230.

[2] Fauconnier, G., *Mappings in Thought and Language*, Cambridge: Cambridge University Press, 1997.

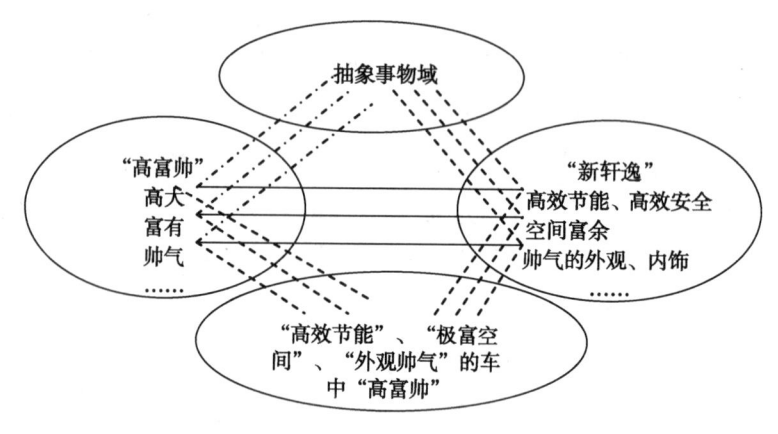

图 5-7 "高富帅"比喻义的建构

事万物之间存在着普遍的联系,隐喻有选择性地突显部分的相似性,使得人们能够利用丰富的想象力在不同概念域之间发现相似性,从而实现词语的一语多用。当然,任何拓展意义的建构都离不开语境的提示与限制作用。所以 Coulson 指出,语境改变所带来的意义的改变是无处不在的,因为语境是意义建构过程中内在固有的成分①。Coulson 和 Oakley 也指出,一个语言表达式在特定交际语境中能够表达的意义完全取决于参与者的背景知识,以及在当前语境下能够建构的心理空间②。

同缩合式缩略语一样,拼缀式缩略语除了会发生基于隐喻的意义拓展外,也会发生基于转喻的意义拓展。如"审校"(审阅、校对)、"编审"(编辑、审阅)、"编播"(编辑、播音)、"编录"(编辑、录音)等拼缀式缩略语可以转指施事。而"罚没"(罚款、没收)、"收支"(收入、支出)、"构设"(构思、设想)等则可以转指受事。"高精尖"(高级、精密、尖端)、"高富帅"(高大、富有、帅气)、"白富美"(白皙、富有、美丽)、"高大上"(高端、大气、上档

---

① Coulson, S., *Semantic Leaps: Frame-Shifting and Conceptual Blending in Meaning Construction*, New York: Cambridge University Press, 2001, p.17.

② Coulson, S. &T. Oakley, "Blending and coded meaning: Literal and figurative meaning in cognitive semantics", *Journal of Pragmatics*, No.37, 2005, p.1522.

次)、"甜素纯"(甜美、素雅、纯洁)等可以基于"范畴属性转指范畴"的转喻实现由形容词向名词的转类。拼缀式缩略语这种转喻意义的建构过程同缩合式缩略语一样,都是截搭型概念整合基础之上的认知参照模式,即在利用概念整合实现基本义建构的基础上,整合得出的基本义充当认知参照点通达转喻义。鉴于拼缀式缩略语和缩合式缩略语在转喻意义建构上的趋同性,我们在此不再重复探讨汉语拼缀式缩略语转喻意义的建构。

第三节 节略式缩略语的语义建构

以上我们分别探讨了汉语缩合式缩略语、拼缀式缩略语基本义、隐喻拓展义和转喻拓展义的语义建构过程,并认为它们基本义的建构是一个由缩略语充当认知参照点,在语境的提示下,激活相关词汇概念进行概念整合的过程。除了缩合式缩略语和拼缀式缩略语外,汉语缩略语中还有不少是节略式缩略语,这一类缩略语很多时候原式也并不出现,因此其语义也需要在线建构得出。

节略式缩略语的生成方式通常是将一个短语的前部或者后部截取下来代替其原形,但不管是截取前部还是后部,保留下来的一般是一个意义相对完整的成分,如"复旦"(复旦大学)、"清华"(清华大学)、"王府井"(王府井百货)、"商务"(商务印书馆)、"京东"(京东商城)、"指导员"(政治指导员)、"反应堆"(原子反应堆)等。

Caramazza等研究表明,熟悉的词语并没有经历词汇的分解,而是直接以整词形式通达的[①]。汉语节略式缩略语的构成特点决定了其语义建构不同于缩合式缩略语和拼缀式缩略语。单个语素或单音节的节略式缩略语,如"秒"(秒杀)、"雷"(雷人)、"团"(团购)等自

---

① Caramazza A, A. Laudanna, C. Romani, "Lexical access and inflectional morphology", *Cognition*, No. 28, 1988, pp. 297-332.

然不会进行解构。即便是双音节或多音节的节略式汉语缩略语,因其本身就是一个固化程度很高,人们相当熟悉的词语,因此按照心理语言学的观点它们是以整词形式直接通达的。换而言之,它们不会发生解构再建构的过程,即不会将"清华"解构为"清"和"华",再将由"清"和"华"激活的词汇概念进行概念整合。汉语节略式缩略语的这一特点决定了它的语义建构不同于缩合式缩略语和拼缀式缩略语语义建构的概念整合过程。

不需要进行概念整合,并不表明节略式缩略语的语义建构是毫不费力的。任何缩略都是语言经济原则作用的结果,而语言表达上的经济是以牺牲理据为代价的,缩略必然会带来语义上的不透明。节略式缩略语保留下来的要么是修饰语,要么是中心语,因此如果没有语境的制约,往往会有多种理解。Langacker 认为转喻的本质是一种认知参照点现象[①]。转喻喻体充当认知参照点为转喻目标提供心理通道。缩略语本就是用语言符号的部分代替其整体的转喻现象,因此汉语节略式缩略语的语义建构,也可以将其视作由节略式缩略语这一转喻喻体充当认知参照点,为转喻目标,即缩略语原式提供心理通道的认知加工过程。节略式缩略语因其对语境的极大依赖性,大多是临时性的,真正词化的数量极少。少数节略式缩略语生成后意义也会发生基于转喻的进一步拓展。因此,依据其语义建构的复杂程度,我们将节略式缩略语的语义建构分为简单认知参照模式下的语义建构和复杂认知参照模式下的语义建构。

一 简单认知参照模式下的语义建构

参照活动是人类普遍存在的一种基本认知方式,是以一个相对突显的事物作为心理通道通达另一相对不那么突显事物的认知过程。节略式缩略语的语义建构过程,即是基于相对突显的认知参照点(缩略语),在特定的认知域内建立起认知参照点和目标(缩略语原式)之

[①] Langacker, R. W., "Reference - point constructions", *Cognitive Linguistics*, No. 4, 1993, p. 30.

间的心理通道，从而完成其意义的建构。

黄洁认为，语言显示的只是一个概念的某些侧面，语言理解就是由语言所显示的有限形式推导出对一个概念整体性认识的过程。如果把缩略语视作侧显（profile），对它的理解，必须先要推导还原出它所对应的基体（base），基体即是它所对应的原式[①]。

下面我们以节略式缩略语"王府井"为例，来探讨汉语节略式缩略语的语义建构过程。

（40）全聚德王府井店特色迎暑期

（《北京商报》2013年6月18日第C03版标题）

"王府井"这一不完备的语言形式作为认知参照点为其原式提供心理通道。对于不同的人而言，"王府井"激活的可能是不同的词汇概念，但最为显著的概念会优先被激活。新闻标题中"全聚德"和"店"等上下文语境限制和提示了这里的"王府井"应该是一个地名。而王府井商业街早在明清时期就已经是北京的商业中心，距今已有几百年的历史，享有"中华商业第一街"的美誉，这一概念早已深入人心，因此相对其他概念要突显得多，会第一时间被激活。此外，新闻报纸的刊发时间是2013年，而早在1999年王府井商业街就已经全面改造成步行街了。因此，不难理解这里的节略式缩略语语义建构的结果是"王府井步行街"。事实上，王府井步行街已经成了北京的名片，是中外游客来北京的必去之地。去北京登长城、逛王府井步行街、吃全聚德烤鸭，俨然成了来京游客的必选项目。

我们再来看下面的例子：

（41）王府井不是一条街 王府井是连锁领跑者

（《21世纪经济报道》2009年9月28日第038版）

[①] 黄洁：《基于参照点理论的汉语隐喻和转喻的汉语名名复合词认知研究》，博士学位论文，上海外国语大学，2009年。

Langacker 指出认知参照点的认知突显性可能是内在的，也可能是由语境决定的①。只有具备突显性的实体才能作为最初的认知参照点，通过认知参照点的激活，目标才能获得突显，吸引认知主体的注意。在上面的例子中，新闻标题前半句已经排除了这里谈论的"王府井"是大家习以为常的"王府井步行街"。报纸标题后半部分的关键词"连锁领跑者"也进一步抑制了"王府井步行街"的激活。联想到王府井百货在全国各地开有多家大型连锁百货商场，因此"王府井"作为认知参照点，不难通达其转喻目标"王府井百货集团股份公司"。这一例子也充分显示了语境可以改变认知参照点的认知突显性，从而激活通达不同的转喻目标。

不仅是言内语境，言外语境也会影响认知突显性，这些言外语境会引导和限制认知参照点通达不同的目标。假如听到"购物就去王府井"，在全国不同的地方，可能"王府井"会引导通达不同的转喻目标。背景知识告诉我们，王府井百货集团股份公司作为行业中的佼佼者，在全国很多城市都开有连锁店，如广州王府井、武汉王府井、成都王府井、西安王府井、福州王府井、长沙王府井等。因此，在广州、武汉、成都、长沙等不同地方，言外语境会引导参照点"王府井"通达诸如广州王府井、武汉王府井、成都王府井和长沙王府井等不同的目标。

随着电子商务的高速发展，网上购物的日趋普遍，2013 年初王府井百货集团股份公司也开通了"王府井网上商城"。因此，对于喜欢网上购物的年轻一族而言，此处的"王府井"还可通达"王府井网上商城"。所以正如 Langacker 指出：

在使用一种语言表达式时，语言形式明示的信息本身并不能建立起说话者和听话者理解的具体联系。语言形式只为具有潜能、能够通过某些具体方式联结的成分提供心理通道②。

---

① Langacker, R. W., "Reference‑point constructions", *Cognitive Linguistics*, No. 4, 1993, p. 6.

② Ibid., p. 2.

事实上,"王府井"除了可以通达"王府井步行街"和"王府井百货集团股份公司"之外,还可通达其他的目标。请看以下两例:

(42) 旅游图书王府井热销

例42中的关键词"图书"很容易引导人们将"王府井"这一语言符号与出售图书的地方联系在一起。而事实也的确如此,如果说"王府井百货"是北京的商业名片,那么全国规模最大,有着"新中国第一店"和"书海航母"之称的"王府井新华书店"绝对可以算得上北京乃至全国的文化名片。对于来自世界各地的游客而言,王府井书店是他们摄取文化食粮的理想之处。因此,节略式缩略语"王府井"此处通达的就是"王府井新华书店"。实际上,王府井步行街上除了王府井新华书店外,还有国内最大的外文书店——王府井外文书店,因此,如果没有"旅游"二字的限制,"王府井"也可通达"王府井外文书店"。再看下面的例子:

(43) 逛王府井不如看《王府井》

(《中国艺术报》2013年2月1日第004版标题)

前一"王府井"不难理解为"王府井步行街",而后一"王府井"加了书名号,且有语境"看"的提示与限制,能够看的无非是书籍、电影、电视、话剧等。百科知识告诉我们并没有出版以《王府井》为名的书籍,也没有以《王府井》为名的电影、电视剧作品推出。只有话剧《王府井》不时出现在各种媒体上,因此后一"王府井"引导通达的是话剧《王府井》。

参照点能力是人类的一种基本认知能力,转喻被视为一种认知参照点现象,语言中大量的转喻不过是人类认知参照能力在语言中的体现。缩略语是部分代替整体的转喻机制作用的结果,汉语节略式缩略语作为突显的参照点引导人们通达不同的转喻目标。"王府井"的语义建构过程一方面印证了语言的灵活性,即同一语言形式可以适用于不同的场景。另一方面，同一认知参照点通过说话主体和语境等因素对认知突显性的调整，会引导识解者通达不同的转喻目标，从而实现对它的语义建构。

张辉、孙明智曾指出：

> 常规化程度低的转喻一般无法形成一个整合空间，而是依靠两个输入空间映现和目标义的概念突显来构建其意义。由于这类转喻不构成整合空间，因此无法脱离具体的语境，从而运用到其他语境之中去。[①]

汉语节略式缩略语可以归入常规化程度低的转喻之列，因此无法形成整合空间，其基本意义的建构是一个基于认知参照点的认知推理过程。因为对语境的极大依赖，许多节略式缩略语都是临时性的，其数量也远远少于缩合式缩略语和拼缀式缩略语。也正因为节略式缩略语的语境依赖性，所以只有相当少的节略式缩略语能为全社会所接受，造成收录进缩略语词典的节略式缩略语少之又少。

Langacker 认为词语的意义由侧显与基体共同决定[②]。词语的基体是指它能在相关的认知域中涉及的范围，它是意义形成和理解的基础。侧显是基体内被最大程度突显的部分，亦即基体的焦点，也是词语所标示部分的语义结构。缩略语可以视作侧显，缩略语的原式对应基体，它是理解侧显的前提和基础。节略式缩略语的语义建构就是由侧显作为参照点通达基体的认知过程。

缩略语不同于一般的词语，经由的不是"现实—认知—语言"的过程。而是"现实—认知—语言—认知—简缩的语言"这样一个二次认知加工、再次词汇化的过程。相应的，汉语缩略语的语义建构，是以侧显的缩略语作为参照点，激活作为基体的原形。转喻可理解成是

[①] 张辉、孙明智：《转喻的本质、分类和运作机制》，《外语与外语教学》2005年第3期。

[②] Langacker, R. W., *Foundations of Cognitive Grammar Vol.* Ⅰ: *Theoretical Prerequisites*, Stanford: Stanford University Press, 1987, p.118.

一种侧显的转移，节略式缩略语的语义建构过程可简单图示如下：

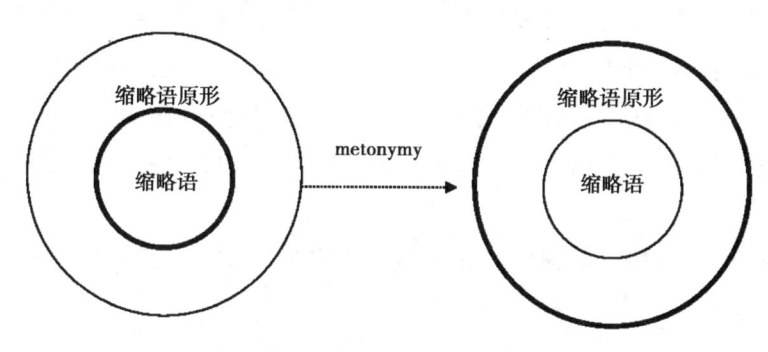

图 5-8　节略式缩略语的语义建构过程

当一些缩略语在语言社团内广为接受，完全词汇化和规约化之后，其原式完全隐退，理据性渐趋模糊甚至丧失。这样原本经过缩略方式产生的词语则也不再被视作缩略语，而是被视作普通词语，自然也不会经历对其缩略原式还原的中间过程，词语和意义之间建立起直接联系。

二　复杂认知参照模式下的语义建构

与缩合式和拼缀式缩略语相比，节略式缩略语生成之后语义发生进一步拓展的较少，究其原因与汉语节略式缩略语的语境依赖度较高相关。汉语缩略语要发生语义的进一步拓展，一般而言其固化程度、社会接受度都要相当高，甚至要求完全规约化。"秒"（秒杀）虽然也经常使用到比喻意义，但那是在节略之前就已经发生隐喻拓展的，因此我们将其排除在外。尽管数量较少，但也不乏节略式缩略语发生转喻拓展的例证，请看以下两例：

（44）"互粉"一下
　　　　（《广州日报》2012 年 8 月 26 日 B5 版标题）
（45）官微：随时微我引导网络舆情 官方微信
　　　　（《中国新闻出版报》2013 年 11 月 19 日 008 版标题）

上两例中"粉"和"微"是在其基本义基础之上发生的进一步转

喻拓展。我们在论述缩合式缩略语的语义建构时已经发现，缩略语的转喻拓展义因为无法形成整合空间，是一个认知参照模式下的语义建构，这同样适用于节略式缩略语。因此，节略式缩略语的转喻拓展义就是一个二次认知参照模式下的语义建构。我们以例44为例来说明节略式缩略语二次语义建构过程。在新闻标题中，"粉"很明显作动词使用。

查询《现代汉语词典》第6版（商务印书馆2012年版）：

"粉"的义项如下：

❶ 名 粉末：面~｜藕~｜花~。

❷ 名 特指化妆用的粉末：香~｜涂脂抹~。

❸ 用淀粉制成的食品：凉~｜~皮。

❹ 名 特指粉条、粉丝或米粉。

❺ 动 变成粉末：~碎｜~身碎骨。

❻ <方>动 粉刷。墙刚~过。

❼ 带着白粉的；白色的：~蝶

❽ 形 粉红：~色｜~牡丹

可以看出"粉"动词的意义，如"粉刷"、"粉饰"、"粉碎"等在当前语境下，根本无法解释得通。因此，这里的"粉"只可能是由名词转类而来。"粉"通常与其他字一起组成词语，单独使用的场合很少，即便在日常生活中经常用到的"来一碗粉"，里面的"粉"其实还是"米粉"在当前语境下的缩略。因此，报纸标题中的"粉"只可能被视作节略式缩略语。"粉"充当认知参照点，引导意义建构。

由"粉"字构成的名词性词语有很多，如"粉笔"、"粉肠"、"粉尘"、"粉刺"、"粉丝"、"粉条"、"粉皮"、"凉粉"、"粉领"、"粉剂"、"粉末"、"粉蒸肉"等。我们发现似乎每一个都不适合当前语境。因为，语境告诉我们"互粉一下"实际是"我们互粉一下"的省略表达，即施事是人。而由"粉"构成的名词性词语都是事物名称。但现在提及"粉丝",人们想到不仅仅是"用绿豆等制作的线状食品"之意,而更有可能想到的是对英语单词"fans"的音译,表达"××的追随者,××迷"之意。实际上"粉丝"的这一全新意义因其在社会上的普及和认可度也已经被权威的《现代汉语词典》第6版收录,单独列为一词条,表达"迷恋、崇拜某个名人的人"的意义。"粉丝"这一意义正好指的是人,因此与当前语境相符合。"粉"通过一次认知参照实现基本意义的建构,得出意义"粉丝"。"粉丝"再充当认知参照点,通过"结果转指动作"的转喻认知机制通达转喻义"互相成为对方的粉丝"。"互粉"是在微博、贴吧等网络社交中的一个新的趋势:互相加关注,成为对方的粉丝。"粉"二次认知参照模式下的语义建构可简单如图5-9所示:

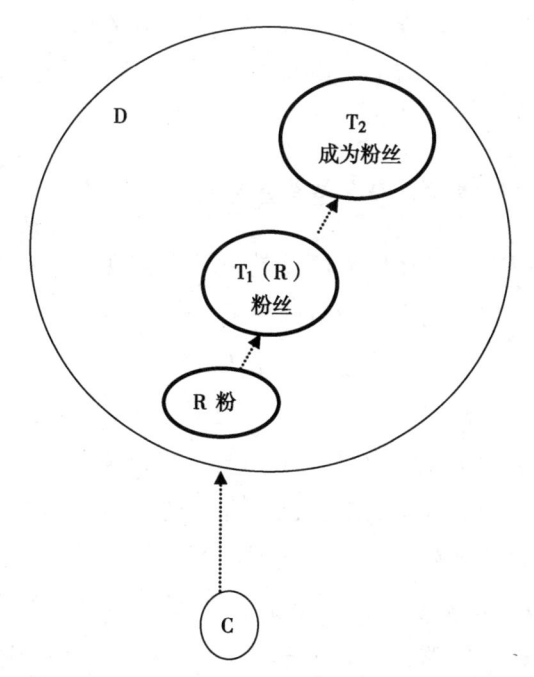

图 5-9 二次认知参照模式下"粉"的语义建构

C代表识解者,充当第一次认知参照点的是"粉",引导通达其原式 T_1(目标1)"粉丝",同时实现其基本义的语义建构。"粉丝"既是第一次认知参照活动的目标,同时也是第二次认知参照活动的参照点,引导通达目标 T_2〔(互相)成为对方粉丝〕。

节略式缩略语不过是我们进行意义建构的认知参照点，而有了这些认知参照点的引导作用，我们就可以在语境的提示下完成语义建构。节略式缩略语的语义建构过程很好地向我们展示了残缺、部分的语言形式如何激活一系列复杂内隐的认知过程来实现意义的建构。在这一认知推理过程中，语境扮演着重要的角色。节略式缩略语的语义建构需要在语境的提示和制约下来实现。

第四节　汉语缩略语语义建构的本质

以上我们分别探讨了汉语缩合式缩略语、拼缀式缩略语以及节略式缩略语的语义建构过程。节略式缩略语的语义建构相对简单，而缩合式缩略语、拼缀式缩略语的语义建构则是认知参照模式和概念整合互为基础的复杂过程。

一　认知参照模式和概念整合互为基础

概念转喻理论认为转喻不仅仅是一种语言现象，更是我们思考和行动的方式。语言中充斥着大量的转喻，而这不过是人类转喻思维方式在语言中的体现。语言本身是基于不完备的形式转指概念的，而汉语缩略语更是将这种"部分代整体"的不完备性发挥至极致。

Benczes指出新造的词语因为没有整词可以激活表征，加工处理时是按照它们的构词成分；而对于已经存在的词语，其加工处理是按照构词成分还是整词则依据它们语义透明度和词汇化程度的不同区别对待[1]。Caramazza等[2]则认为对于熟悉的词语，整词先被激活，然后才是词素；对于新词或假词，在通达表征中由于没有相应的整词表征，

---

[1] Benczes, R., "Blending and creativity", In Handl, Sandra. & Hans‐Jörg Schmid (eds.). *Windows to the Mind: Metaphor, Metonymy and Conceptual Blending*, Berlin/New York: Walter de Gruyter, 2011, p. 259.

[2] Caramazza A, A. Laudanna, C. Romani, "Lexical access and inflectional morphology", *Cognition*, No. 28, 1988, pp. 297-332.

因此激活的只能是相应的词素。换而言之，高频、熟悉的词语是以整词形式通达的，不涉及词汇的分解；而新词或者低频词语的通达是词素分解的。由于汉语节略式缩略语的生成方式是直接截取修饰性成分或中心词，如"清华"、"解放军"、"京东"等，这些词语本就是高频出现、为人们所熟悉的词语，因此不涉及分解，是直接通达的。我们在前面也论证过，节略式缩略语的语义建构是一个基于突显的缩略语充当认知参照点通达原式的过程。

相反，汉语缩合式缩略语、拼缀式缩略语在生成之初是新造出来的全新语言形式，如"剧透"、"延退"、"绿植"、"冰洗"、"高大上"等。它们的通达，即认知语言学所说的语义建构是以词素分解为基础的。汉语缩合式缩略语、拼缀式缩略语生成时保留"代表字"的构成特点决定了其意义并非其构成成分意义的简单相加，甚至很多时候作为"整体"的原式意义与作为"部分"的"代表字"意义完全无关。我们在上面曾以缩合式缩略语"手游"、"果粉"的语义建构为例进行了说明："手"并无"手机"之义，"游"也并无"游戏"之义。如果仅凭"手"和"游"的字义去推测"手游"的意义注定是无法成功的。拼缀式缩略语的情况同样如此，"新西兰"的语义建构过程也充分说明了这一点。

汉语缩合式缩略语、拼缀式缩略语语义建构的前提是基于分解的"代表字"，去还原每一个"代表字"缩略前对应的词语。这一还原过程与节略式缩略语的语义建构过程一样，即是以这些"代表字"充当认知参照点，通达其目标词语的过程，是一个转喻推理过程。只不过这里的"代表字"是作为原词语中突显的"部分形式"，还原通达完整的词语形式。

从某种程度上讲，这种认知参照模式下的还原是以语言形式为基础的还原，而不是以意义为基础的还原。当然这与认知语言学所倡导的以意义为中心的原则并不相悖，毕竟任何一个词语形式最终还是与其组成成分的字义有着或多或少的关联，"手游"中"手"虽无"手机"义，但"手机"原是"手持式移动电话机"的缩略，追根溯源是与"手"的意义相关的。

激活还原出来的词语对应着一个个的词汇概念。语义建构即是在这些词汇概念的基础上进行概念整合。许许多多的整合在后台认知的作用下不断进行尝试和验证，其中大多数无功而返。因此，汉语缩合式缩略语、拼缀式缩略语的语义建构是基于分解的"代表字"充当认知参照点激活相关词汇概念的基础上进行的。从这一角度来看，概念整合是以转喻为基础的。

事实上，Faucnonier 和 Turner 针对概念整合理论提出了六条优化原则，其中一条就是转喻压缩原则，强调来自输入空间的成分和关键关系在投射到合成空间之前要进行转喻压缩。[①] 此后，在论及转喻和概念整合的关系时，Fauconnier 和 Turner 还指出，考虑到整合过程中结构机制和动力机制，以及指导整合的优化原则，转喻在构建概念整合网络的过程中起着重要作用[②]。Coulson 和 Oakley 同样指出，转喻连接允许我们维持由来自松散联系的概念域随机并置的概念结构构成的心理空间网络之间的联系[③]。概念整合理论的提出者和倡导者都专门撰文论述转喻和概念整合之间的关系，强调转喻在概念整合过程中起到的重要作用。

汉语缩略语本就是基于"部分的语言形式代替完整语言形式"的转喻生成的，因此，从总体上而言，缩略语的语义建构就是一个基于由"部分"推及"整体"的转喻推理过程。我们通过对缩略语语义建构的论述也发现，节略式缩略语是基于认知参照模式来实现语义建构的。虽然缩合式缩略语和拼缀式缩略语的语义建构总体上是一个概念整合的过程，但概念整合是基于认知参照点激活的词汇概念之上进行的，即概念整合是以转喻为基础的。

[①] Fauconnier, G. & M. Turner, "Conceptual integration networks", *Cognitive Science*, Vol. 22, No. 2, 1998, pp. 133–187.

[②] Fauconnier, G. & M. Turner, "Metonymy and conceptual integration", In Panther and G. Radden (eds.). *Metonymy in Language and Thought*, Amsterdam: John Benjamins. 1999, p. 89.

[③] Coulson, S. & T. Oakley, "Metonymy and conceptual blending", In Klaus-Uwe Panther & Linda L. Thornburg (eds.). *Metonymy and Pragmatic Inferencing*, Amstedram: John Benjamins Publishing Company, 2003, pp. 51–79.

与此同时,我们也发现,缩略语的意义也会在转喻和隐喻两种认知机制的作用下不断发展演变。缩略语的隐喻意义因为涉及跨域映射,其意义建构是一个基于初次整合基础之上的二次整合过程,如"备胎"通过初次整合得出基本意义——"备用轮胎",再在这基础之上进一步整合得出其比喻义——"备用人选"、"备用方案"等。而对于缩略语在基本意义基础之上发生的转喻拓展,以及在隐喻意义基础上发生的进一步转喻拓展,则因为只发生域内映射,很难构成整合空间,因此其意义建构是在概念整合基础上发生的认知参照活动。可见,在缩略语转喻意义的建构过程中,概念整合是作为前提和基础为转喻认知通达目标意义服务的。Turner 认为在感知、理解和记忆的最基本层次,整合是根本的①。

同转喻和隐喻在实现意义拓展的过程中经常交织在一起一样,从认知机制的角度来看,在汉语缩略语的语义建构过程中,认知参照模式和概念整合也互为基础,经常交织在一起来实现意义的通达。汉语缩略语的语义建构过程如图 5-10 所示。

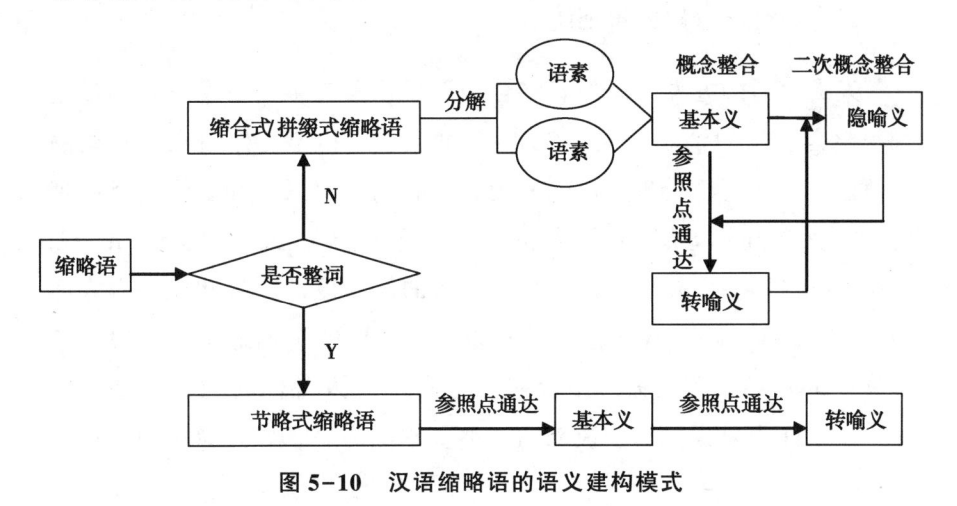

图 5-10 汉语缩略语的语义建构模式

语言不是静态、停滞不前的,而是灵活多变的,而这正是人类认知灵活性的体现。缩略语语义的多变性是人类追求认知经济性的外在

---

① Turner, M., *The Literary Mind*, Oxford: Oxford University Press, 1996, p.110.

表现。图 5-10 列举出的不过是最基本的汉语缩略语语义建构过程，由于语言一直处于不断的发展演变之中，决定了其语义建构不会仅限于二次整合和二次认知参照模式，而是一个错综复杂、交叉往复的认知加工过程。

需要指出的是，图 5-10 的语义建构模式并不适用于单音节节略式缩略语。单音节节略式缩略语，如"秒"、"团"、"粉"等尽管可以单独使用，表面上看起来是整词，但实际上不过是节略式缩略语的同形歧义词，严格来讲作为缩略语它们并不是整词。但可以肯定的是汉语缩合式或拼缀式缩略语不可能会是单音节，所以其语义建构与其他节略式缩略语相同，是一个认知参照模式。此外，借形缩略语，如"白骨精"、"新西兰"等因为表面看上去是一个整词，开始可能会以整词形式通达。但当整词通达受阻时，会再进行词素分解，重新步入拼缀式缩略语语义建构过程的正轨。单音节节略式缩略语和借形缩略语只是数量极少的特例，并不影响现代汉语缩略语总的语义建构模式。

二 整合与分解的辩证统一

人类生活的方方面面都有整合的影子，语言中的概念整合不过是人类整合思维的沧海一粟。Coulson 和 Oakley 指出，作为意义建构的一般理论，概念整合理论已经成为获得我们理解语言和更为宽泛的理解人类思维和活动之间紧密联系的一种有效方式[①]。Fauconnier 和 Turner 也宣称整合涉及从知觉加工、痛的体验以及因果知识等方方面面[②]。儿童尽管缺乏概念整合的知识，但是能够自如地生成和解读整合物（blends），表明概念整合实际上是所有人类体验的一个基本方面，整合能力是人类与生俱来的一种基本能力[③]。如同隐喻和转喻一

[①] Coulson, S. & T. Oakley, "Blending basics", *Cognitive Linguistics*, No. 3, 2000, p. 184.

[②] Fauconnier, G. & M. Turner, "Compression and global insight", *Cognitive Linguistics*, No. 3, 2000, pp. 283-304.

[③] 刘桂兰、蒋向勇：《英式歇后语 Tom Swifty 的认知语用解》，《学术界》2010 年第 9 期。

样，整合也普遍出现在我们的思维和行动之中，我们并没有意识到它们的存在。我们生活的方方面面都离不开整合思维的影响，生活在人类世界就是生活在整合世界之中。整合是一种创造性活动，人类所有的发明创造，无论是有形的，还是无形的；无论是物质的，还是精神的，或多或少都有着整合思维的影子。

　　语言诞生之初需要表达的一般都是简单的概念或事物，因而基本词汇一般都较为简短。但随着社会的不断发展，基本词汇逐渐满足不了表达日益复杂的新事物、新概念的需要。为了填补语言系统与概念系统之间的空缺，人们一般会采取内部挖潜的办法，以最为经济省力的方式要么基于转喻和隐喻认知机制对原有词语的意义进行拓展，要么基于现有的词汇和语法形式来构词。但纯粹基于隐喻和转喻来拓展意义的方法对复杂的事物和概念并不适用。因而，基于现有的词汇和语法形式来构词自然就成了人们所普遍采用的方式。其中合成法又是人们的首选。合成法主要包括派生法、复合法和拼缀法。因为汉语较少有缀，所以派生法较少使用。汉语中表达复杂概念一般通过复合法和拼缀法来实现。复合法的例子如"手机"和"游戏"复合成"手机游戏"；"醉酒"和"驾驶"复合成"醉酒驾驶"；"延迟"和"退休"复合成"延迟退休"等。拼缀法的例子如，"北京、上海、广州"拼缀成"北上广"；"新加坡、马来西亚、泰国"拼缀成"新马泰"；"白领、骨干、精英"拼缀成"白骨精"；甚至"喜闻乐见、大快人心、普天同庆、奔走相告"拼缀成"喜大普奔"等。这种语言形式上的合成无疑是整合思维的体现。相对于复合法而言，拼缀法生成的词语无疑更为经济，因此很多复杂概念经由复合法生成之后还会发生进一步的缩略。需要说明的是，整合并非简单的相加，整合是整体大于部分之和的最好诠释。

　　汉语缩略语的原式一般是通过词语合成产生的，因此可以说汉语缩略语是以整合为前提的。但在由原式生成缩略语的过程中，又经历了分解的过程。例如，在由"手机游戏"生成缩略语的过程中，先要基于意义段将其分解成"手机"和"游戏"。再对"手机"和"游戏"进一步分解，选取代表字"手"和"游"，最后再整合成"手游"。从这个角度来看，缩略语的生成经历的是"整合—分解—整合"的循环往复过程。

缩合式和拼缀式缩略语的语义建构，同样需要先经历一个分解的过程，即要将缩略语分解成一个个的"代表字"，这种"分解"是进行概念整合的前提。如果概念不能分解，整合则无从谈起。节略式缩略语因为保留下来的要么是一个整词，要么是单音节的字，无从分解，因此也就无法进行概念整合。正是因为有了整合前的分解，整合过程中的"组合"、"完善"、"细化"等认知过程才能够进行下去，因此可以说分解是整合的本质前提。Bache 认为分解（disintegration）同样重要，分解促进整合过程，并且给予整合强有力的创造潜能[①]。因此，整合充当将不同输入联合统一到合成空间，分解则扮演着将概念整体分裂或分割成构成成分、特征和部分结构，它们可能会被用来单独地投射到合成空间。假如没有这种技术意义上的分解，那么整合也就几乎或者完全没有赖以存在的依据。

事实上，概念整合过程必然会涉及对概念的分解。我们仅以 Fauconnier 和 Turner 的"外科医生是屠夫"为例来进行说明[②]。在进行整合之前，概念分解会将"外科医生"和"屠夫"分解成"角色"、"与角色身份相对应的受事"、"工具"、"目标"、"方式"等，并在它们之间建立起映射。概念合成是对心理空间的合成，而心理空间就是人们对概念进行分解后的概念集合。此外，概念整合并非一劳永逸的，初次概念整合的结果又会作为输入空间进行又一次的整合，构成错综复杂的概念整合网络。概念整合的产物在进行下一次整合之前，同样要经历分解的过程。

我们在论述缩合式缩略语"备胎"、"航母"，以及拼缀式缩略语"高富帅"比喻意义的建构过程中，曾指出这是一个基于初次整合基础之上的二次整合过程。二次整合同样是以分解为先决条件的，如

[①] Bache, C., "Constraining conceptual integration theory: Levels of blending and disintegration", *Journal of Pragmatics*, No. 37, 2005, p. 1616.

[②] Fauconnier, G. & M. Turner, *The Way We Think*, New York: Basic Books, 2002, p. 298.

"备胎"比喻意义的构建,是以"备用轮胎"的属性分解为前提的。人类的文明史实际就是一部概念整合史,人类一步步地创造整合物,然后又不断地将其分解,并进行重新整合,创造出新的整合物。可见,整合和分解是辩证统一的关系。所以 Fauconnier 和 Turner 指出整合和压缩是硬币的一面,分解(disintegration)和解压(decompression)是硬币的另一面[1]。汉语缩略语的语义建构是在已有的整合物基础之上进行的,因此可简单地将其归纳为"分解—整合—分解"的循环往复过程,这与缩略语生成的"整合—分解—整合"过程正好相反相对。分解和整合对应哲学上的分析和综合,方元指出:

> 分析和综合的关系又是辩证的对立统一,它们以事物的整体和部分、一般和个别的关系为其根据。它们的对立主要表现在认识运动中的起点不同,表现了认识运动中不同的阶段和侧面;而它们的统一则表现在互为对方运动的前提和准备,并相互渗透、贯通和转化。人们的认识就是在分析综合这种复杂的交互作用中不断前进和深化的。[2]

沈家煊则从认识论的角度指出,分析和综合实际是同一个问题的两个方面,分析离不开综合,综合也离不开分析[3]。从缩略语的语义建构角度而言,我们可以说分解和整合是硬币的两面,分解离不开整合,整合也离不开分解,分解和整合是辩证统一的关系。

事实上,汉语缩略语的生成不过是语言"整合—分解—整合"循环往复过程的缩影。"手机"原是"手持式移动电话机"的缩略,与"游戏"整合在一起构成"手机游戏"。随着"手机游戏"使用频率的不断增加,再经历先分解后整合的过程缩略成"手游"。"文艺"原是"文学艺术"的缩略语,词汇化后与"青年"一起整合成"文

---

[1] Fauconnier, G. & M. Turner, *The Way We Think*, New York: Basic Books, 2002, p.119.
[2] 方元:《分析综合—统一的认识过程、方法和逻辑》,《社会科学》1984年第6期。
[3] 沈家煊:《语法研究的分析和综合》,《外语教学与研究》1999年第2期。

艺青年","文艺青年"再经历先分解后整合的过程生成缩略语"文青"。而汉语缩略语的语义建构则是"分解—整合—分解"的循环往复过程。

综上所述，汉语缩略语的语义建构是一个分解与整合互为前提，认知参照与概念整合互为基础的辩证统一过程。语言就是在这种"整合—分解—整合"的循环往复中不断发展演变。

第五节　小结

整合是人类生活在世界中的一种普遍方式。生活在人类世界中实质就是生活在整合世界之中。不仅在语言中，而且在宗教、科学、文化、艺术等诸多领域无不充斥着整合思维及其产物。整合思维推动着社会的发展，整合是人类自觉或不自觉的活动，整合发生在人类生活的方方面面，语言创造当然也不例外。人们基于整合思维将词语进行减缩后再拼合生成缩合式缩略语或拼缀式缩略语。从某种程度上讲，汉语缩合式缩略语和拼缀式缩略语本身就是一种形式整合（formal blending）。认知语言学认为，语言的形式服务于语言意义并由其意义决定，缩合式缩略语和拼缀式缩略语形式整合为其意义整合服务，体现了形式和意义的高度统一。

Saeed 认为语言实际上是以一种部分、不完整的方式来激活一系列复杂内隐的认知过程来完成语言意义的建构[1]。这一观点用在汉语缩略语的语义建构上尤为合适，汉语缩略语正是以一种不完备的形式、在语境的引导下进行复杂的幕后认知加工来完成意义的建构。无论是缩合式缩略语，还是拼缀式缩略语，它们的语义建构机制都是基于突显的认知参照点引导下的概念整合。概念整合理论打破了传统的静态认知语义观，认为语言表达式的意义是动态、可变的。很多时候，整合的结果又会发生进一步的整合，从而实现缩略语意义的隐喻

---

[1] Saeed, J., *Semantics*, Oxford: Blackwell, 1997, p. 319.

拓展。或者整合的结果又会充当认知参照点，引导通达缩略语的转喻引申义。汉语缩略语的隐喻、转喻意义建构以及汉语缩略语的"一对多"截搭型整合现象，很好地支持了动态语义观。

而汉语节略式缩略语因其减缩后保留下来的大都是意义相对完整的成分，因此节略式缩略语的理解不会像缩合式缩略语或拼缀式缩略语那样是一个概念整合的过程，而是节略式缩略语作为认知参照点引导通达原式的语义建构过程。部分节略式缩略语会发生多次认知参照活动通达其最终意义。

由于转喻喻体和目标之间并无概念上的必然联系，因此语境对汉语缩略语的语义建构起着决定性作用。语境能够很好地提示和制约现代汉语缩略语的语义建构。

汉语缩略语的语义建构既有以整词的形式通达，也有以语素分解的形式通达。同时，缩略语的语义还会发生基于转喻和隐喻的拓展，表现为语义建构过程中认知参照模式和概念整合的互相交织。而在缩略语的语义建构过程中分解和整合常常互为基础。因此从本质上看，汉语缩略语的语义建构又是一个分解与整合互为前提，认知参照与概念整合互为基础的辩证统一过程。语言就是在这种"整合—分解—整合"的循环往复中不断发展演变。

语言不是静止不变的，而是处于不断的发展变化之中。现代汉语缩略语生成之后一部分会因为不再为人使用而渐趋消亡。但也有相当多的缩略语由于人们的高频使用而词汇化，并进入普通词汇行列。一些缩略语还会发生各种语义拓展，实现表达上的经济性。因此，接下来我们将要探讨现代汉语缩略语生成之后的语义拓展，并揭示影响缩略语语义拓展的认知机制。

第六章

现代汉语缩略语生成后的语义拓展

随着社会的不断发展和人们认识的不断加深，新事物和新概念不断涌现。这些新事物和新概念必然需要有相应的语言符号来表达，因此，在概念系统和语言系统之间自然地就存在空缺。开放的概念系统需要同样开放的语言系统来满足表达新概念的需要。Heine 等认为有五种方式可以弥补语言系统和概念系统之间的空缺：

1) 发明新的标记符号；
2) 从方言或其他语言中借用；
3) 创造像拟声词一样的象征性表达式；
4) 从现有的词汇和语法形式中构成或衍生新的表达式；
5) 通过类比、转喻、隐喻等方式扩展原有表达式的用途以表达新的概念。①

发明新的标记符号和创造新的象征表达式遵循词汇形式和意义之间的完全一一对应，追求每个语言符号都只表达单一意义的理想状况。尽管从听话人角度而言较省力，但从说话人角度来看，这无疑是最不经济的，会大大增加语言使用者的认知负担。Werner 和 Kaplan 认为最好的方法是"旧瓶装新酒"，即通过扩展现有表达式的意义与功能，实现一词多义②。Deane 则从认知角度指出，一词多义现象是

---

① Heine, B., U. Claudi, F. Hünnemeyer, *Grammaticalization: A Conceptual Framework*, Chicago: University of Chicago Press, 1991, p. 27.

② Werner, H. & B. Kaplan, *Symbol-Formation: An Organismic-Development Approach to Language and the Expression of Thought*, NewYork/London/Sidney: Wiley, 1963, p. 43.

人类灵活思维能力自然而又必然的结果[1]。

事实也证明，无论在哪一种语言中，只有为数不多的语言符号仅仅对应一个概念，整个语言中的词语都只对应一个概念的情况是不可想象的。Lyons更是断言，从来没有任何一种语言，只存在一个词语对应一种意义[2]。为了满足表达新概念的需要，人们通常是采取"内部挖潜"的方法，即基于现有的语言符号，利用各种构词法或造词法衍生出新的语言符号来表达复杂的概念，或者干脆对现有的语言符号不作任何改动单纯地依靠认知策略来实现语义的拓展。

汉语缩略语是人们出于语言经济原则在现有的词语基础之上通过减缩衍生出来的一种新的语言形式，缩略法也被一些学者认为是生造词语的一种重要方法。相比完全新造语言符号，这种造词方法无疑更为经济，并且理据性相对也较强，容易习得和记忆。缩略语尽管是基于现成的语言表达式衍生出新的表达式，但是不同于其他造词方法的是，缩略法并没有满足表达新概念的需要，毕竟新生成的缩略语和原式之间意义保持不变。因为缩略是基于 $FORM_A$ - $CONCEPT_A$ FOR $FORM_B$-$CONCEPT_A$ 的转喻机制生成的，不可否认 $FORM_A$ 较之 $FORM_B$ 在语言形式上更为简短，但 $FORM_A$ 和 $FORM_B$ 对应的概念内容保持不变。例如，"延迟退休"由"延迟"和"退休"复合而成表达了新的复杂概念，但从"延迟退休"缩略为"延退"却并没有弥补任何概念上的空缺。

相当多的汉语缩略语是时代的产物，如"公社"、"北约"、"彩卷"、"铁道部"等，随着社会的发展这些缩略语对应的事物不复存在，随着时间的流逝这些缩略语会因为使用频率的日趋下降而从词汇系统里消失。与此同时，也有相当一部分汉语缩略语由于与人们的日常生活紧密相连，频繁为人们所使用而进入普通词汇行列，如"财会"、"超市"、"手机"、"公交"、"地铁"等。束定芳认为，一个词语的意义表征并不是完全固定、有限的，而是灵活的、无限的，毕竟

---

[1] Deane, P. D., "Polysemy and cognition", *Lingua*, No. 75, 1988, p. 325.

[2] Lyons, J., *Linguistic Semantics: An Introduction*. Cambridge: Cambridge University Press, 1995.

词语只是提供通达概念的路径①。汉语缩略语也是词汇系统的一部分，因此这一观点同样适用于汉语缩略语。词汇是语言系统中最为灵活、最为开放的部分。语言处于不断的发展演变之中，新的词汇不断涌现，旧的词汇不断消亡。词语的意义同样如此，一些旧的意义会渐渐消亡，而新的意义也会基于转喻、隐喻、类比等认知机制不断衍生出来。尽管汉语缩略语在诞生之初与原式意义一致，但当它们相对稳固之后相当一部分汉语缩略语的语义也会在原始意义的基础上发生各种引申拓展。鉴于之前较少有学者关注这一方面的研究，因此有必要对汉语缩略语生成之后的语义拓展及其认知机制进行研究。

我们发现汉语缩合式缩略语、拼缀式缩略语和节略式缩略语生成之后的语义拓展方式及其作用认知机制基本相同。因此，在以下的探讨中我们不从缩略语的分类出发，而主要基于促成缩略语语义拓展的不同认知机制，将缩略语生成之后的语义拓展分为基于概念转喻的语义拓展、基于概念隐喻的语义拓展和两种认知机制共同作用下的语义拓展。

第一节 基于概念转喻的语义拓展

语言中的大量转喻不过是人类转喻思维在语言中的投射，体现了转喻思维模式的普遍性。Radden 和 Kövecses 指出，因为我们没有其他更简捷的方式来表述、交流我们的概念，语言在本质上是基于形式转指概念的②。人类正是基于这一转喻思维，才创造出语言来表达大脑中的概念，因而语言在本质上就是转喻的。魏在江也认为转喻是语言创新使用的一种重要方式，转喻能大大提高语言中现有词汇的使用效率③。

---

① 束定芳：《认知语义学》，上海外语教育出版社 2008 年版，第 79 页。
② Radden, G. & Z. Kövecses, "Towards a theory of metonymy", In Panther, K-U. & G. Radden (ed.), *Metonymy in Language and Thought*, Amsterdam / Philadelphia: Benjamins, 1999, p. 24.
③ 魏在江：《概念整合、语用推理与转喻认知》，《四川外语学院学报》2007 年第 1 期。

汉语缩略语是基于"部分的语言形式代替完整的语言形式"这一转喻认知产生的,因此汉语缩略语本身就是经济原则的体现。但基于转喻认知生成的汉语缩略语,还可能进一步在转喻认知的作用下发生语义拓展。因此,可以说转喻不仅是汉语缩略语生成的重要认知机制,还是其语义拓展的重要幕后认知机制。现代汉语缩略语基于概念转喻发生的语义拓展主要分为范畴典型成员转指范畴、范畴转指范畴典型成员、同一 ICM 内部分之间的互相转指、动作与语义角色之间的互相转指、属性转指事物、事物转指事物属性等。

一 范畴典型成员转指范畴

范畴典型成员转指范畴,对应传统词汇学上所说的语义扩大,主要指词语从原本表达较为狭窄、较为特定的意义拓展为表达宽泛、一般的意义。语义扩大在各种语言中都很普遍。汉语里"江"原专指"长江",引申为南方较大的河流,后来泛指河流。"河"原专指"黄河",引申为北方的河流,现在同样用来泛指河流。"皮"在古汉语中原用作动词,意为"用手剥去兽皮",引申为"剥下来的兽皮",是个专名。后引申为泛指其他生物的表皮,再进一步引申指事物的表面、外层,以及像皮一样的片状物,如"地皮"、"书皮"、"粉皮"、"豆皮"等。近现代汉语中同样有很多这样的例子,如"信件"原专指纸质信件,随着电子邮件的普及,现在则扩大为指包括纸质信件、电子邮件在内的各种信件。"游戏"亦是如此,它本来是各种文娱活动的总称,现在则进一步扩大为包括"电游"(电子游戏)、"网游"(网络游戏)、"手游"(手机游戏)等在内的各种游戏。英语中的"holiday"来源于"holy day",专指圣诞节、复活节等与宗教有关的节日,现在则泛化为任何节日。"butcher"原专指"宰杀羊的人",现在则泛指"屠夫"。"edge"原专指"水边",现在则可以指一切事物的"边缘"。

汉语缩略语也会发生语义扩大,如拼缀式缩略语"炎黄"由"炎帝"、"黄帝"中的"炎"和"黄"拼合而成,原是专指,后用来借指中华民族的祖先。同样,"铅黛"来自"铅粉"和"黛墨"的拼缀，因为搽脸用的"铅粉"和描眉用的"黛墨"是古代妇女用来化妆的两种主要用品，后来慢慢演化为代指所有的化妆品。"达标"诞生之初是对"达到《国家体育锻炼标准》"的缩略，现在则扩大为泛指达到一切设定的标准。"打劫"原指"打家劫舍"，强调入室抢劫，现在则拓展为指一切"拦路抢夺财物"。"科目"原特指"会计科目"，现在则指"会计科目"、"教学科目"、"考试科目"等各种各样的科目。"高参"原专指"军队里的高级参谋"，现在则拓展为"替企业、政府甚至个人出谋划策的人"。"断交"对应的原式是"断绝外交关系"，现在除此意义之外，还可泛化为断绝与他人的交往。"团购"原是"团体购买"的缩略，早于网上购物之前出现，但现在随着网上购物的不断盛行，其意义也扩大为包含网上、网下在内的各种团体购买。缩略语"脱产"对应的原式是"脱离生产"，现在提及"脱产读书"一般是指"脱离工作岗位"，并不一定是"脱离生产岗位"。"科普"原指"科学普及"，现在经常听到"求科普"，这里所指的"科普"很明显并不一定是"科学知识普及"，而更可能是"自己所不知道的常识性知识"，语义与之前相比无疑扩大泛化了。

查阅《新华大字典》（2013年版），"官"的字义转引如下：

官：❶政府机关或军队中经上级任命的一定级别的公职人员：~员｜警~｜外交~。
❷属于国家或政府的：~方｜~办｜~费。
❸生物体上具有特定功能的部分：器~｜感~｜五~。
❹公用的；公共的：~道。
❺姓。

"官网"是"官方网站"的缩略，其中的"官方"原专指"属于国家或政府的"，如"白宫官网"、"中华人民共和国教育部官网"、"湖南省人民政府官网"等，但现在"官网"则慢慢拓展为指学校、医院、企事业单位、协会、体育赛事甚至社会名流等形形色色的官方网站。在百度中输入一些单位名称，会有通过百度安全认证的官网提示，如"苹果官网"、"佳能官网"、"湖南卫视官网"、"湖南师范大学官网"、"李连杰官方网站"等。类似的还有"官博"（官方博客）、"官微"（官方微博）、"官推"（官方推特）等。

同一般词语的词义扩大一样，缩略语的语义扩大同样也是一个从特指到泛指，从具体到抽象的泛化扩大过程。这种泛化使得缩略语的语义范畴大于其缩略时的原始意义，从而实现语义的扩大。而这种语义的扩大实质是概念之间的替代，隐藏于语义拓展背后的是人类思维和行动中无处不在的转喻认知机制。如果将缩略语扩大之后的语义视作一个范畴的话，这种替代正是将语义范畴中最为原始、典型、显著的意义来代替整个范畴，其认知机制是部分代整体的转喻。"签售"从最初的作家"签名售书"，拓展为歌手"签名售专辑"，再引申到公司总经理或者明星代言人签名销售汽车、房产等各种商品，意义由专指慢慢变成泛指，这正是用原始、典型的"签名售书"来替代"签名售车"、"签名售房"的结果，而这种替代正是基于"范畴典型成员转指范畴"的转喻认知机制。

概念转喻主要基于概念上的邻近性和突显性，自然地实现由此及彼的过渡。当然，缩略语的语义扩大泛化除了通过概念转喻来实现外，还可通过概念隐喻机制来实现，如"落差"最初专指"水位落差"，现在也可用来指"心理落差"。基于隐喻的语义拓展我们会单独探讨，在此不作过多赘述。

二 范畴转指范畴成员

与范畴典型成员转指范畴相反，范畴可以反过来转指范畴成员，语义的这种演变对应传统词汇学所说的词义缩小。词义缩小，指词语由表达普遍意义演变为表达特殊专门的意义。词义的缩小在汉语和英语中同样不乏例证。"金"在古代本指金属，又特指铜或黄金，引申为金属制品，而现在"金"则专指贵重金属，用作货币、黄金储备和装饰品，通称金子或黄金。"禽"原是飞禽和走兽的总称，现在则专指飞禽。"宫"本指有围墙的居舍，在先秦时代，不论居住者的身份贵贱，其居室都可称为"宫"。秦代以后，"宫"专指帝王的宫殿，又指神庙、宗庙。"丈夫"原泛指成年男子，现在则专指女性的配偶。"谷"在古代指"百谷"，现在专指"稻谷"。同样，英语中的"liquor"原指"液体"，现缩小为"（蒸馏制成的）酒"。"deer"原指各种"野生动物"，现专指"鹿"。"pill"原指各种"药片"，现在很多时候成了"避孕药片"的代名词。

尽管数量不多，但汉语缩略语中同样存在语义缩小的例子。最典型的当属"公交"。"公交"是"公共交通"的缩略，"公共交通"作为一个系统，基于概念邻近关系，"公交"可以转指"公共交通工具"。因为最初的公共交通工具以公共汽车为主，"公交"就特指公共汽车。随着社会的发展，地铁、轻轨、城轨等其他公共交通工具也慢慢出现，在一些大城市，地铁俨然已经取代公交汽车成为市民出行最为主要的公共交通工具。但提及"公交"，人们还是习惯性将其用来专指公交汽车，而不包括地铁、轻轨等其他公共交通工具。如此一来，"公交"由原来外延较为宽泛，泛指各种公共交通工具的一般性词语变成意义狭窄的"公交汽车"的专称，其语义经历了从泛指到特指的缩小过程。

同样"邮电"原是"邮政、电信"的拼缀。1998年邮政和电信分家，中国邮政主营邮政业务，中国电信主营通信业务。但在一些偏远地区"邮电"还被沿用，不过由包括"邮政"、"电信"两部分转变为专指"邮政"，因而"邮电"的语义缩小了。与此相似的还有"电传"，"电传"原是"电报传真"的缩略。但随着电话、手机、网络的普及，人们有了更为便捷的通信方式，电报基本已从人们的生活中消失。而传真偶尔还会被用到，因此"电传"现在语义缩小为专指"传真"。最后我们再来看"打印"，"打印"对应的原式是"打字印刷"，包括将文字输入电脑的"打字"和将其从打印机中"印刷"出来两个过程。但现在我们经常拿着自己已经输入排版完毕的文件到打印店去"打印"，这时的"打印"语义就从最初的"打字"、"印刷"缩小为专指"印刷"。

公交汽车最初作为城市公共交通系统中唯一承担运营任务的公共交通工具，处于最为显著的地位，成为公共交通工具的代名词。后来尽管随着地铁、轻轨等其他交通工具的出现,但并未改变公交汽车的典型地位,加之公交汽车在人们心目中根深蒂固的地位,"公交"由泛指转为专指就是顺理成章的事了。这种以范畴［公共交通（工具）］代指范畴中的典型成员（公交汽车）是"整体代部分"的转喻。

从以上的分析可以看出,从认知的角度来看,现代汉语缩略语的语义扩大是以范畴典型成员转指范畴,是以"部分"代指"整体"。而缩略语的语义缩小过程则是以范畴转指范畴成员,是以"整体"代指"部分"。缩略语语义无论是扩大还是缩小,都是相关概念之间的替代过程,因此都是基于转喻认知机制的语义拓展过程。

不难发现,汉语缩略语生成之后的语义扩大要多于语义缩小。缩略语语义扩大背后的认知机制是基于"部分代整体"的转喻。与之相反,语义缩小则是基于"整体代部分"的转喻。一般而言,"整体"的突显度要高于"部分"。而概念转喻是基于突显原则,由高度突显的转喻喻体充当认知参照点来通达不那么突显的转喻目标。因此,由"整体"通达"部分"理应更为容易、更为常见。相应的,缩略语的语义缩小理应比语义扩大更为容易、更为常见,但事实却恰好相反。沈家煊曾指出词义的拓展存在不对称现象:词义的泛化的数量远远多于词义的专门化[①]。在他看来,这并没有违背概念转喻"由突显转指相对不那么突显"的认知规律,毕竟词义的扩大泛化通常是由具体到抽象、由特指到泛指。而具体相对抽象、特指相对泛指无疑更为突显。这一解释同样适用于缩略语义扩大与语义缩小之间的不对称现象。例如,"达标"原是特指"达到《国家体育锻炼标准》",但随着使用范围的不断扩大,由专指变为泛指,语义变得越来越抽象笼统,请看以下几例:

（46）辽宁:机动车无法达标排放将强制报废

（《光明日报》2013年11月15日第010版标题）

---

① 沈家煊:《不对称和标记论》,江西教育出版社1999年版,第12页。

(47) 你的综合素质达标了吗？

（《人民日报·海外版》2008年2月8日第006版标题）

(48) 首次号脉 中国"健康达标"

（《人民日报》2008年10月8日第005版标题）

以上诸例中"达标"的对象从"机动车排放标准"慢慢拓展到"素质"、"健康"等上，经历了一个从具体到抽象的过程。具体比抽象突显，加之，语义扩大是实现由单一专指向无限泛指的扩展过程。反之，缩略语语义缩小是由泛指到专指，并且语义缩小的汉语缩略语，其原式一般多为两个概念的合称，无论怎么缩小也只有两种可能性，因而现代汉语缩略语的语义扩大比语义缩小更多。

三 同一ICM内相邻概念之间的转指

除了语义扩大与语义缩小外，缩略语的语义也经常发生同一ICM内一种概念转指与其相关的另一种概念。此即Lakoff[①]所说的同一理想化认知模型内的代替关系，或者Radden和Kövecses[②]所说的同一ICM内部分和部分之间的替代关系。并且此处所探讨的转指不涉及词性的改变，即主要是在概念相邻的名词之间进行。

同一ICM内由于概念之间的邻近性，很容易由一种概念转指与之相邻的另一种概念，从而实现语义上的转移。汉语缩略语"丹青"是"丹砂"、"石青"的拼缀，而"丹砂"、"石青"是古代绘画常用的两种主要颜色，后来"丹青"被用来转指"绘画艺术"。"公关"原是"公共关系"的缩略，但现在经常被用来指"从事公共关系工作的人"。同样，"美工"对应的缩略语原式是"美术工作"，现在"美工"也常常用来指"从事美术工作的人"。与此相类似的还有"环

[①] Lakoff, G., *Women, Fire, and Dangerous Things: What Categories Reveal about the Mind*, Chicago and London: The University of Chicago Press, 1987, p. 87.

[②] Radden, G. & Z. Kövecses, "Towards a theory of metonymy", In Panther, K‑U. & G. Radden (ed.), *Metonymy in Language and Thought*, Amsterdam / Philadelphia: Benjamins, 1999, p. 30.

卫"（环境卫生）、空乘（空中乘务）、空勤（航空勤务）、地勤（地面勤务）、后勤（后方勤务）、舞美（舞台美术）、美编（美术编辑）等。

"地铁"原是"地下铁路"的缩略，原指的是地下铁路线路，但现在我们经常说"坐地铁去某地"，这里的"地铁"很明显被用来转指"地下铁路列车"。与此相似的还有"高铁"（高速铁路）、"城铁"（城际铁路）、"轨交"（轨道交通）、"城轨"（城市轨道交通）、"轻轨"（轻型轨道）等。

刘焱认为转喻是用一个概念来指代另一个相关的概念，是属于同一个认知框架内两个相关认知范畴之间的过渡，以始源概念为参照点建立起与目标概念之间的心理联系[①]。"地铁"是"地下铁路"的缩略，但"地下铁路"是一个由线路、列车、车站等组成的交通体系，还包括供电、信号、控制、照明、排水等系统，它们共同组成地铁ICM或者说地铁框架。请看以下几例：

(49) 维护地铁环境 谁该"靠前站"

（《经济日报》2013年11月21日002版）

(50) 全球铁路投资从高铁回归地铁

（《中国贸易报》2012年10月30日002版）

(51) 默然老师，坐哪一班地铁才能再见到您？

（《光明日报》2012年11月16日009版）

例49中，"地铁"指的是"地铁车厢"，例50中"地铁"指的是"地铁铁路线路"。例51中的"地铁"则转指"地下铁路旅客列车"。以"地下铁路"（铁路线路）转指"地下铁路列车"是我们已经习以为常的一种表达，这正是以同一认知域内的一个概念转指与其相关联的另一概念，作用于这种语义拓展背后的认知机制是同一个ICM内部分代部分的转喻。"高铁"（高速铁路）、"城铁"（城际铁

[①] 刘焱：《"V掉"的语义类型与"掉"的虚化》，《中国语文》2007年第2期。

路)、"轨交"(轨道交通)、"城轨"(城市轨道交通)、"轻轨"(轻型轨道)等都属于这一类型。

缩略语"公关"从"公共关系"转指"从事公共关系工作的人",同样是基于同一ICM内不同成分之间的转指。只不过,不同于"地铁"一类缩略语的语义转移,这一类缩略语多转指施事。但这种转指又不同于"教授"、"编辑"等由"动作转指施事",而是以"工作的内容转指施事(JOB CONTENT FOR AGENT)"。"美工"、"环卫"、"空乘"、"空勤"、"地勤"、"后勤"、"舞美"、"美编"等都可以归入这一类。

缩略语"电商"对应的原式是"电子商务",但现在也常常转指"电子商务商家",请看以下几例:

(52)电商消费新趋势 谁能制造"无缝连接购物体"
　　　(《中国经营报》2013年6月10日C14版标题)
(53)电商喊冤 "卖正品的真的不赚钱"
　　　(《中国经营报》2013年6月02日C2标题)

例52中,"电商"对应的是"电子商务"这种新的消费模式,这是"电商"诞生之初所对应的原始义。但在例53中,"电商"已经悄无声息地过渡到转指"电子商务商家"。这种缩略语的语义转移跟上面所讨论的"公关"、"美工"等一样,是基于"工作的内容转指施事"的转喻产生的,只不过这里的施事更为抽象。

"广本"原是"广州本田"的缩略语,指的是广州本田汽车有限公司,但现在也经常指广州本田出产的汽车,如我们可以说"买了辆广本",这同样是基于Radden和Kövecses所说的产品ICM中"制造者转指产品"(PRODUCER FOR PRODUCT)的转喻来实现语义转移的①。产品制造者、产品、生产材料、制造地等共同构成产品ICM,

---

① Radden, G. & Z. Kövecses, "Towards a theory of metonymy", In Panther, K-U. & G. Radden (ed.), *Metonymy in Language and Thought*, Amsterdam / Philadelphia: Benjamins, 1999, p. 39.

因此这种转指属于同一 ICM 内部分和部分之间的替代。其他的还有"东本"(东风本田)、"北现"(北京现代)、"广丰"(广州丰田)、"一丰"(一汽丰田)等。

参照点能力是人类与生俱来的一种能力,许多时候我们驾轻就熟地以一个概念去转指与之相邻的另一概念,实现意义的转指,而并没有意识到转喻认知在其中的作用。而这种基于概念邻近的转指,其实也是语言经济原则的体现,它大大减少了语言中词语的数量,并且易于生成和理解,从而大大减轻了人们的认知负担。汉语缩略语的语义转移多通过同一 ICM 内部分和部分之间的替代来实现,这种转移通常不会改变词性,即多发生在名词和名词之间。但同普通词语一样,汉语缩略语生成之后的语义拓展更多的是词性发生改变的拓展,一些学者将其称之为语义的功能转换。

四 动作与语义角色之间的互相转指

一般认为动作由相应的语义角色构成,这些语义角色主要有施事、受事、方式、工具等。从认知语法的角度来看,语义角色的数量会因动词的不同和分析的详略度不同而有所不同。Langacker[1] 和 Taylor[2] 界定的重要语义角色主要有:施事、受事、移动者、产物、工具、感事、刺激、零角色、源头、位置、路径和目标。

动作和语义角色之间也会基于概念上的邻近而发生转指,从而带来意义上的变化。由于语义角色是名词性的,而动作是动词性的,这种转指还会带来词类上的改变。但在汉语中词类划分和转类一直是学者们争论不休的话题。因此,在探讨汉语缩略语基于动作与语义角色之间的互相转指所带来的语义拓展之前,有必要先简单梳理一下汉语中的词类划分和转类研究。沈家煊曾指出:

我们在汉语词类的划分和转类这两件事情上分别采用了两种

---

[1] Langacker, R. W., *Foundations of Cognitive Grammar*, Vol. II Descriptive Applications, Stanford: Stanford University Press, 1991.

[2] Taylor, J. R., *Cognitive Grammar*, Oxford / New York: Oxford University Press, 2002.

不同的方法和标准。在划分词类时，考虑到汉语是一种缺乏形态标记的语言，因此得依靠所谓"广义的形态"，也就是词跟其他词和成分的组合能力和组合状态。然而在词是否已经转类的问题上却仍然坚持狭义的形态标准，只要动词没有加上"名词化"的形态标志，做主宾语时就还是动词，不再考虑动词在主宾语位置上"广义的形态"有没有发生变化。①

胡明扬先生②一语中的地将其概括为：做到"词有定类"就"类无定职"，反之，做到"类有定职"就"词无定类"，这里的"职"是指充当什么句法成分③。朱德熙先生坚决反对名词化观点，坚持认为汉语里动词和形容词做主语、宾语是它们的本来性质。④⑤沈家煊先生也认为汉语里名、动、形三者之间是包含关系，形容词作为一个次类包含在动词之中，动词作为一个次类包含在名词之中⑥。但陆镜光对此进行了尖锐的批评，认为明明一个词可以承担两种甚至三种句法成分，却要硬性地把它归为同一个词类，但又无法解释为什么这一个词能够同时兼具其他词类的语法行为，这样做的结果只能造成混乱⑦。王仁强⑧认为沈家煊先生的这种观点实质上颠覆了词类的基本定义，在词类判断过程中采用双重标准（判断一个词项是否属于名、动、形主要采用语法意义标准，是否属于其他词类则主要采用语法功能标准），没有注意区分（语法）"词"和（词汇）"词"，部分颠倒了词类判断程序。

词的兼类即便是在形态十分丰富的英语中也很普遍，英语中的词

---

① 沈家煊：《不对称和标记论》，江西教育出版社1999年版。
② 胡明扬：《名动兼类的计量考察》，《语言研究》1995年第2期。
③ 胡明扬：《词类问题考察》，北京语言文化大学出版社1996年版。
④ 朱德熙：《语法讲义》，商务印书馆1982年版。
⑤ 朱德熙：《自指和转指》，《方言》1983年第1期。
⑥ 沈家煊：《我看汉语的词类》，《语言科学》2009年第1期。
⑦ 陆镜光：《试论小句在汉语语法中的地位》，《汉语学报》2006年第3期。
⑧ 王仁强：《现代汉语词类体系效度研究——以〈现代汉语词典〉（第5版）词类体系为例》，《外语教学与研究》2010年第5期。

类和句法功能之间虽然存在一定的对应关系，但远非一一对应。Langacker 认为词语的侧显决定词类，同一个词语可以基于对概念内容的不同侧显，分属不同的词类。① 而神经心理学通过监测事件相关电位 ERP、脑成像技术 PET 的研究也表明，名词和动词在脑区中确实是分离的，这为名词和动词的区分提供了强有力的神经机制的生理基础②③④。

袁毓林则基于认知语言学的原型范畴理论，提出汉语的词类是一种原型范畴，是人们根据词与词之间在分布上的某种家族相似性而聚集成类的⑤。范畴化能力是人类最为基本的一种认知能力，是人类基于自身体验对纷繁复杂的客观世界和经验世界进行分类的结果，范畴化的目的在于实现认知经济性。既然承认汉语词语能范畴化为名词、动词、形容词等基本词类，那么就应该承认它们之间存在基于语法功能上的转类。否则，认为形容词也是动词，动词也是名词，那么根本就没有划分出名词、动词和形容词的必要。

认知语言学坚持语言基于使用的观点，既然同一词语在不同的话语或语篇中承担不同的语法功能，表达不同的意义，那么就不应该否认汉语中名动之间、名形之间的转类。况且，假如承认汉语动词也是名词，即等同于承认动词是名词的下位范畴，那么名词可以被视作"整体"，动词则是名词范畴的"部分"。完形心理学认为整体比部分突显，按照概念转喻由突显转指不突显的观点，作为"整体"的名词比作为"部分"的动词突显，名词向动词的转类应该更为频繁、更为

---

① Langacker, R. W., *Grammar and Conceptualization*, Berlin/New York: Mouton de Gruyter, 1999, p. 11.

② Preissl, H. et al., "Evoked potentials distinguish between nouns and verbs", *Neuroscience Letters*, No. 197, 1995, pp. 81–83.

③ Chen, S. & E. Bates, "The dissociation between nouns and verbs in Broca's and Wernicke's aphasia: findings from Chinese", *Aphasiology*, No. 12, 1998, pp. 5–36.

④ 杨奕鸣：《语言的理论假设与神经基础——以当前汉语的若干神经语言学研究为例》，《语言科学》2007 年第 2 期。

⑤ 袁毓林：《汉语词类的认知研究和模糊划分》，上海教育出版社 2010 年版，第 9 页。

常见。但事实恰好相反,动词向名词转类是常态,名词向动词转类反而是非常态。因此,我们认为既然承认汉语中名、动、形词类划分的存在,那么同样就应该承认它们之间词类转换的存在。

汉语缩略语生成之后基于动作及其语义角色之间的转指相当普遍,因此有必要从认知的角度对这种功能转换现象进行解释。Dirven认为词类转换不仅是发生在词汇层面上的一个过程,更是发生在"核心"的述谓——论元层面上的一个过程。[①] 词类之间的转换不过是同一理想认知模式内要素的突显或替代。

(一) 语义角色转指动作

名词和动词的划分问题一直是个众说纷纭、莫衷一是的话题,我们承认名词和动词之间会发生转类,并且这种转类很多时候还会带来意义上的改变。张伯江从功能的角度分析了现代汉语中的名词动化,指出名词和动词是汉语里最基本的两种词类,并且名词具有空间性,而动词具有时间性。[②] 名词表现其基本的空间意义时,其功能是稳定的,但当名词丧失了明显的空间义,甚至具有了时间义时就有可能向动词方向转化。

王冬梅[③]、高航[④]分别基于认知语法理论对汉语中的名动互转现象进行了深入的考察。邓云华、白解红等[⑤]则从构式语法的角度对英汉语中名词转类为动词以及动词转类为形容词进行了认知分析,认为转类词构式产生的动因是认知经济性,转类后的意义是建立在认知基础上的旧词新义。白解红、王勇则基于词汇概念和认知模式理论(LCCM)指出语义建构是制约网络转类词生成的根本原因,形态句法

[①] Dirven, R., "Conversion as a conceptual metonymy of event schemata", In Panther and G. Radden (eds.). *Metonymy in Language and Thought*, Amsterdam: John Benjamins, 1999, pp. 277-280.

[②] 张伯江:《词类活用的功能解释》,《中国语文》1994 年第 5 期。

[③] 王冬梅:《动名互转的认知研究》,博士学位论文,中国社会科学院研究生院,2001 年。

[④] 高航:《认知语法与汉语转类问题》,上海交通大学出版社 2009 年版。

[⑤] 邓云华、白解红等:《英汉转类词的认知研究》,《外语研究》2009 年第 6 期。

转变只是其结果及体现。① 但综观前人的研究，之前并无学者对汉语缩略语生成之后的转类现象进行研究。

Langacker② 观察发现，英语中通过事物转喻动作的用法相当普遍，普遍到几乎任何一个名词都可以当作动词使用。但汉语中的情形则完全不一样，王冬梅基于 20 万字的语料统计，仅发现 48 个名词动化的例子。③ 高航基于北京大学汉语语料库、《现代汉语词典》、《汉语大词典》等收集到名词转为动词的用例 245 个。但他列举的例子中相当多的都是单音节、口语化的词，如"移动者转指动作"的"轮"、"车"、"浪"、"盖"、"粉"等，"工具转指动作"的"铲"、"叉"、"锉"、"剪"、"锯"等。④ 典型的动作图式一般包含施事、受事、工具、方式等语义角色，从理论上讲，这几种语义角色都能转指动作本身。

我们基于袁晖、阮显忠主编的《现代汉语缩略语词典》（语文出版社 2002 年版）和王吉辉主编的《实用缩略语词典》（上海辞书出版社 2003 年版），以及一些报刊、互联网上收集的语料，发现汉语缩略语基于语义角色转指动作主要有以下类型。

1. 施事转指动作

施事尽管是事件框架中最为突显的语义角色，但不同于英语的是，汉语里"施事转指动作"是出现频率较低的一种转指方式。现代汉语缩略语中我们只发现"责编"一例，例如可以说"他责编了这本书"。

2. 方式转指动作

方式作为动作框架中的一个语义角色，可以转指动作本身。主要

---

① 白解红、王勇：《网络语境下转类词的动态概念化模式》，《中国外语》2013 年第 6 期。

② Langacker, R. W., "Metonymy in grammar", *Journal of Foreign Languages*, No. 6, 2004.

③ 王冬梅：《动名互转的认知研究》，博士学位论文，中国社会科学院研究生院，2001 年。

④ 高航：《认知语法与汉语转类问题》，上海交通大学出版社 2009 年版，第 181 页。

有"航邮"（航空邮件）、"空运"（空中运输）、"水运"（水路运输）、"海运"（海上运输）、"陆运"（陆路运输）、"汽运"（汽车运输）、"铁运"（铁路运输）、"航运"（航空/海运输）、"商贷"（商业贷款）、"公贷"（公积金贷款）、"家暴"（家庭暴力）、"电汇"（电子汇兑）等。请看以下两例中的"空运"和"家暴"：

（54）美空运尖端战车赴韩军演

（《国防时报》2011年3月14日010版标题）
（55）李阳家暴美籍妻子 二人奉子成婚混血女儿曝光
（京华网2011年10月21日http：//news.jinghua.cn/351/c/201110/21/n3506164.shtml）

3. 工具转指动作

动作ICM中"工具"也可以用来转指动作。我们收集到三例这样的转指："微"（微信）、"电邮"（电子邮件）、"电传"（电报传真）等。

（56）官微：随时微我引导网络舆情

（《中国新闻出版报》2013年11月19日008版标题）

这是2013年10月6日起，强台风"菲特"来袭，浙江广电集团所属各频道在官方微信平台上发布的微信提醒。节略式缩略语"微"指市民可以通过"微信"这一新型通信工具实现与相关官方微信平台的互动，是以工具代指动作的转喻。"把文件电邮给我"，"把报价单电传过去"等亦属此类。

4. 结果转指动作

动作的结果在动作发生之前并不存在，是事件过程中动作的结果，认知语法将动作的结果称之为"产物"。汉语缩略语中的其他产物示例主要有："个唱"（个人演唱会）、"个展"（个人作品展览）、"个演"（个人演奏会）、"美展"（美术展览）、"军演"（军事演习）、

"商演"（商业演出）、"粉"（粉丝）等。请看以下例子：

(57) 时隔五年，中印再度"携手"军演

（《中国国防报》2013年11月5日005版标题）

(58) 海外商演 巧借西风

（《人民日报》2012年2月8日第012版标题）

(59) "互粉"一下

（《广州日报》2012年8月26日B5版标题）

以上各例中，"军演"、"商演"、"粉"都是由名词转类为动词，是以动作的结果转指事件过程中的动作。

除此之外，动作的结果中还包括范畴成员身份，指以一个范畴成员身份或资格来参与某一动作事件。这一类的现代汉语缩略语如，"群演"（群众演员）、"临演"（临时演员）、"裸替"（裸体替身）、"男主"（男主角）、"男配"（男配角）、"女主"（女主角）、"女配"（女配角）等。我们可以说"某某群演了什么电影"，实则指以群众演员的身份参与了电影或电视的拍摄。

认知语法认为名词侧显事物，突显其事物性，而动词侧显动作、过程、特性、关系等，突显其动作性。名词转指动词是以"事物"来转指"关系"的过程。事物可以隐喻性地视作动作、过程、特性和关系的一部分，因此，名词转类为动词背后的认知机制是"部分代指整体"的转喻。

Dirven 认为名词动化现象与指称转喻本质上存在共同之处，都是以突显的参与者来指称未知或者未加以明说的对象，或者干脆指称事件本身。[1] 因此，名词动化现象背后的认知机制都是概念转喻。名词转类动词一般发生在三个典型的事件图式之中：其一是动作图式，其二是地点或运动图式，其三是本体图式。在他看来，只有动作图式中

---

[1] Dirven, R., "Conversion as a conceptual metonymy of event schemata", In Panther and G. Radden (eds.). *Metonymy in Language and Thought*, Amsterdam: John Benjamins, 1999, pp. 279-280, 285.

的"受事"、"工具"、"方式";地点或运动图式中的"地点"、"源头"、"路径"、"目的地";以及本体图式中的"范畴成员资格"、"性质"九个主要非人类的参与者角色能够转喻事件。

当然,Dirven 研究的对象是英语,同汉语有差别,汉语在名词动化的比例上要远远低于英语,并且汉语在名词转指动词的语义角色上与英语也并不一定完全相同。汉语缩略语是二次认知加工的结果,是语言符号的再次符号化,因此汉语缩略语名词转类为动词与一般的汉语也有所区别。高航对收集到的 245 个名词转为动词的用例进行分析表明,名转动的各种语义角色中,移动者、产物和工具在转喻事件中表现出明显优势,然后才是地点和施事。① 张维友则认为汉语中名词转化为动词最为普遍的是表示工具的名词。②

但是从收集的语料来看,汉语缩略语语义发生的名动转换中,工具类名词的比例很少。而且从高航收集的工具类名词转为动词来看,绝大多数的工具类名词都是单音节词,双音节的只有"牢笼"、"网罗"、"规范"、"支架"、"规约"、"屏障"、"障碍"等区区 7 个,只占名转动总数 254 个的 2.76%。因此,我们认为汉语缩略语由工具转指动作较少的原因在于常见的工具类名词在生成之初本来就多为单音词,根本没有发生进一步缩略的可能。

况且,相当多的工具名词在古代汉语中已经活用为动词,如"锯"[帝大怒,先锯杀其姊(《北史》)],"锥"[才被洞山脑后一锥,直得瓦解冰消(《洞山语录》)],"枷"[遭其枷者,宛转于地,斯须闷绝(《大唐新语》)] 等。而为了顺应汉语双音化的趋势,现代汉语中许多工具类词语在诞生时大多已经是双音节,如"百度"、"搜狗"等搜索工具,"微信"、"陌陌"、"易信"、"来往"等即时通信和社交工具,即便是对外来工具名词 google、twitter、facebook 进行翻译时,也遵循双音化原则翻译成"谷歌""推特"、"脸书",因而发生进一步缩略的可能性很小。"微信"节略成"微"

---

① 高航:《认知语法与汉语转类问题》,上海交通大学出版社 2009 年版,第 181 页。
② 张维友:《英汉语词汇对比研究》,上海外语教育出版社 2010 年版,第 91 页。

并转类为动词使用已经是为数不多的一种例外了。

从我们收集的语料来看，汉语缩略语从名词转类为动词数量较少，其中最为普遍的是以结果和方式转指动作。

（二）动作转指语义角色

动作同样可以转指动作 ICM 中的语义角色，这一转指从词类转换的角度来看对应的是动词转类为名词。与名词转类为动词相比，动词转类为名词则要普遍得多。朱德熙先生从语义的角度将谓词性成分名词化分为自指和转指两种。[①] 自指指的是只发生单纯的词类转变，语义保持不变，如"建设"、"灭亡"、"扩大"等。而转指则是除了词类发生转变之外，词义也发生了明显的改变，如"参谋"、"指挥"等由动作转指"施事"、"发明"、"构思"等由动作转指结果。

朱德熙先生所说的自指等同于认知语言学所说的概念物化。Lakoff 和 Johnson 在研究隐喻时发现，人们往往可以通过从物理实体到抽象实体的本体隐喻映射，将事件、动作、活动和状态等理解为实体，此即认知语言学所说的概念物化。[②] Langacker 进一步论证了概念物化能力是人类普遍而基本的认知能力，概念物化的能力典型地体现在物理实体的概念化中，但在抽象实体的概念化过程中显得更为重要。[③][④]

Langacker 从认知语法的角度将名词化分为两类[⑤]。一类是把动词所表示的过程识解为一个事物并侧显该事物，另一类则是把动词的侧显转移到其语义结构中的一个名词性实体。第一类即概念物化，动词

[①] 朱德熙：《自指和转指》，《方言》1983 年第 1 期。

[②] Lakoff, G. & M. Johnson, *Metaphors We Live by*, Chicago: The University of Chicago Press, 1980, p. 31.

[③] Langacker, R. W., *Foundations of Cognitive Grammar*, Vol. I: Theoretical Prerequisites, Stanford: Stanford University Press, 1987.

[④] Langacker, R. W., "Construction grammars: Cognitive, radical, and less so", In F. J. Ruiz de Mendoza Ibáñez and M. S. Cervel (eds.). *Cognitive Linguistics: Internal Dynamics and Interdisciplinary Interaction*, Berlin: Mouton de Gruyter, 2005.

[⑤] Langacker, R. W., *Foundations of Cognitive Grammar*, Vol. II Descriptive Applications, Stanford: Stanford University Press, 1991, p. 23.

名化的结果并不改变意义，对应于朱德熙先生[①]所说的自指。第二类则因为突显了动作ICM中的语义角色，意义有所改变，对应于朱德熙先生所说的转指。

总体而言，汉语缩略语的动词名化与普通词语一样，也区分为自指和转指，并且通过概念物化产生的自指数量远远多于转指。例如，"参展"（参加展览）、"测评"（测验评比）、"筹组"（筹备组织）、"代销"（代为销售）、"计征"（计算、征收）、"投建"（投资建设）、"投拍"（投资拍摄）、"管控"（管理控制）、"突查"（突击检查）等都可通过概念物化转类为名词。自指因为语义不发生改变，所以不是我们所关注的对象。我们着重探讨原为动词性的汉语缩略语在使用之中所发生的转指。

尽管并非所有的动词都会界定完全相同的语义角色，但在Langacker看来，一般事件中的语义角色主要包括施事、受事、工具、移动者、感事、刺激、零角色、位置、源头、路径和目标等。汉语缩略语跟普通词语并不完全相同，所以能够转指的语义角色更加有限。根据我们收集的语料，汉语缩略语发生动作转指语义角色的主要有以下几种。

1. 动作转指施事

施事是一个动作ICM中最为突显的语义角色，因而由动作转指施事最为普遍。我们收集的动作转指施事的例子主要如下：

> 安检（安全检查）、边检（边防检查）、安监（安全监督）、安保（安全保卫）、保安（保卫安全）、保洁（保持室内清洁）、编导（编剧、导演）、编程（编制程序）、编播（编辑、播音）、编发（编辑、发表/发布）、编录（编辑、录音）、编译（编写/辑、翻译）、编印（编写、印制）、编制（编写、制定）、编撰（编辑、撰写）、编著（编纂、著述）、编排（编辑、排版；编舞、排舞）、编审（编辑、审阅）、采编（采访、编辑）、采录

[①] 朱德熙：《自指和转指》，《方言》1983年第1期。

(采集、录制)、采写（采访、写作）、参编（参加编写）、参演（参加演出）、仓储（仓库储存）、储运（储藏、运输）、地陪（地方陪同）、婚介（婚姻介绍）、职介（职业介绍）、中介（中间介绍）、监管（监督/监视管理）、监制（监督制造）、监理（监督管理）、快递（快速投递）、联防（联合防治）、录播（录制播出）、排校（排版校对）、外宣（对外宣传）、舞监（舞台监督）、物管（物业管理）、城管（城市管理）、协管（协助管理）、网管（网络管理）、质管（质量管理）、质监（质量监督）、质检（质量检验）、空管（空中交通管制）、网监（网络监察）、同传（同声传译）、外宣（对外宣传）、督导（督查指导）、监理（监督管理）、校改（校对、改正）、校注（校勘、注释）、经监（经济监察）、批改（批阅、修改）、审校（审阅、校对）、研发（研究、开发）、证监（证券监管）、原创（原始创作）、企划（企业策划）、监制（监督制作/制造）、教辅（教学辅助）、外援（外来/部援助）、研发（研究、开发）、主创（主要创作）、代购（代理购买）、评审（评定、审查）、药监（药品监督）、陪聊（陪同聊天）

在典型的动作ICM中，施事利用工具，通过某种方式作用于受事。施事是动作图式中能量的发出者，是动作ICM中的图形，突显程度最高，因此最容易被激活。我们收集的语料证明了这一点，并且不难发现，动词转指施事多与职业有关。相反，若施事所从事的工作并无专门、固定的人员来从事，即无法形成一种职业，那么施事就会被背景化，相应地一般不会被激活，如"扩产"（扩大生产）、"公测"（公开测试）、"评聘"（评定、聘任）、"签约"（签订合约）等。"代购"（代理购买）最具说服力。"代购"之前并没有形成一种专门的职业，但由于国外化妆品、服装、箱包、手表等奢侈品价格远低于国内价格，滋生了一群专门替他人从欧美、日韩甚至中国香港代购商品的中间人，"代购"有相对稳定专门的从业者，所以才可以转指施事。

2. 动作转指受事与结果

典型的动作事件框架为"施事—动作—受事"，即施事通过某一动作作用于受事。如果说施事相当于射体，是最为突显的参与者的话，那么受事就相当于界标，其突显地位仅次于施事。照理说动作转指受事的数量也应该较多，但高航研究表明，动词转指受事的频率很低，只有区区10个示例①。大多数动作转指受事中的受事是动作的结果，即在动作发生前并不存在。我们对汉语缩略语基于动作转指受事实现语义拓展的语料收集也证明了这一点。我们收集的例子主要如下：

风投（风险投资）、构设（构思、设想）、企划（企业策划）、快递（快速投递）、原创（原始创作）、网购（网上购物）、团购（团体购买）、经援（经济援助）、科研（科学研究）、罚没（罚款、没收）、收支（收入、支出）、捐赠（捐献赠送）、评介（评论、介绍）

由动作转指其结果符合 ACTION FOR RESULT 的转喻模式，其中的动作作为参照点，引导通达动作的结果，并且这里的结果还不乏像"构设"这样的"思想活动转指思想活动产物"的例子。动作转指受事的数量远低于转指施事。王冬梅认为这种转指中的不对称主要原因在于，施事一般是人，是有生命的，而受事一般是物，是无生命的②。在事件认知框架中，施事比受事更显著一些，符合"人>物"和"有生命>无生命"的显著度规律。我们认为这种解释有一定道理，另外还由于很多受事是动作的结果，在动作发生前并不存在，这无疑也在一定程度上影响其突显度。

3. 动作转指工具

"工具"很多时候也是动作 ICM 中必不可少的语义角色，人类的各种活动离不开各种各样的工具。因此，动作转指工具（ACTION FOR INSTRUMENT）也是动作 ICM 转指中的一种自然现象。我们收集到的动作转指工具类缩略语如下：

---

① 高航：《认知语法与汉语转类问题》，上海交通大学出版社2009年版，第154页。
② 王冬梅：《动词转指名词的类型及相关解释》，《汉语学习》2004年第8期。

监控（监测控制）、空调（空气调节）、屏保（屏幕保护）、个护（个人护理）、教辅（教学辅助）、劳保（劳动保护）、安检（安全检查）

"监控"可以转指实施监控的工具——"监控器"。同样"空调"用来转指"空气调节器"；"屏保"转指"手机屏幕保护膜"或"电脑屏幕保护程序"；"教辅"转指"教学辅助材料"；"劳保"转指"劳动保护用品"；"安检"则转指"安检仪"。

4. 动作转指方式

动作 ICM 中除了施事、受事、工具外，方式也是一种重要的语义角色，因此动作也能转指方式，请看以下各例：

面授（当面讲授）、网聊（网上聊天）、团购（团体购买）、网购（网上购物）、机检（机器检查）、机译（机器翻译）、彩喷（彩色喷绘）、彩打（彩色打印）、双打（双面打印）、单打（单面打印）、彩印（彩色印刷）、剧透（剧情透露）、航拍（航空拍摄）、机播（机器播种）、机插（机器插秧）、机耕（机器耕作）、机灌（机器灌溉）、机绣（机器绣花）、飞播（飞机播种）、扩招（扩大招生）、委培（委托培养）、暴捐（暴力捐赠）、柳编（柳条编织）

如在一定的语境下，我们可以说"面授比函授容易理解多了"，"这种手机团购比实体店便宜多了"，"越来越多的人喜欢网购"等，不一一举例。

5. 动作转指地点

如果说施事、受事、工具等是事件的参与者的话，那么时间、地点等则构成事件不可或缺的场景。一般情况下，在舞台模型中，场景相当于舞台，虽然处于舞台表演区，但观察者的注意力通常会聚焦于舞台上的表演者身上。当观察者将注意力从表演者转移到场景，场景就会因为被前景化而突显。我们收集到两例由动作转指地点的例子：

安检（安全检查）、边检（边防检查）

"安检"除了可以转指施事，即实施执行安全检查的人，以及执行安全检查的工具外，还可以转指安检的地点。"边检"同样可以转指"边检站或边检口"。

董秀芳认为双音节的动词名化先要经历一个"词汇化"的过程，即先由动词短语凝聚成词，然后再转化为名词①。我们认同这一观点，其实不仅是动词名化，名词动化同样如此。汉语缩略语本就是高频使用的词语在经济原则的驱使下发生简缩的结果，但生成的缩略语如果不再为人使用或者使用频率很低，那么也会慢慢被淘汰。只有那些使用频率高的缩略语可能会发生进一步的词汇化，进入普通词语行列，才有发生各种转指的可能。

同普通词语一样，汉语缩略语的动词转类为名词是动作转指语义角色或者场景成分。而动作可以看作由这些语义角色和场景成分构成的整体，因此这种转指可以视作是"整体代部分"的转喻机制作用的结果。不难发现，汉语缩略语由动作转指语义角色或场景成分的数量要多于语义角色转指动作。

英语动词一般能通过加缀来转指不同的语义角色，从而实现动词名化，如 employ 通过加后缀 -er 和 -ee 分别转指施事和受事，动词 cook 加后缀 -er 转指工具等。汉语不是形态语言，因此现代汉语动词常常通过加"的"来转指不同的中心名词。沈家煊对"的"字结构的研究表明，其能够转指的中心名词最多的是施事和受事，其次才是工具。如果没有特定的语境，非主要语义角色的场景如时间、地点、方式等几乎不可能成为转指的对象②。王冬梅对汉语动词名化的研究则表明，在所有的转指中，施事和受事的比例最高，并认为这是由于

---

① 董秀芳：《词汇化：汉语双音词的衍生和发展》，四川民族出版社2001年版。
② 沈家煊：《转喻和转指》，《当代语言学》1999b年第1期。

"施事—动作—受事"是最典型的事件认知框架①。但高航的研究表明,动词转指为名词频率最高的语义角色是产物和移动者,其次才是施事、工具、数量等②。

我们通过对汉语缩略语动作转指语义角色的分析表明,转指施事的最多,毕竟在动作 ICM 中,施事是最为突显的首要焦点成分,是射体,是舞台区的表演者,由动作通达施事是自然而然的选择。其次是转指结果、方式、工具等,施事、结果、方式、工具是动作 ICM 中最为突出的四种语义角色,转指结果与它们的相对显著度相一致。

以上通过对现代汉语缩略语名动互转的分析,我们发现名词转类为动词的数量远远少于动词转类为名词。戴浩一认为名词动化比动词名化少是各种语言里的普遍现象,并将这种不对称归因于人类认知上的不对称。他试图从概念隐喻理论的角度对这种不对称进行解释。在他看来,人们在认知上容易将抽象的事件或动作视为本体,即用本体隐喻事件或动作,而不容易将具体的事物视为抽象的事件或动作,即用事件或动作隐喻本体③。认知是语言的基础,动名互转的不对称肯定受到人类认知的影响,但用概念隐喻理论去解释显得缺乏说服力。

据王冬梅统计,现代汉语里动词名用的实例是名词动用实例的 57 倍④。沈家煊先生研究也发现汉语中"名词动用"和"动词名用"不对称:动词名用是一般性、常规性现象,而名词动用则是特殊性、修辞性现象⑤。王冬梅对"动词名用"远远多于"名词动用"的认知解释是,"动词名用"是整体转指部分,而与之相反"名词动用"是用部分转指整体。通常而言,整体比部分更为突显。而概念转喻的基本规律是用显著的概念转指不显著的概念,因此整体转指部分(动词转

---

① 王冬梅:《动词转指名词的类型及相关解释》,《汉语学习》2004 年第 8 期。
② 高航:《认知语法与汉语转类问题》,上海交通大学出版社 2009 年版,第 161 页。
③ 戴浩一:《汉语的词类转变和汉语构词的羡余原则》,《中国境内的语言暨语言学》1997 年第 3 期。
④ 王冬梅:《动名互转的认知研究》,博士学位论文,中国社会科学院研究生院,2001 年。
⑤ 沈家煊:《从"演员是个动词"说起——"名词动用"和"动词名用"的不对称》,《当代修辞学》2010 年第 1 期。

类为名词）是自然的、常见的，部分转指整体（名词转类为动词）是不自然的、不常见的。我们基本赞同这种解释。

但王冬梅同时指出：

> 动词转化为名词时一般只能转指与动作相关的某一类事物，如动词"领导"只能转指施事领导者，动词"建筑"只能转指结果建筑物。而名词转化为动词时，同一个名词在不同的语境下可以转指与它相关的多类动作，这是因为一个名词所代表的事物有许多特征，当它转为动词时，可以凸显这个特征，也可以凸显那个特征。凸显的特征不同，转指的动作也不一样。[①]

这一观点明显与她"现代汉语里'动词名用'的实例是'名词动用'实例的57倍"观点相悖。既然动词只能转类某一类事物，名词可以通过突显不同的特征转指不同的动作，那么得出的结论应该是"名词动用"的例子远远多于"动词名用"才对。因此，这一观点我们并不认同。不可否认，她在分析"水"和"兜"时并不区分是基于转喻还是基于隐喻的拓展，抑或是二者兼而有之。而我们这里已经限定了只是基于转喻的功能转换，基于隐喻的缩略语语义引申是我们下面所要探讨的。此外，在以"水"为例时，王冬梅文中相当多的例证并非是名词转类为动词，而是"副+名"现象，如"近来听说他日子过得挺水"；"他说话特水"；"许旭拍着我肩膀说：'比这可棒多了，特水。'"

我们通过对现代汉语缩略语名动互转的语义拓展分析表明，很少有名可以转指多个动作。恰恰相反，动词往往可以转指多个语义角色。请看以下例子：

(60). 欧洲购物：消费者由逛店转向网购

[①] 王冬梅：《动名互转的认知研究》，博士学位论文，中国社会科学院研究生院，2001年。

(《光明日报》2013年12月5日008版标题)
(61) 网购爆仓 快递成了慢递
(《中国信息报》2012年11月27日002版标题)

例60中，"网购"转指"网上购物"这种动作方式。而在例61中"网购"很明显是转指动作的结果或产物，即"网购的商品"。再看下面的"安检"：

(62) 地铁安检，请配合！
(《解放日报》2013年6月19日011版标题)
(63) 为上飞机将螃蟹烫得半死 还是被安检拦住
(《羊城晚报》2005年11月9日)
(64) 浙江医院拟建安检和监控措施
(《东方早报》2013年10月30日A22版标题)
(65) 北京地铁安检半年查获违禁品1.1万件
(《人民公安报》2011年6月1日004版标题)

高航认为，基于概念物化产生的自指不同于基于转喻机制产生的转指之处在于，概念物化产生的自指并不突显其中的参与者，而只是把整个过程识解为一个事物[①]。例62中"安检"并不突显任何语义角色，因此是概念物化产生的自指。例63中"安检"很明显是突显动作的施事，即用动作来转指施事——安全检查员。例64中的"安检"突显实施安全检查的设备，是动作转指工具。例65中"安检"，则突显场景中的地点，转指执行安全检查的地点——安检口。同样"教辅"既可转指施事，即教学辅助人员；也可转指工具，指教学辅助材料。"快递"既可转指施事，指快递员；也可转指受事，指快递包裹；甚至还可转指方式。"企划"也一样可转指施事，指实施企划的人员；也可转指动作结果，指企划方案。

---

① 高航：《认知语法与汉语转类问题》，上海交通大学出版社2009年版，第144页。

动作往往涉及多种语义角色和场景成分，动作可以通过突显其中不同的参与者而转指不同的语义角色或场景成分，即动词转类为名词理论上有多种选择，是一对多的关系，所以动转名数量较之名转动为多。此外，认知语法认为名词侧显事体，是概念自主的。而动词侧显动作、过程、特性和关系等是关系性的，是概念依存的。动词所侧显的时间关系在概念上依存于其中的参与者。从这个角度来看，汉语缩略语由动作转指语义角色是自然的，因此其数量比语义角色转指为动作数量多也就合情合理了。

五 范畴属性转指范畴

认知心理学的突显原则告诉我们，人们在观察事物时，事物突显、典型性的特征更容易吸引人们的注意力，并且人们还习惯用这种突显、易感知和易辨认的区别性特征来给事物命名。《水浒传》里108名将领几乎都有绰号，而绰号主要就是基于这108位将领典型的外形或其他方面的突出特征得来的，如"美髯公朱仝"、"黑旋风李逵"、"青面兽杨志"、"一丈青扈三娘"、"赤发鬼刘唐"、"九纹龙史进"、"智多星吴用"、"鼓上蚤时迁"等。由于汉语缩略语以名词和动词为主，形容词性的缩略语原本就较少，我们收集到的汉语缩略语由"范畴属性转指范畴"的主要有以下几例：

高精尖（高级、精密、尖端）、立交（立体交叉）、高富帅（高大、富有、帅气）、白富美（白皙、富有、美丽）、高大上（高端、大气、上档次）、甜素纯（甜美、素雅、纯洁）

(66) 环保展上的高精尖

（《科技日报》2013年7月25日003版）

(67) 星光立交下月竣工 石子山立交5月完工

（《重庆日报》2013年2月27日001版标题）

(68) 《宫锁沉香》：清宫戏外衣下的高富帅之恋

（《中国电影报》2013年8月29日018版标题）

(69) 首选"甜素纯",不是"白富美"

(《河南商报》2012年6月7日标题)

  这些原为形容词性的词语是用来对事物性状的描述,是对该事物范畴典型特征的界定,但是现在直接用来转指具备这些特征的范畴,从而实现语义的拓展。Langacker指出,用事物的性状来指称事物实质也是一种认知参照定位,只不过是一种抽象的定位,人们在头脑中可以依据事物的性状作为参照点来给事物定位[①]。当然这些事物往往并不是具体的,而是模糊的、难以命名的,是一种抽象的范畴。Warren同样认为,人类能够从对状态、情景或物体的某一部分的描述来理解其整体,这种能力体现了人类所具有的转喻思维[②]。我们经常在电视上看到一些竞猜事物名称的游戏,主持人一条条地将描述事物的典型特征说出,选手们进行抢答。在这一过程中,每一条事物特征的描述就相当于认知参照点,引导选手们调整、缩小范围进行精确定位,最后通达目标。这种由事物特征抵达事物的过程是自动、无意识的,体现了人类转喻思维的普遍性。

  范畴可以看作由范畴属性构成的整体,因此范畴属性转指范畴是"部分代整体"的转喻机制作用的结果。这种转指对应于Radden和Kövecses范畴和其属性ICM (Category-and-Property ICM) 以定义特征或突显特征来代指范畴 (DEFING PROPERTY FOR CATEGORY/SALIENT PROPERTY FOR CATEGORY) 的转喻,突显特征充当认知参照点激活它们所定义的范畴[③]。

[①] Langacker, R. W., "Reference - point constructions", *Cognitive Linguistics*, No. 4, 1993.

[②] Warren, B., "Aspects of referential metonymy", In K. U. Panther & G. Radden (eds.), *Metonymy in Language and Thought*, Amsterdam: John Benjamins, 1999, p. 122.

[③] Radden, G. & Z. Kövecses, "Towards a theory of metonymy", In Panther, K - U. & G. Radden (ed.), *Metonymy in Language and Thought*, Amsterdam / Philadelphia: Benjamins, 1999, p. 35.

六 范畴转指范畴属性

"很淑女"、"很香港"等"副+名"结构一直为语言学界所关注，其中的副词一般为程度副词。邢福义将其视作"很 X"结构槽，并认为该结构的使用不仅与构式结构有关，还与使用者的文化背景有关。① 储泽祥、刘街生则认为"副+名"中的副词对名词的性状表现起着规约作用，即能够凸现名词性质方面的细节。② 张谊生③④、谭景春⑤则从名词的语义基础角度对此种现象进行了探讨，强调名词的性质义是发生副名转换的基础。施春宏从名词的语义特征角度探讨副名组合的可能性，认为名词的描述性语义特征是副名组合显现的客观基础⑥。刘正光则从非范畴化的角度对副名构式进行了研究，认为在副名构式中，名词由指称意义向陈述意义转化只是其语义特征变化的显现方式，它实际反映的是语言与认识创新的过程，其认知机制是非范畴化。⑦ 一些名词性汉语缩略语同样会进入这种"副+名"构式，从而实现语义的拓展。请看如下例子：

很小资　很文青　很央视　很城管　很文艺　很环保
(70) 方文山处女导很潮很文青
(新浪娱乐 http://ent.sina.com.cn/m/c/2013-02-05/

---

① 邢福义：《"很淑女"之类说法语言文化背景的思考》，《语言研究》1997 年第 2 期。
② 储泽祥、刘街生：《"细节显现"与"副+名"》，《语文建设》1997 年第 6 期。
③ 张谊生：《名词的语义基础及功能转化与副词修饰名词》，《语言教学与研究》1996 年第 4 期。
④ 张谊生：《名词的语义基础及功能转化与副词修饰名词》（续），《语言教学与研究》1997 年第 1 期。
⑤ 谭景春：《名形词类变的语义基础及相关问题》，《中国语文》1998 年第 5 期。
⑥ 施春宏：《名词的描述性语义特征与副名组合的可能性》，《中国语文》2001 年第 3 期。
⑦ 刘正光：《语言非范畴化——语言范畴化理论的重要组成部分》，上海外语教育出版社 2006 年版，第 188 页。

22473853363. shtml)

（71）《山楂树之恋》遇冷绝非因为"很文艺"

（《中国商报》2010年9月28日013版标题）

（72）新燃料秸秆造 效益好很环保

（《人民日报》2013年7月28日标题）

可见，同汉语中的普通名词一样，所有进入副名构式中的缩略语指称义受到抑制，而性质义或者说描述义受到突显而被激活。黄洁认为副名构式中名词完成从指称义到描述义的功能转换，动因在于副名结构的构式义一方面能够对进入该构式中名词的指称义进行压制，另一方面又能使与该名词相关的属性或特征等描述义得到凸显[①]。蔡辉、孙莹、张辉则运用ERP（事件相关电位）对副名构式进行了研究，通过记录副名构式N400振幅的不同，认为该构式的理解是通过程度副词作为一个"开关"，启动了"范畴代特征"的转喻映现过程而达成的[②]。

与形容词转类为名词恰好相反，作用于副名构式背后的认知机制是范畴转指范畴属性（CATEGORY FOR PROPERTY）的转喻。基于概念上的邻近性，由范畴很容易激活该范畴的典型特征或本质属性。查阅字典得到"瓷"的指称义是"用高岭土等纯净的黏土炼制而成的一种材料，所做出来的器物，一般呈白色或发黄，比陶器坚硬、细致"，提及"瓷"，其"易碎"的属性义自然而然地会被激活，所以"脆骨病"患者被委婉地称为"瓷娃娃"。"没有金刚钻，揽不了瓷器活"激活的也是瓷器"易碎"的属性。"铁"的指称义是"金属的一种"，其相应的属性义为"质地坚硬，延展性强等"，这些属性投射到人物域，引申出"意志坚强"的属性义，正是由于"铁"的指称义受到抑制，而相关的属性义得到激活，所以我们可以说"铁人"、"铁娘子"、"铁军"等。可见，范畴及其属性之间的概念邻近，以及范畴作为认知参照点可以毫不费力地通达其属性，是副名结构得以存在的认知基础。

[①] 黄洁：《副名结构转喻操作的语义压制动因》，《解放军外国语学院学报》2009年第1期。
[②] 蔡辉等：《浮现中的熟语性："程度副词+名词"构式的ERP研究》，《解放军外国语学院学报》2013年第1期。

汉语缩略语"文青"会激活"文艺青年"范畴的典型特征：外表恬静，气质清新，穿衣风格独特，热爱文字、音乐、电影等文艺形式，偶尔多愁善感，自然、朴素、简约，喜欢戴黑框眼镜等。范畴的属性可以转喻化地视作范畴的一部分，因此这种转指可以视作整体代指部分的转喻。因此，张辉、卢卫中认为，"副+名"属于源域包含靶域的转喻，符合该转喻的认知域凸显的功能①。

当然，范畴的属性并非固定不变，众口一词的。刘正光认为语言实体的概念内容具有弹性和灵活性。概念结构中的类概念所包含的内容有可能因时、因地、因人而异，不可避免地带有说话者的立场、观点、态度等主观意义②。

一个范畴有很多属性，在不同的语境下，由于视角和突显的不同，激活的是不同的属性。此外，从历时的角度来看，同一范畴在不同时期其突显属性并不一定相同，即因时而异。"小资"就是很好的例证，"小资"诞生于20世纪90年代，是"小资产阶级"的缩略。"很小资"诞生之初往往带有贬义，甚至成为颓废情绪的象征，用来指向往西方思想和生活方式，追求物质、精神享受。而现在随着社会的发展，"很小资"指懂得享受生活，很有生活情调和品位，虽然并没有完全转变成褒义，但已经不带有贬义。当然，这也会因人而异，对于同样的事物，不同的人由于自身不同的经历、立场和态度，其评价也会截然不同。与之相反，"文青"出现之初是一种中性甚至偏褒义，一些人为了体现自己文艺青年的身份，刻意在穿着打扮上向文青靠拢，黑框无镜片眼镜风靡一时，成了文青的标配。但后来"文青"慢慢演变成偏贬义。"小资"、"文青"评价意义的改变符合认知语言学基于体验、基于使用的观点。我们来看以下几例：

（73）老外女主播播新闻 中文很标准表情很"央视"

（《成都商报》2010年12月10日）

---

① 张辉、卢卫中：《认知转喻》，上海外语教育出版社2010年版，第95页。
② 刘正光：《语言非范畴化——语言范畴化理论的重要组成部分》，上海外语教育出版社2006年版，第193、195页。

(74) 网友恶搞春晚很央视：春哥曾哥唱"寂寞歌"

（《扬子晚报》2010年11月18日）

(75) 央视封杀国足招来网友批评：做人，别太央视了

（速途网 2010-02-11, http：//www.sootoo.com/content/15486.shtml）

"央视"作为一个专有名词，本应是一个中性的词，但各人因立场态度的不同，对其褒贬不一。例73中表情很"央视"，"央视"是不可能有表情的，有表情的是央视主持人。语境"播新闻"限制只能激活中央电视台新闻联播类新闻主持人的表情，而非"星光大道"等诙谐幽默类节目主持人的表情。中央电视台《新闻联播》节目每晚19：30准时向全国亿万观众直播，不容有任何差错。因此，此处的"央视"激活的是主持人"严肃认真、正襟危坐、不苟言笑"等表情。在这一认知过程中，"央视"首先作为认知参照点，通达新闻类节目主持人，再由他们充当认知参照点，引导通达"表情"。

春晚是中央电视台每年除夕夜向全国观众推出的一道文化大餐。由于其固定的歌曲、相声、小品、杂技等模式，难以迎合各个年龄、文化层次人们的口味，因此近年来也饱受诟病。"春晚"提示也限制了央视春晚的突出特色被激活。因此，例74中的"很央视"，指的是网络上杜撰出来的春晚节目单，有模有样，很有央视春晚"演员阵容强大"、"规模恢宏"、"大杂烩"的"大而全"风格。

中央电视台作为国内电视行业的领导者，凭借其无可比拟的覆盖面、独一无二的平台优势，对不服从或不配合的演艺明星不予播映。而对于国家足球队的封杀也是基于这种心理。因此，例75中的"很央视"指的是"很专制"、"很武断"、"很蛮横霸道"。

近来，央视又推出了"你幸福吗？"等一系列街采活动，接受采访民众的回答往往口是心非。在这一语境下，"很央视"激活的可能是"矫情、明知故问"之意。

当然，对央视的评价也不全是贬斥。"焦点访谈"、"每周质量报告"、"共同关注"等正能量节目也让观众为之拍手叫好。因此，在一

定语境下,"很央视"也可以指"很有正气"、"很为民着想"、"关注民生"等。可见,相同的词语在不同的语境下,由于其侧显不一样,副名结构表达的意义也完全不一样。

(76) 奶粉涨价也"很城管"？
（红网,http://hn.rednet.cn/c/2008/04/10/1480634.htm）

"城管"本是由动作转指动作的施事。城管作为城市管理执法者,本该知法守法,温和执法。但因其暴力执法、知法违法,负面新闻不断。暴力拆迁、暴打甚至打死摊贩事件一起接着一起,因此被贴上了"暴力执法"等负面标签。奶粉涨价与"很城管"之间似乎风马牛不相及,但联想激活原则会寻求奶粉涨价与城管"暴力执法"这一典型属性之间的契合点。城管在城市管理中"暴力执法",其实就是"乱作为"。因此,不难得出此处指奶粉涨价的"乱作为",即乱涨价行为。当然更多的时候"很城管"几乎成了"很暴力"的代名词。

与"央视"、"城管"等专有名词不同,"环保"是一个抽象名词,是"环境保护"的缩略,指"有关防止自然环境恶化,改善环境使之适于人类劳动和生活的工作"。"环保"作为一个抽象名词,一般很难得出其描述性语义特征,即范畴属性。但联想到环保工作的要求是不污染环境,环保工作的结果是使环境变得更好,符合可持续发展的要求,因此"符合环保要求的"、"具有环保性质的"等与环保工作相关联的概念会被激活。

储泽祥、刘街生认为副名构式中的名词,抽象名词最多,其次是具体名词,专有名词相对要少一些[①]。但鉴于汉语缩略语的生成特点,只有高频使用的名词短语才有发生缩略的必要和可能,因此进入副名结构的汉语缩略语专名要多于抽象名词和具体名词。事实上,很多专名都可进入这一构式,如"很中国"、"很工行"、"很师大"、"很湖大"、"很外院"等,但是其具体所要突显的属性特征则必须依赖于具

---

① 储泽祥、刘街生：《"细节显现"与"副+名"》,《语文建设》1997年第6期。

体语境才能确定，并且因人、因时而异。如果没有语境的限制，则最为突显，认可度最高的属性最有可能被激活。王寅从体验哲学的角度对此进行了解释，认为人的感觉所及的程度是有差异的，因此人化的自然界对于每一个人来说也是有差异的，思维、意义也就不可能具有客观性、绝对性和固定性①。

根据 Langacker 对词类的划分，名词属于事体类，形容词属于关系类②。但副名结构中名词的功能会向形容词游移，从指称事物变成表达非时间性关系，这种非时间性关系通常涉及对事物性质的描述。所以很多频繁进入这一构式的名词就有可能转类为形容词，汉语缩略语中的"环保"、"小资"就属于这一类。以《现代汉语词典》（商务印书馆 2012 年版）中对"环保"、"小资"释义为例：

【环保】❶ 名 环境保护。❷ 形 属性词。符合环保要求的；具有环保性质的：~建材｜~餐盒。

【小资】❶ 名 小资产阶级的简称：出生~家庭。❷ 形 属性词。指有一定经济条件、追求物质和精神享受的：~情调｜~生活。

由于高频使用，"环保"、"小资"的属性义不断被激活，在频率效应的作用下，人们已经习以为常地将其当作属性词使用。因此，《现代汉语词典》直接将它们标注为形容词性。王仁强、陈和敏指出尽管词类判断中意义有着重要参考作用，但语法功能才是最终的判断依据③。Bybee 则认为语法意义与语法形式都是由于反复使用而形成的④。副名结构中的"名"从语法功能上看，充当形容词的功能，但

---

① 王寅：《认知语言学》，上海外语教育出版社 2007 年版，第 268 页。

② Langacker, R. W., *Foundations of Cognitive Grammar Vol.* Ⅰ： *Theoretical Prerequisites*, Stanford: Stanford University Press, 1987.

③ 王仁强、陈和敏：《基于语料库的动词与构式关系研究——以 sneeze 及物动词用法的规约化为例》，《外语教学与研究》2014 年第 1 期。

④ Bybee, J., "From usage to grammar: The mind's response to repetition", *Language*, No. 82, 2006, p. 713.

这只是言语层面句法中的词类，而进入该结构的"名"只有在频率效应的作用下，实现词类属性的规约化才能最终改变语言层面词库中词类（由名词转类为形容词，如"环保"、"小资"）。有些学者将这一转类称作名词转类为形容词，考虑到相当多的名词离开这一特定构式并不能当做形容词使用，出于谨慎考虑我们还是称之为副名结构。

副名结构较之直接使用形容词无疑更为经济。同样的意义，可能需要很多个形容词才能表述清楚，但是副名结构中的"名"作为一个范畴，可以涵盖该范畴的所有属性。此外，与直接使用形容词相比，名词相对更为间接，往往能达到一种委婉的效果。而当解读者经过苦思冥想、豁然开朗之后，这种幽默诙谐的语用效果远非直接使用形容词可以媲美。

以上我们主要探讨了概念转喻机制作用下的汉语缩略语语义拓展方式，这并不是说概念隐喻机制与缩略语的语义拓展毫无关系。事实上，概念隐喻同样也是促使现代汉语缩略语义拓展的重要认知机制。

第二节 基于概念隐喻的汉语缩略语语义拓展

较之于概念转喻理论，概念隐喻理论更早为认知语言学家们所研究和关注。Lakoff 和 Johnson 率先提出了概念隐喻理论，开创了从认知而非修辞角度研究隐喻的先河[1]。他们认为人类的概念系统本质上是隐喻性的，隐喻不应该仅仅是修辞学家所研究的语言现象，还是我们所赖以生存的、普遍存在于我们的思维和行动之中的一种认知现象。概念隐喻理论自提出以来，就被学者们广泛用来研究一词多义现象。概念转喻是基于同一个认知域内概念之间的邻近性和突显性来实现意义的引申，而概念隐喻则是基于不同概念域之间的相似性来实现意义的拓展。Handl 指出隐喻能以新奇、不常见的方式充分利用常规映射，

---

[1] Lakoff, G. & M. Johnson, *Metaphors We Live by*, Chicago: The University of Chicago Press, 1980.

而转喻缺乏这种创造性潜能[①]。

相当多的汉语缩略语生成之后也会发生基于概念隐喻的语义拓展,有些比喻义甚至取代了其缩略前的本义。例如,"泰斗"本是"泰山、北斗"的拼缀式缩略,典出《新唐书·韩愈传赞》。据其上记载:"自愈没,其言大行,学者仰之如泰山、北斗云。"现在"泰斗"则多喻指"德高望重或有卓越成就而为人所敬仰的人",很多人甚至根本不知道它是来自"泰山、北斗"的拼缀。"跋涉"来自"跋山涉水"的缩略,《毛传》:"草行曰跋,水行曰涉",现在"跋涉"则多用来形容旅途辛苦。"沧桑"来自对"沧海桑田"的缩略,原义为"大海变成了农田,农田变成了大海",后多用来比喻"世事多变,人生无常"。

即便是生成不久的缩略语,人们也会基于概念隐喻机制不断拓展它们的意义,达到用词经济的目的。束定芳[②]、王寅[③]等学者按相似性在认知中的作用,将隐喻分为两种,一种是本体和喻体之间客观上存在某种相似性,人们较容易发现其中的相似,他们称之为以相似性为基础的隐喻;另一种指人们在认知基础之上将本体和喻体并置使用,从而在二者之间创造出一种新联系,称之为创造相似性的隐喻。我们按照此分类将基于隐喻的缩略语语义拓展相应地分为基于相似性隐喻的缩略语语义拓展和基于创造相似性隐喻的缩略语语义拓展。

一 基于相似性隐喻的缩略语语义拓展

我们先来看"超市",它是"超级市场"的缩略,但在基于相似性的隐喻机制作用下,其意义不断扩展泛化开来:

(77) 青岛:网上超市让购物更高效便捷
 (《政府采购信息报》2013年5月10日002版标题)

[①] Handl, S., "Salience and the conventionality of metonymies", In Handl, S. & Hans-Jörg Schmid (eds.). *Windows to the Mind: Metaphor, Metonymy and Conceptual Blending*, Berlin/New York: Walter de Gruyter, 2011, p. 89.

[②] 束定芳:《隐喻学研究》,上海外语教育出版社2000年版,第56页。

[③] 王寅:《认知语言学》,上海外语教育出版社2007年版,第413页。

（78）中介超市 任你选择

　　　　（《浙江日报》2013年11月12日001版标题）

（79）"政务超市"特方便

　　　　（《中国质量报》2013年7月1日004版标题）

（80）贵阳"爱情超市"开张一周后"无人上架"

　　　　（《工人日报》2013年7月20日005版标题）

当然，上面所列举的"超市"，只是不胜枚举的"超市"中的几个范例。事实上人们的想象力是无穷的，因而对词语意义的灵活运用也是无限的。"网上超市"尽管只是一个虚拟的超市，但通过高清的实物商品图片，并基于与现实超市在商品分类、购物、结算等各方面的相似性，建立起本体和喻体之间的映射。而"中介超市"则形象地将中介机构比喻成超市里的商品。"政务超市"同样基于与超市在物理上的相似性，设立一个个便民服务平台为大众服务，公众可以像进入超市挑选商品一般选择自己所要办理的行政事务。"爱情超市"不同于普通超市之处在于"货架"只是一面面墙，墙上按照性别、年龄、收入等条件分类摆放着众多求偶者的个人征婚卡片，顾客可以自由进入超市像挑选商品一样挑选"爱情"，体现与购物超市之间的相似性。

即便是专名的缩略，如"核武"（核武器）等，也会发生基于相似性的隐喻引申：

（81）苏宁信息化"核武"铺路国际化

　　　　（《中国商报》2006年4月14日第005版标题）

（82）金融霸权的核武——热钱

　　　　（《财经时报》2006年1月2日第009版标题）

应该说汉语缩略语语义的隐喻扩展，绝大多数都是通过突显本体和喻体之间的相似性来实现跨域映射，从而发生语义拓展的。相似性不仅仅是物理的相似性，还可能是功能上的相似性，甚至心理上的相似性。其他基于相似性隐喻来拓展语义的缩略语还有：

化武（化学武器）、劳模（劳动模范）、落差（水位落差）、大巴（大型巴士）、登顶（登上顶峰）、附件（附属类小部件）、普配（普通配置）、高配（高等配置）、低配（低等配置）、标配（标准配置）、空投（空中投递）、裸奔（裸体奔跑）、超配（超额配置）、扫盲（扫除文盲）、体检（体格检查）、胸透（胸部透视）、安检（安全检查）等

当然，以上并非穷尽性的列举。世界上万物之间存在着普遍的联系，人类的想象是无穷的，加之隐喻只要求源域和靶域之间存在部分的相似性，是一种"求同存异"的突显相似性，这就使得人们一般总能基于两事物之间某一方面的相似性发生隐喻映射，将新意义赋予目标域。缩略语生成后基于隐喻认知实现语义的扩展，不仅使语言变得生动活泼，还使得词语的使用效率大大增加。

当然，现代汉语缩略语经过隐喻引申产生的语义开始可能只是临时性、非常规性的。但随着使用频率的增加，一些隐喻义也会慢慢规约化、永久化，从这个角度来讲缩略语语义的隐喻引申也可以视作一种语义扩大过程。"落差"原专指"水位落差"，但随着各种隐喻引申，比喻义"对比中的差距或差异"由于频繁为人们所使用而变得规约化，从而被收录进词典。请看以下两例：

（83）生活有时像落差很大的河流、瀑布，急转直下，容不得人们细想。

（《人民日报》1982年9月13日）
（84）大学生就业要克服现实与理想的落差

（《光明日报》2009年2月12日006版）

例83中"落差"表达的是"水位落差"这一基本义，但在例84中则基于相似性映射泛化开来。我们在论及缩略语语义扩大时，曾以"官网"为例，说明其语义由"政府等官方部门网站"慢慢发展到可以指"学校、医院、公司等企事业单位网站"，再到甚至可以指"个

人官方网站",语义由最初的专指,经历不断扩大泛化的过程,这一语义扩大过程也难以排除隐喻认知的作用。

二 基于创造相似性隐喻的缩略语语义拓展

与基于相似性的隐喻相比,创造相似性的隐喻一般在本体和喻体之间并不存在明显的相似性,而是隐喻构建者从全新视角来认识事物,发挥想象创造出来的相似性。Lakoff 和 Johnson 认为隐喻可以创造相似性,而不是基于相似性,并且隐喻也不仅仅表达了相似性。因此,所有的隐喻实际都是创造相似性的隐喻①。

我们来看下例:

(85) 让个人信息不再"裸奔"

(《安徽日报》2014 年 1 月 21 日第 005 版标题)

"裸奔"是"裸体奔跑"的缩略语,指个别人为了博取公众眼球,或者出于缓解自身压力的目的,一丝不挂地在闹市奔跑的哗众取宠之举。后来人们基于相似性,将计算机未安装杀毒软件,汽车未挂牌照上路,抑或是足球、篮球等体育比赛中球员球衣空白(即没有赞助商赞助)等都称之为"裸奔",这些"裸奔"意义的拓展都是基于相似性的隐喻作用的结果。

但在例 85 中个人信息既没有,也不可能"裸"或者"奔",与人们"裸体奔跑"的行为之间并不存在实际的相似性。这一隐喻不过是构建者基于刻意创造出来的相似性,提醒人们在日常生活中要谨防自身个人信息,尤其是身份证号码、手机号码、银行账户等重要信息的泄露。新闻标题以夸张性的形象比喻来说明缺乏安全保障的个人信息如同"裸奔",其目的在于警醒个人小心防范和呼吁社会加强个人信息保护立法。语言表达是由人类认知决定、带有理据性的行为。隐喻

---

① Lakoff, G. & M. Johnson, *Philosophy in the Flesh*, New York: Basic Books, 1999, p. 126.

的认知心理理据就是借用熟知的经验来认知不熟知的经验。因此，很多时候尽管本体和喻体之间并不存在明显的相似性，人们还是会基于自身的体验和理解，通过创造相似性来构建隐喻。这种创造相似性的隐喻充分体现了人类认知的主观能动性。

我们再来看下面的例子：

（86）房产何以成落马贪官的"标配"？
（人民网，http://opinion.people.com.cn/n/2013/1011/c1003-23163312.html）

"标配"是"标准配置"的缩略语。原用于汽车出厂时的标准配置，也称为基本配置。后来也常用来指手机和电脑的标准配置，如手机的"标配"一般包括一个原装充电器，一块原装电池，一根原装数据线，一个原装耳机等。后来人们基于相似性，"标配"不断地扩展泛化到指电视、洗衣机、冰箱、住宅等，实现意义的不断拓展。

但无论"标配"的意义怎么拓展，配置的对象始终是无生命的事物，是由作为主体的人对这些事物进行配置。贪官群体不可能像事物一样任由他人进行配置，但每每落马贪官的庭审一结束，社会大众就开始细数他们拥有的房产数量，可谓"无房产，不贪官"。因此，房产俨然已经成了众多贪腐官员的"标配"。此处，通过创造相似性的隐喻，借用"标配"生动形象地讽刺揶揄贪官对房产的无限攫取。

人类具有丰富的想象力和无限的创造力，即便本体和喻体之间并无明显的相似性，人们也会创造相似性达到以熟悉的事物或概念来理解相对陌生的事物和概念的目的。所以 Lakoff 指出，隐喻不存在于客观世界，也不存在于语言。隐喻性语言的意义与思维相关，来自人类的思维将新的意义强加给目标域。隐喻只存在于人类的大脑，存在于人类的概念性映射之中[1]。

---

[1] Lakoff, G., "Cognitive linguistics: What it means and where it is going", *Journal of Foreign Languages*, No. 2, 2005, pp. 8-9.

世界上的万物之间存在着普遍的联系，人们往往会寻找不同事物之间的一致性。从这个角度而言，所有的隐喻都是基于或多或少的相似性。但世界上又没有完全相同的两个事物，隐喻构建的相似性都是突显的相似性。因此从这个角度来讲，所有的隐喻都在不同程度上属于创造相似性的隐喻。换言之，相似性和隐喻之间是一种辩证统一的关系。我们通过"裸奔"、"标配"两个缩略语隐喻意义拓展的例证也发现其中既有基于相似性的隐喻，也有创造相似性的隐喻。束定芳认为从某种意义上来讲，所有的隐喻实际都包含这两种情况，只不过存在程度上的不同①。

张建理以"裸"的意义引申为例进行研究，结果发现，由于转喻基于邻近性，只在域内微移，而隐喻基于相似性，形成的是跨域转移，并且异域是多种多样的，所以较之转喻引申，隐喻引申的能产性大得多②。但我们通过对汉语缩略语生成之后语义拓展的研究发现，基于转喻引申的数量较之基于隐喻引申的数量为多。我们认为原因在于相对于隐喻认知，转喻认知更为基本。汉语缩略语的语义引申证实了 Langacker③、Taylor④等学者关于转喻是最基本的意义扩展方式的观点。

第三节 转喻和隐喻共同作用下的缩略语语义拓展

虽然我们以上将汉语缩略语的语义拓展，分为基于转喻的语义拓展和基于隐喻的语义拓展，但事实上，转喻认知和隐喻认知经常交织在一起，很难截然分开，部分缩略语生成之后的语义拓展是两种认知

---

① 束定芳：《隐喻学研究》，上海外语教育出版社 2000 年版，第 59 页。
② 张建理：《说"裸"》，《杭州师范大学学报》（社会科学版）2009 第 5 期。
③ Langacker, R. W., *Grammar and Conceptualization*, Berlin/NewYork: Mouton de Gruyter, 1999, p. 123.
④ Taylor, J. R., *Linguistic Categorization: Prototypes in Linguistic Theory*, Oxford: Clarendon Press, 1995, p. 124.

机制共同作用的结果。

　　Goossens 认为隐喻和转喻虽然是两种不同的认知机制,但在语言中隐喻和转喻常常结合在一起。有鉴于此,他提出了隐转喻(metaphtonymy)的概念来说明二者之间的紧密联系[①]。Radden 则进一步明确指出,隐喻和转喻组成一个连续体(continuum),转喻和隐喻分居连续体的两端,连续体的中间是基于转喻的隐喻[②]。刘正光论证了转喻和隐喻之间的连续体关系,并认为转喻可能是更为基本的认知方式[③]。束定芳持同样观点,认为转喻成为基本的意义扩展方式,大量的隐喻是基于转喻产生的,因此转喻可能是更基本的认知方式[④]。张辉、卢卫中也指出,转喻很可能比隐喻更为基础,并认为从认知域之间映射的角度看,可以把相似性视为邻近性的一个次类,因此隐喻可以视作转喻的次类[⑤]。

　　Barcelona 认为,每一个隐喻映射都预设一个概念上更早的转喻映射,转喻为隐喻的发生提供了理据。他进一步从概念和语言两个层面分析了转喻和隐喻的互动,认为在语言层面的互动表现为语言形式的互相例示,概念层面上的互动则表现为隐喻的转喻性概念理据和转喻的隐喻性概念理据[⑥]。我们因此将转喻和隐喻共同作用下的汉语缩略语的语义拓展分为转喻义基础上的隐喻拓展和隐喻义基础上的转喻拓展。

一　转喻义基础上的隐喻拓展

　　从本质上而言,汉语缩略语是基于"部分的语言形式代替完整语

[①] Goossens, L., "Metaphtonymy: the interaction of metaphor and metonymy in expressions for linguistic actions", *Cognitive Linguistics*, No. 3, 1990.

[②] Radden, G., "How metonymies are metaphors", In A. Barcelona (ed.) *Metaphor and Metonymy at the Crossroads*, Berlin and New York: Mouton de Gruyter, 2000, pp. 93–105.

[③] 刘正光:《论转喻和隐喻的连续体关系》,《现代外语》2002 年第 1 期。

[④] 束定芳:《隐喻和换喻的差别和联系》,《外国语》2004 年第 3 期。

[⑤] 张辉、卢卫中:《认知转喻》,上海外语教育出版社 2010 年版,第 45 页。

[⑥] Barcelona A., "On the plausibility of claiming a metonymic motivation for conceptual metaphor", In A. Barcelona (ed.). *Metaphor and Metonymy at the Crossroads: A Cognitive Perspective*, Berlin: Moulton De Gruyter, 2000, p. 31.

言形式"的转喻机制产生的。因此,从某种程度上来讲,所有汉语缩略语语义的隐喻拓展都是在转喻基础之上进行的结果。换言之,转喻作为缩略语语义隐喻拓展的前提,为缩略语语义的隐喻拓展提供理据。即使不考虑缩略语基本义原本就是基于转喻机制产生的,一些缩略语语义在经历转喻拓展之后,还会发生基于隐喻的进一步拓展。请看以下例子:

(87) 南京大学将做海南省高参

(《光明日报》2011 年 8 月 13 日 005 版标题)

(88) 江苏电信打造多媒体智能客服

(《通信信息报》2013 年 3 月 20 日 A04 版标题)

缩略语"高参"的语义基于转喻认知,从军队里的"高级参谋"扩大泛化为"为他人出谋划策的人"。但在例 87 中,"高参"不是指人,而是指"南京大学"这样的机构,这是通过隐喻机制实现从人到机构的映射。同样,例 88 中的缩略语"客服"的语义也是先经历转喻拓展,再发生范畴隐喻的结果。事实上,"副+名"结构也很难说完全是转喻机制作用的结果。以名词所指的范畴代指范畴的本质属性的转喻,在 Heine 等看来属于范畴隐喻,是从人或物到其属性特征映射的隐喻[1]。刘正光也认为副名结构中当名词完全转类为形容词时真正起主导作用的是隐喻[2]。

隐喻映射发生在不同的认知域之间,能以一种新奇、不常见的方式充分地利用常规映射,甚至能在表面看起来毫无相似性可言的事物之间建立联系。而转喻基于概念邻近性,映射发生在同一个认知域之内,因而缺乏创造性使用语言的潜能。"高富帅"、"白富美"基于"属性转指事物"的二次转喻得来,原用来指人,但现在通过基于相

---

[1] Heine, B., U. Claudi, F. Hünnemeyer, *Grammaticalization*: *A Conceptual Framework*, Chicago: University of Chicago Press, 1991.

[2] 刘正光:《语言非范畴化——语言范畴化理论的重要组成部分》,上海外语教育出版社 2006 年版,第 190 页。

似性的跨域映射,"高富帅"可以用来喻指"汽车"、"股票"、"银行"、"手机"、"白酒"、"城市"等数不胜数的事物。

汉语缩略语的语义拓展也充分证明了意义的转喻引申是隐喻引申的基础。转喻比隐喻更为基本,转喻可以为隐喻提供理据。但语言的使用是灵活多变的,有时隐喻也会为转喻提供理据。

二 隐喻义基础上的转喻拓展

一些汉语缩略语的语义在隐喻拓展的基础上,还会基于转喻认知实现意义的进一步拓展。请看以下两例:

(89) 你若安好,我备胎到老
(90) 山东农村将"标配"全科农业科技员
(《光明日报》2012年2月3日010版标题)

"备胎"本义为汽车的"备用轮胎",通过隐喻认知扩展为"备用人选",但在例89中又基于"结果代动作"的转喻,"备胎"由名词转类为动词。同样,"标配"原指汽车、手机等的"标准配置"。在例90中,"标配"先发生跨域映射,实现语义的隐喻引申。"标配"原为名词,凸显事体。隐喻义的"标配"再基于转喻认知发生词类转换,转变为凸显时间关系,即由名词转变动词。

赵宏指出,语言系统高度发展的标志之一是基于转喻认知和隐喻认知来实现原有词义的拓展[①]。基于转喻认知和隐喻认知实现语义的拓展,一方面能实现对语言中现有词汇的最大程度利用,体现语言经济。另一方面,基于转喻和隐喻机制衍生出来的语义,往往理据性高,生动形象,语用效果好,便于掌握和使用。不难发现,现代汉语缩略语语义无论是基于转喻的隐喻拓展,还是基于隐喻的转喻拓展,数量都比单纯的基于转喻或隐喻的少,其原因在于缩略语是二次认知加工的结果,并不是词汇系统里的基本词语,很多甚至还是新词语。

---

① 赵宏:《英汉词汇理据对比性研究》,博士学位论文,华东师范大学,2011年。

此外，汉语缩略语绝大多数是名词性的，这也影响其语义发生复杂的转隐喻或者隐转喻拓展的可能性。

第四节 小结

缩略法是生造词语的一种重要方法，但生成的缩略语不可能一成不变。作为语言系统里最为开放、最为活跃的部分，词语无时无刻不在发展变化之中。词语的发展变化突出地表现在其语义的变化上。语义变化是人类动态和创造性本能的认知能力的自然结果。缩略语如果保持其生成时的一词对一义状态，则会大大加重人们的认知负担。为了满足表达新概念的需要，在人类追求认知经济的心理驱使以及语言自身进化等方方面面因素的作用下，人们必然会基于转喻和隐喻认知机制对其意义进行拓展，从而实现一词多义。林正军、杨忠指出：

> 一词多义现象展现了人类语言的经济性原则，通过赋予同一词形更多词义减少词的数量，减轻人们记忆词汇的负担；多义化是人们进一步认知世界简便的有效途径，优于造词、构词和借词等手段。[1]

通过以上对汉语缩略语语义拓展的认知考察，我们发现转喻和隐喻认知是触发其语义拓展的幕后认知机制。正是在转喻和隐喻认知的作用下，汉语缩略语才在原始意义的基础上不断扩展泛化，从另一方面体现语言的经济原则。汉语缩略语本就是出于经济省力的考虑，基于"部分的形式代替完整形式"的转喻生成的，保留下来的语言符号都是认知上最为突显、符号信息最大化的。转喻是信息最大化原则和认知突显原则的完美结合，缩略语的这种语义拓展同样是经济最大化

---

[1] 林正军、杨忠：《一词多义现象的历时和认知解析》，《外语教学与研究》2005年第5期。

原则的体现，只不过与缩略强调表达和书写上的经济不同，这里的经济强调的是语言使用效率，实现一"语"多用。缩略语的语义拓展多是基于转喻认知的，这一发现印证了认知语言学关于转喻是意义拓展更为基本的认知机制的观点。

与此同时，汉语缩略语语义也会发生基于相似性的隐喻拓展。当然与缩略语语义的转喻拓展相比，缩略语语义的隐喻拓展相对较少。其原因在于转喻基于邻近性，只发生域内微移，发生映射相对较为容易；隐喻基于相似性，而相似性需要寻找和创造，并且隐喻是跨域转移，发生映射相对较为困难。

转喻和隐喻处于一种连续体关系，许多时候转喻和隐喻难以完全分开，即"邻近中有相似，相似中有邻近"。因此在汉语缩略语的语义拓展中很多时候转喻和隐喻会交互作用，即既有基于转喻的隐喻拓展，也有基于隐喻的转喻拓展，这种交互作用，反映了人类认知的经济性和灵活性。一般而言，缩略语只有发生从"语"到"词"的词汇化过程才能实现语义的进一步拓展。反之，缩略语语义的转喻和隐喻拓展也大大加快了缩略语的词汇化过程。

第七章

结论与展望

经济原则是驱动和主导人类语言行为的根本法则之一。人们在使用语言时总是试图以最小的付出获取最大的交际效果,这种追求经济省力的趋向使得语言中高频使用的词语不断被缩略。鉴于过往对现代汉语缩略语的研究以描述性为主,缺乏解释性,并且割裂语言与认知之间紧密联系的不足,我们主要从认知语言学的角度较为深入系统地对现代汉语缩略语的生成理据、语义建构以及生成后的语义拓展进行了研究,通过研究主要有以下结论。

第一节 研究的结论

我们认为现代汉语缩略语的生成是基于概念转喻、有理据的行为。

词语的缩略主要归因于它们的高频使用,目的在于省时省力。从语用的角度来看,汉语缩略语生成的理据是经济省力。但经济省力不能仅从缩略语创造者的角度去考虑,而是要兼顾理解者的方便,实现双方共同的经济。借形缩略语主要着眼于言者的经济性,牺牲听者经济性的目的在于获得良好的语用效果。此外,缩略语的经济性不可避免地会带来理据性的磨蚀。换言之,缩略语的经济性和理据性处于对立统一的矛盾之中,通过缩略追求经济省力,必然意味着理据性的下降。而如果保持语言的透明,易于理解,则根本无须缩略。因此,在满足经济性的同时,缩略语生成时要尽可能地选取提示性强、易于激活还原的成分来代表原式,在满足经济性的前提下,尽可能地使缩略语的语义透明,理据性好。

从宏观的认知角度来看,汉语缩略语的生成理据是 $FORM_A$-$CONCEPT_A$ FOR $FORM_B$-$CONCEPT_A$ 的概念转喻机制。正是部分代整体的转喻机制才使得我们可以用部分的语言形式(缩略语)来代替完整的语言形式(原式),实现表达上的经济。

从微观的认知角度来看,现代汉语缩略语的生成构造同样是有其认知理据的。汉语缩略语构造时表现出明显的取首字倾向,这种取首原则其实是一种位置突显。从认知的角度看,首先,居首的位置常常是最为重要、最容易引起注意和最容易记忆的;其次,首字处于突显位置,在还原时易于联想记忆、扩展激活,具有更好的启动效应。此外,汉语缩略语构造时还倾向保留语义透明的成分,遵循语义显豁原则。语义显豁原则其实是一种语义突显,保留意义显豁的成分可以增强语义透明度,方便解读者理解。另外,现代汉语缩略语构造时还要尽量避免与语言中已有的词语同形或同音,即遵循避歧原则。避歧原则可以视作一种词形突显,遵守避歧原则生成的缩略语相对容易激活,还原时所付出的认知努力相对较少。现代汉语缩略语构造的取首原则、语义显豁原则和避歧原则,其实都是一种突显,都是将最为突显的部分保留,以这一突显的"部分"去代替"整体"。

我们发现现代汉语缩略语主要基于概念整合和概念转喻来完成语义建构。汉语缩合式缩略语和拼缀式缩略语诞生之初对人们而言往往是全新的语言形式,因此它们的语义建构是由缩略语解构的语素充当认知参照点,激活相关词汇概念进行概念整合的结果。节略式缩略语因其保留下来的往往是一个整词或者单音节的语素,无法形成整合空间,因此无法进行概念整合。节略式缩略语的语义建构是以高度突显的缩略语作为认知参照点,引导通达其原式的认知推理过程。

现代汉语缩略语隐喻义的建构是在初次整合基础上的二次整合。而其转喻义的建构则因为无法形成整合空间,是概念整合基础上的认知参照活动模式。总之,汉语缩略语的语义建构是一个整合与分解交互作用,概念整合与认知参照活动协调完成的过程。无论是缩合式缩略语、拼缀式缩略语,还是节略式缩略语,语境在语义建构过程中扮演着至关重要的提示和限制作用。汉语缩略语正是以一种部分、不完备的形式，在语境的引导下进行一系列复杂内隐的认知过程来完成语义的建构。

我们还发现现代汉语缩略语生成之后主要基于概念转喻和概念隐喻来拓展其语义。追求经济表达的需要会促使人们基于生成的缩略语，不断拓展其语义来实现用词上的经济。相对于隐喻拓展而言，汉语缩略语语义的转喻拓展更多，印证了认知语言学派提出的转喻是更为基本的意义拓展方式的主张。

基于概念转喻的现代缩略语语义拓展的主要表现形式有"范畴典型成员与范畴之间互相转指"、"同一 ICM 内部分之间的转指"、"动作和语义角色之间的互相转指"以及"范畴属性和范畴之间的互相转指"，其中以"动作和语义角色之间的互相转指"实现语义拓展的最多。

范畴是由众多的范畴成员构成的整体，因此现代汉语缩略语的语义拓展方式"范畴典型成员与范畴之间互相转指"，其背后的认知机制是"部分与整体之间互相替代"的概念转喻。同一 ICM 内由于概念之间的邻近性，很容易由一种概念转指相邻的另一种概念，从而实现语义上的转移，这种语义转移背后的认知机制同样是概念转喻。

语义角色为名词，动作对应着动词。"语义角色转指动作"是以"事物"来转指"关系"的过程。"事物"可以隐喻性地视作"关系"的一部分，因此，现代汉语缩略语基于"语义角色转指动作"实现语义拓展背后的认知机制是"部分代整体"的转喻。从我们收集的语料来看，汉语缩略语从名词转类为动词数量较少，主要是以动作的结果、方式转指动作，这一结果有别于高航研究得出名转动中移动者、产物和工具表现出明显优势[①]的观点。

相反，现代汉语缩略语的"动作转指语义角色或者场景成分"，可以视作"整体代部分"的转喻机制作用的结果。我们发现汉语缩略语动转名中转指施事的比例最高，然后是受事和结果、方式、工具

---

① 高航：《认知语法与汉语转类问题》，上海交通大学出版社 2009 年版，第 181 页。

等，转指结果与这些语义角色的相对显著度一致。

汉语缩略语由动词转类为名词数量较之由名词转类为动词要多得多。其原因首先在于，动作往往涉及多种语义角色和场景成分，可以通过突显其中不同的参与者而转指不同的语义角色或场景成分，即动词转类为名词理论上有多种选择，是一对多的关系。其次，认知语法认为名词侧显事体，是概念自主的；而动词侧显动作、过程、特性和关系等，是概念依存的。动词所侧显的时间关系在概念上依存于其中的参与者。从这个角度来看，动词转类为名词是自然的，因此动词转类为名词比名词转类为动词数量多也就合情合理了。

范畴可以视作由范畴属性构成的整体，因此"范畴属性转指范畴"是"部分代整体"的转喻机制作用的结果，对应于形容词转类为名词。与此相反，"范畴转指范畴属性"是基于"整体代部分"的转喻机制实现语义拓展的，对应于副名构式。

除了基于转喻实现语义拓展外，汉语缩略语还会基于隐喻来实现语义的拓展。鉴于汉语缩略语的基本义是由转喻提供理据的，因此可以说汉语缩略语语义所有的隐喻拓展都预设了以转喻为基础的拓展。与缩略语语义的转喻拓展相比，缩略语语义的隐喻拓展相对较少。这与转喻基于邻近性，只发生域内微移，发生映射相对较为容易；而隐喻基于相似性，而相似性需要寻找和创造，并且隐喻是跨域转移，因此相对较为困难有关。

概念转喻和概念隐喻处于一种连续体关系，因此汉语缩略语既可能发生基于转喻的隐喻拓展，也可能发生基于隐喻的转喻拓展。这一语义拓展过程印证了转喻和隐喻的交互作用，反映了人类认知的经济性和灵活性。汉语缩略语生成之后语义拓展的本质是在转喻认知和隐喻认知的作用下，实现表达上的经济性。

第二节 研究的不足之处

现代汉语缩略语是一种十分复杂的语言现象，尽管我们努力做到系统的研究，但难免挂一漏万。此外，由于各种原因，本书还存在以下不足。

首先，本书在现代汉语缩略语语料的选取上存在不足。虽然我们试图对现代汉语缩略语进行全面的分析统计，但由于汉语缩略语词典编撰的严重滞后，本书的语料只能主要来源于两本距今最近、分别编撰于2002、2003年的缩略语词典。而随着社会的发展，近十年来产生的缩略语数量远远多于过去，使得本书带有一定的局限性。此外，一般的现代汉语语料库较少收录缩略语语料，从而无法从语料库的角度对其进行统计分析。

其次，鉴于汉语的双音化趋势在缩略语中也表现得相当明显，并且双音节缩略语所占的比例最高，本书的分析多以双音节缩略语为主，并且多以对应式缩略语为主，对三音节及以上的缩略语和非对应式缩略语的分析较少，使得本书存在研究对象选取上的不足。

基于体验哲学的认知语言学是对形式语言学的一场革命，因其强大的解释力而备受推崇。但语言就其本质而言是思维的工具，与人类大脑息息相关。认知语言学基于内省的方法，只能无限接近人类意识，而无法真正揭示人类在运用语言时的神经认知加工过程。换言之，内省法带有其自身不可避免的主观性。因此，正如杨奕鸣所言，从实验科学的角度来看，语言学的各种理论，包括认知语言学理论都只是一种假说，这些假说与人类大脑中的语言的实际情况是否相符，需要神经科学和脑科学来验证[①]。因此，本书所得出的一些结论有待今后进一步研究的验证。

第三节　进一步研究的展望

语言是人类认知的一部分，我们的研究表明认知语言学理论能够对汉语缩略语的生成理据、语义建构以及生成之后的语义拓展作出令

---

① 杨奕鸣：《神经语言学与当代语言学的学术创新》，《中国语文》2012年第6期。

第七章 结论与展望

人信服的解释。但无论认知语言学理论具有多么强的解释力，它们毕竟只是一种理论假设。认知语言学存在的不足之处在于只能就语言现象去推演隐藏于其背后的认知机制，加之，我们主要采取定性分析为主的研究方法，使得我们的研究一定程度上带有主观性。而神经语言学和心理语言学的实证研究正好弥补了这方面的不足。今后可基于神经语言学和心理语言学的相关实验和设备来对汉语缩略语的生成理据，尤其是语义建构进行验证，增强实证的说服力。

总之，只有比较才能更好地发现语言的共性和差异性。尽管英语缩略语和汉语缩略语在很多方面并不完全对应，但今后可尝试对英汉缩略语进行全方位的对比研究，在对比中发现英汉缩略语在生成理据、语义建构和语义拓展上的共性和差异性，增强研究的说服力。

参考文献

[1] 白解红：《当代英汉词语的认知语义研究》，外语教学与研究出版社2009年版。

[2] 白解红、陈忠平：《20世纪中期以来英汉新词语的来源及其语义认知机制》，《外国语文》2011年第5期。

[3] 白解红、王勇：《网络语境下转类词的动态概念化模式》，《中国外语》2013年第6期。

[4] 蔡德荣：《汉语的词语简缩及其规范》，《河北大学学报》1985年第3期。

[5] 蔡辉等：《浮现中的熟语性："程度副词+名词"构式的ERP研究》，《解放军外国语学院学报》2013年第1期。

[6] 蔡基刚：《英汉词汇对比研究》，复旦大学出版社2008年版。

[7] 曹炜：《现代汉语词汇研究》，北京大学出版社2004年版。

[8] 陈望道：《修辞学发凡》，上海教育出版社1979年版。

[9] 陈建民：《现代汉语里的简称》，《中国语文》1963年第4期。

[10] 池昌海、钟舟海：《"白骨精"与"无知少女"：托形格略析》，《修辞学习》2004年第5期。

[11] 储泽祥、刘街生：《"细节显现"与"副+名"》，《语文建设》1997年第6期。

[12] 邓云华、白解红等：《英汉转类词的认知研究》，《外语研究》2009年第6期。

[13] 邓耀臣、冯志伟：《词汇长度与词汇频数关系的计量语言学

研究》,《外国语》2013 年第 3 期。

[14] 戴浩一:《汉语的词类转变和汉语构词的羡余原则》,《中国境内的语言暨语言学》1997 年第 3 期。

[15] 丁声树:《现代汉语语法讲话》,商务印书馆 1999 年版。

[16] 丁秀菊:《缩略产生探析》,《山东大学学报》(哲学社会科学版) 2003 年第 6 期。

[17] 董秀芳:《词汇化:汉语双音词的衍生和发展》,四川民族出版社 2001 年版。

[18] 董燕萍:《心理语言学与外语教学》,外语教学与研究出版社 2005 年版。

[19] 方元:《分析综合——统一的认识过程、方法和逻辑》,《甘肃社会科学》1984 年第 6 期。

[20] 高航:《认知语法与汉语转类问题》,上海交通大学出版社 2009 年版。

[21] 高航、严辰松:《英语空间图式 "Front-Back" 的隐喻性扩展》,《四川外语学院学报》2006 年第 6 期。

[22] 宫齐、聂志平:《现代汉语四字词语缩略的制约条件》,《语言文字应用》2006 年第 2 期。

[23] 郭良夫:《论缩略》,《中国语文》1982 年第 2 期。

[24] 桂诗春:《新编心理语言学》,上海外语教育出版社 2000 年版。

[25] 黄伯荣、廖序东:《现代汉语》,高等教育出版社 1997 年版。

[26] 黄福荣、周治金:《词汇歧义消解的脑机制》,《心理科学进展》2012 年第 10 期。

[27] 胡明扬:《名动兼类的计量考察》,《语言研究》1995 年第 2 期。

[28] 胡明扬:《词类问题考察》,北京语言文化大学出版社 1996 年版。

[29] 胡裕树:《现代汉语》,上海教育出版社 1995 年重订本。

［30］黄洁：《副名结构转喻操作的语义压制动因》，《解放军外国语学院学报》2009 年第 1 期。

［31］黄洁：《基于参照点理论的汉语隐喻和转喻的汉语名名复合词认知研究》，博士学位论文，上海外国语大学，2009 年。

［32］姜望琪：《Zpif 与省力原则》，《同济大学学报》（社会科学版）2005 年第 1 期。

［33］蒋向勇、白解红：《汉语 ABB 式网络重叠词语的认知解读》，《外语研究》2013 年第 3 期。

［34］蒋向勇、白解红：《从"高富帅"看网络拼缀词形式和意义的统一》，《湖南师范大学社会科学学报》2014 年第 1 期。

［35］蒋向勇、邵娟萍：《从英汉新词语看语言理据观》，《湖南社会科学》2013 年第 5 期。

［36］李福印：《认知语言学概论》，北京大学出版社 2008 年版。

［37］李苏鸣：《"邮编"还是"邮码"》，《语文建设》1991 年第 9 期。

［38］李熙宗：《论语词的紧缩》，载倪海曙主编《语文现代化》（第 1 辑），知识出版社 1983 年版。

［39］李熙宗、孙莲芬编：《略语手册》，知识出版社 1986 年版。

［40］林汉达：《什么是词——小于词的不是词》，《中国语文》1955 年第 4 期。

［41］林正军、杨忠：《一词多义现象的历时和认知解析》，《外语教学与研究》2005 年第 5 期。

［42］凌远征：《现代专名略语》，《语文研究》1987 年第 3 期。

［43］凌远征：《现代汉语缩略语》，语文出版社 2000 年版。

［44］刘桂兰、蒋向勇：《英式歇后语 Tom Swifty 的认知语用解》，《学术界》2010 年第 9 期。

［45］刘桂兰、蒋向勇：《汉语新式缩合词的模因论阐释》，《中国外语》2012 年第 4 期。

［46］刘红妮：《结构省略与词汇化》，《语文研究》2013 第 1 期。

[47] 刘叔新：《汉语描写词汇学》，商务印书馆 2005 年重排本。

[48] 刘焱：《"V 掉"的语义类型与"掉"的虚化》，《中国语文》2007 第 2 期。

[49] 刘正光：《语言非范畴化——语言范畴化理论的重要组成部分》，上海外语教育出版社 2006 年版。

[50] 刘正光：《论转喻和隐喻的连续体关系》，《现代外语》2002 年第 1 期。

[51] 陆国强：《现代英语词汇学》，上海外语教育出版社 1999 年版。

[52] 陆俭明：《现代汉语基础》，线装书局 2000 年版。

[53] 陆镜光：《试论小句在汉语语法中的地位》，《汉语学报》2006 年第 3 期。

[54] 吕叔湘：《中国文法要略》，商务印书馆 1982 年新版。

[55] 吕叔湘：《汉语语法分析问题》，商务印书馆 1979 年版。

[56] 吕叔湘、朱德熙：《语法修辞讲话》，辽宁教育出版社 1979 年版。

[57] 马庆株：《缩略语的性质、语法功能和运用》，《语言教学与研究》1987 年第 3 期。

[58] 马庆株：《关于缩略语及其构成方式》，载南开大学中文系编《语言研究论丛》（第五辑），南开大学出版社 1988 年版。

[59] 闵龙华：《简略语》，《南京师范大学学报》（社会科学版）1984 年第 1 期。

[60] 潘文国：《汉英语对比纲要》，北京语言文化大学出版社 1997 年版。

[61] 彭聃龄、张必隐：《认知心理学》，浙江教育出版社 2004 年版。

[62] 覃修桂：《"眼"的概念隐喻——基于语料的英汉对比研究》，《外国语》2008 年第 5 期。

[63] 沈家煊：《句法的象似性问题》，《外语教学与研究》1993 年第 1 期。

［64］沈家煊：《不对称和标记论》，江西教育出版社 1999 年版。

［65］沈家煊：《转喻和转指》，《当代语言学》1999 年第 1 期。

［66］沈家煊：《语法研究的分析和综合》，《外语教学与研究》1999 年第 2 期。

［67］沈家煊：《"糅合"和"截搭"》，《世界汉语教学》2006 年第 4 期。

［68］沈家煊：《我看汉语的词类》，《语言科学》2009 年第 1 期。

［69］沈家煊：《从"演员是个动词"说起——"名词动用"和"动词名用"的不对称》，《当代修辞学》2010 年第 1 期。

［70］施春宏：《名词的描述性语义特征与副名组合的可能性》，《中国语文》2001 年第 3 期。

［71］束定芳：《隐喻学研究》，上海外语教育出版社 2000 年版。

［72］束定芳：《论隐喻与明喻的结构及认知特点》，《外语教学与研究》2003 年第 2 期。

［73］束定芳：《隐喻和换喻的差别和联系》，《外国语》2004 年第 3 期。

［74］束定芳：《认知语义学》，上海外语教育出版社 2008 年版。

［75］谭景春：《名形词类转变的语义基础及相关问题》，《中国语文》1998 年第 5 期。

［76］汪榕培、卢晓娟：《英语词汇学教程》，上海外语教育出版社 1997 年版。

［77］王冬梅：《动名互转的认知研究》，博士学位论文，中国社会科学院研究生院，2001 年。

［78］王冬梅：《动词转指名词的类型及相关解释》，《汉语学习》2004 年第 8 期。

［79］王吉辉：《现代汉语缩略词语研究》，天津人民出版社 2001 年版。

［80］王吉辉、焦妮娜：《汉语缩略语规范原则（草案）》，《术语标准化与信息技术》2009 年第 1 期。

［81］王立廷等：《缩略语》，新华出版社1998年版。

［82］王仁强：《现代汉语词类体系效度研究——以〈现代汉语词典〉（第5版）词类体系为例》，《外语教学与研究》2010年第5期。

［83］王仁强、陈和敏：《基于语料库的动词与构式关系研究——以sneeze及物动词用法的规约化为例》，《外语教学与研究》2014年第1期。

［84］王文斌、熊学亮：《认知突显与隐喻相似性》，《外国语》2008年第5期。

［85］王寅：《认知语言学》，上海外语教育出版社2007年版。

［86］王寅：《构式压制和词汇压制的互动及其转喻机制》，《外语教学与研究》2013年第5期。

［87］王正元：《概念整合理论及其应用研究》，高等教育出版社2009年版。

［88］维特根斯坦：《哲学研究》，韩林合译，商务印书馆1996年版。

［89］魏在江：《概念整合、语用推理与转喻认知》，《四川外语学院学报》2007年第1期。

［90］文旭：《词序的拟象性探索》，《外语学刊》2001年第3期。

［91］吴本和：《谈谈汉语中的缩略语》，《河南大学学报》1989年第5期。

［92］武占坤、王勤：《现代汉语词汇概要》，内蒙古人民出版社1983年版。

［93］筱文：《现代汉语词语的缩简》，《中国语文》1959年第3期。

［94］邢福义：《"很淑女"之类说法语言文化背景的思考》，《语言研究》1997年第2期。

［95］徐丽华：《试论新缩略语》，《浙江师范大学学报》1994年第5期。

［96］徐通锵：《语言论》，东北师范大学出版社1997年版。

[97] 徐耀民：《缩略语的划界和规范问题》，《语文建设》1988年第3期。

[98] 严辰松：《语言理据探究》，《解放军外国语学院学报》2000年第6期。

[99] 杨奕鸣：《语言的理论假设与神经基础——以当前汉语的若干神经语言学研究为例》，《语言科学》2007年第2期。

[100] 杨奕鸣：《神经语言学与当代语言学的学术创新》，《中国语文》2012年第6期。

[101] 殷志平：《构造缩略语的方法和原则》，《语言教学与研究》1999年第2期。

[102] 俞理明：《汉语缩略研究——缩略：语言符号的再符号化》，巴蜀书社2005年版。

[103] 袁毓林：《汉语词类的认知研究和模糊划分》，上海教育出版社2010年版。

[104] 张斌：《现代汉语》，语文出版社2000年版。

[105] 张伯江：《词类活用的功能解释》，《中国语文》1994年第5期。

[106] 张辉编：《认知语义学研究》，上海外语教育出版社2011年版。

[107] 张辉、李佐文：《从"red pencils"和"fake guns"谈起：形名组合的认知语义学研究》，《外语研究》2001年第2期。

[108] 张辉、卢卫中：《认知转喻》，上海外语教育出版社2010年版。

[109] 张辉、孙明智：《转喻的本质、分类和运作机制》，《外语与外语教学》2005年第3期。

[110] 张玲：《象似语序与突显语序互动研究》，博士学位论文，华东师范大学，2010年。

[111] 张建理：《英汉多义词异同研讨：以"脸、面"为例》，《外国语》2003年第4期。

[112] 张建理：《汉语"心"的多义网络：转喻与隐喻》，《修辞

学习》2005年第1期。

[113] 张建理：《说"裸"》，《杭州师范大学学报》（社会科学版）2009年第5期。

[114] 张维友：《英汉语词汇对比研究》，上海外语教育出版社2010年版。

[115] 张谊生：《名词的语义基础及功能转化与副词修饰名词》，《语言教学与研究》1996年第4期。

[116] 张谊生：《名词的语义基础及功能转化与副词修饰名词》（续），《语言教学与研究》1997年第1期。

[117] 张治国、杨玲：《缩略语成因之探究》，《山东外语教学》2003年第2期。

[118] 赵宏：《英汉词汇理据对比性研究》，博士学位论文，华东师范大学，2011年。

[119] 赵艳芳：《认知语言学概论》，上海外语教育出版社2001年版。

[120] 赵元任：《语言问题》，商务印书馆2003年版。

[121] 周国光：《现代汉语词汇学导论》，广东高等教育出版社2004年版。

[122] 周荐：《缩略词和缩略语》，载南开大学中文系编《语言研究论丛》（第五辑），南开大学出版社1988年版。

[123] 周明强：《词汇歧义消解的认知解析》，《语言教学与研究》2011年第1期。

[124] 周起凤：《简称和缩略语初探》，《语文知识》1957年第6期。

[125] 周启强、白解红：《英语拼缀构词的认知机制》，《外语教学与研究》2006年第3期。

[126] 周治金：《汉语歧义消解过程的研究》，华中师范大学出版社2002年版。

[127] 周治金等：《汉语同音歧义词歧义消解的过程及其抑制机制》，《心理学报》2003年第1期。

[128] 朱德熙:《语法讲义》,商务印书馆1982年版。

[129] 朱德熙:《自指和转指》,《方言》1983年第1期。

[130] Alac, M. & S. Coulson, "The man, the key, or the car: who or what is parked out back?" *Cognitive Science Online*, No. 2, 2004.

[131] Bache, C., "Constraining conceptual integration theory: Levels of blending and disintegration", *Journal of Pragmatics*, No. 37, 2005.

[132] Benczes, R., "Blending and creativity", In Handl, Sandra. & Hans-Jörg Schmid (eds.). *Windows to the Mind: Metaphor, Metonymy and Conceptual Blending*, Berlin/New York: Walter de Gruyter, 2011.

[133] Barcelona A., "On the plausibility of claiming a metonymic motivation for conceptual metaphor", In A. Barcelona (ed.). *Metaphor and Metonymy at the Crossroads: A Cognitive Perspective*, Berlin: Moulton De Gruyter, 2000.

[134] Barcelona A., "Clarifiying and applying the notions of metaphor and metonymy within cognitive linguistics: An update", In R. Dirven & R. Pörings (ed.). *Metaphor and Metonymy in Comparison and Contrast*, Berlin/New York: Moulton De Gruyter, 2003.

[135] Bauer, L., *English Word Formation*, Cambridge: Cambridge University Press, 1983.

[136] Bybee, J., "From usage to grammar: The mind's response to repetition", *Language*, No. 82, 2006.

[137] Cannon, G., *A History of the English Language*, New York: Harcourt Brace Jovanovich, 1972.

[138] Cannon, G., "Blends in English word-formation", *Linguistics*, No. 24, 1986.

[139] Caramazza A., A. Laudanna, C. Romani, "Lexical access and inflectional morphology", *Cognition*, No. 28, 1988.

[140] Carroll, D. W., *Psychology of Language*. Beijing: Foreign Language Teaching and Research Press, 2000.

[141] Carston, R., "Implicature, explicature, and truth-theoretic semantics", In R. M. Kempson (ed.). *The Interface Between Language and Reality*, Cambridge: CUP, 1988.

[142] Chang, J.-S., and Y.-T. Lai, "A preliminary study on probabilistic models for Chinese abbreviations", In *Proceedings of the 3rd SIGHAN Workshop on Chinese Language Processing*, Barcelona, Spain, 2004.

[143] Chen, S. & E. Bates, "The dissociation between nouns and verbs in Broca's and Wernicke's aphasia: findings from Chinese", *Aphasiology*, No. 12, 1998.

[144] Collins, A. & E. Loftus, "A spreading-activation theory of semantic processing", *Psychological Review*, Vol. 82, No. 6, 1975.

[145] Coulson, S., *Semantic Leaps: Frame-Shifting and Conceptual Blending in Meaning Construction*, New York: Cambridge University Press, 2001.

[146] Coulson, S. & T. Oakley, "Blending basics", *Cognitive Linguistics*, No. 3, 2000.

[147] Coulson, S. & T. Oakley, "Metonymy and conceptual blending", In Klaus-Uwe Panther & Linda L. Thonrburg (eds.). *Metonymy and Pragmatic Inferencing*, Amstedram: John Benjamins Publishing Company, 2003.

[148] Coulson, S. & G. Fauconnier, "Fake guns and stone lions: conceptual blendings and privative adjectives", In B. A. Fox, D. Jurafsky and L. Michaelis (eds.). *Cognition and Function in Language*, Stanford, California: Publications of the CSLI, 1999.

[149] Coulson, S. &T. Oakley, "Blending and coded meaning: Literal and figurative meaning in cognitive semantics", *Journal of Pragmatics*, No. 37, 2005.

[150] Croft, W., "The role of domains in the interpretation of metaphors and metonymies", *Cognitive Linguistics*, No. 4, 1993.

[151] Croft, W. & A. Cruse, *Cognitive Linguistics*, Cambridge: Cambridge University Press, 2004.

[152] Cummings, L., *Pragmatics: A Multi - Disciplinary Perspective*, Edinburgh: Edinburg University Press, 2005.

[153] Deane, P. D., "Polysemy and cognition", Lingua, No. 75, 1988.

[154] Dirven, R. & M. Verspoor, *Cognitive Exploration of Language and Linguistics*, Amsterdam: John Benjamins, 1998.

[155] Dirven, R., "Conversion as a conceptual metonymy of event schemata", In Panther and G. Radden (eds.). *Metonymy in Language and Thought*, Amsterdam: John Benjamins, 1999.

[156] Downing, P., "On the creation and use of English compound nouns", *Language*, No. 53, 1977.

[157] Evans, V. & M. Green, *Cognitive Linguistics: An Introduction*, London/New York: Routledge, 2006.

[158] Evans, V., "Figurative language understanding in LCCM Theory", *Cognitive Linguistics*, Vol. 21, No. 4, 2010.

[159] Fauconnier, G., *Mental Spaces*, New York: Cambridge University Press, 1994.

[160] Fauconnier, G., *Mappings in Thought and Language*, Cambridge: Cambridge University Press, 1997.

[161] Fauconnier, G., "Methods and generalizations", In T. Janssen & G. Redeker (eds.). *Cognitive Linguistics: Foundations, Scope, and Methodology*, Berlin: Mouton de Gruyter, 1999.

[162] Fauconnier, G. & M. Turner, "Conceptual integration networks", *Cognitive Science*, Vol. 22, No. 2, 1998.

[163] Fauconnier, G. & M. Turner, "Metonymy and conceptual integration", In Panther and G. Radden (eds.). *Metonymy in Language*

and Thought, Amsterdam: John Benjamins. 1999.

[164] Fauconnier, G. & M. Turner, "Compression and global insight", *Cognitive Linguistics*, No. 3, 2000.

[165] Fauconnier, G. & M. Turner, *The Way We Think*, New York: Basic Books, 2002.

[166] Frege, G., "On sense and reference", In P. Geach & M. Black (eds.), *Translations from the Writings of Gottlob Frege*, 2nd ed., Oxford: Blackwell, 1966.

[167] Giora, R., "Understanding figurative and literal language: The graded salience hypothesis", *Cognitive Linguistics*, No. 3, 1997.

[168] Givón, T., Syntax: *A Functional-Typological Introduction*, Vol Ⅱ. Amsterdam & Philadelphia: John Benjamins, 1990.

[169] Givón, T., "Irrealis and the subjunctive", *Studies in Language*, Vol. 18, No. 2, 1994.

[170] Goossens, L., "Metaphtonymy: the interaction of metaphor and metonymy in expressions for linguistic actions", *Cognitive Linguistics*, No. 3, 1990.

[171] Gries, S., "Cognitive determinants of subtractive word formation: A corpus-based perspective", *Cognitive Linguistics*, No. 4, 2006.

[172] Guohong Fu et al., "A Hybrid Approach to Chinese Abbreviation Expansion", In Y. Matsumoto et al. (Eds.): *Computer Processing of Oriental Languages*, Berlin Heidelberg: Springer-Verlag, 2006.

[173] Haiman, J., "Dictionaries and encyclopedias", *Lingua*, No. 50, 1980.

[174] Haiman, J., *Natural Syntax: Iconicity and Erosion*, Cambridge: Cambridge University Press, 1985.

[175] Handl, S., "Salience and the conventionality of metonymies", In Handl, S. & Hans-Jörg Schmid (eds.). *Windows to the Mind: Metaphor, Metonymy and Conceptual Blending*, Berlin/New York: Walter de Gruyter, 2011.

[176] Heine, B., U. Claudi, F. Hünnemeyer, *Grammaticalization*: *A Conceptual Framework*, Chicago: University of Chicago Press, 1991.

[177] Jespersen, O., *Langugage*: *Its Nature, Development and Origin*, London: George Allen & Unwin Ltd., 1922.

[178] Lakoff, G., "The contemporary theory of metaphor", In Ortony (ed.). *Metaphor and Thought*, Cambridge: Cambridge University Press, 1993.

[179] Lakoff, G. *Women, Fire, and Dangerous Things*: *What Categories Reveal about the Mind*, Chicago and London: The University of Chicago Press, 1987.

[180] Lakoff, G., "Cognitive linguistics: What it means and where it is going", *Journal of Foreign Languages*, No. 2, 2005.

[181] Lakoff, G. & M. Johnson, *Metaphors We Live by*, Chicago: The University of Chicago Press, 1980.

[182] Lakoff, G. & M. Johnson, *Philosophy in the Flesh*, New York: Basic Books, 1999.

[183] Lakoff, G. & M. Turner, *More Than Cool Reason*: *A Field of Guide to Poetic Metaphor*, Chicago and London: The University of Chicago Press, 1989.

[184] Langacker, R. W., *Foundations of Cognitive Grammar Vol. I*: *Theoretical Prerequisites*, Stanford: Stanford University Press, 1987.

[185] Langacker, R. W., *Foundations of Cognitive Grammar, Vol. II Descriptive Applications*, Stanford: Stanford University Press, 1991.

[186] Langacker, R. W., "Reference-point constructions", *Cognitive Linguistics*, No. 4, 1993.

[187] Langacker, R. W., *Grammar and Conceptualization*, Berlin/New York: Mouton de Gruyter, 1999.

[188] Langacker, R. W., "Metonymy in grammar", *Journal of Foreign Languages*, No. 6, 2004.

[189] Langacker, R. W., "Construction grammars: Cognitive,

radical, and less so", In F. J. Ruiz de Mendoza Ibáñez and M. S. Cervel (eds.). *Cogntive Linguistics: Internal Dynamics and Interdisciplinary Interaction*, Berlin: Mouton de Gruyter, 2005.

[190] Lehere, A. "Identifying and interpreting blends: An experimental approach", *Cognitive Linguistics*, No. 4, 1996.

[191] Libben, G., "Why study compound processing? An overview of the issues", In Libben G, & G. Jarema (eds.). *The Representation and Processing of Compound Words*, Oxford: Oxford University Press, 2006.

[192] Lyons, J., *Linguistic Semantics: An Introduction.* Cambridge: Cambridge University Press, 1995.

[193] Matlin, M., *Cognition*, New York: CBS College Publishing, 1983.

[194] Peirsman, Y. & D. Geeraerts, "Metonymy as a prototypical category", *Cognitive Linguistics*, Vol. 17, No. 3, 2006.

[195] Panther, K. - U. & L. Thornburg, "Inference in the construction of meaning: The role of conceptual metonymy", In Gorska, E. & G. Radden (eds.). *Metonymy-Metaphor Collage*, Warsaw: Warsaw University Press, 2005.

[196] Plag, I., *Word Formation in English*, Cambridge: Cambridge University Press, 2003.

[197] Preissl, H. et al., "Evoked potentials distinguish between nouns and verbs", *Neuroscience Letters*, No. 197, 1995.

[198] Radden, G., "How metonymies are metaphors", In A. Barcelona (ed.) *Metaphor and Metonymy at the Crossroads*, Berlin and New York: Mouton de Gruyter, 2000.

[199] Radden, G., "How metonymies are metaphors", In R. Dirven & R. Pörings (ed.). *Metaphor and Metonymy in Comparison and Contrast*, Berlin/New York: Moulton De Gruyter, 2003.

[200] Radden, G. & Z. Kövecses, "Towards a theory of metonymy", In Panther, K-U. & G. Radden (ed.), *Metonymy in Lan-*

guage and Thought, Amsterdam / Philadelphia: Benjamins, 1999.

[201] Rosch, E. H., "Cognitive reference points", *Cognitive Psychology*, Vol. 7, No. 4, 1975.

[202] Saeed, J., *Semantics*, Oxford: Blackwell, 1997.

[203] Schmid, H., "Conceptual blending, relevance and N+N-compounds", In Handl, S. &H. Schmid (eds.), *Windows to the Mind: Metaphor, Metonymy and Conceptual Blending*, Berlin/New York: Walter de Gruyter, 2011.

[204] Simpson G. B. & H. Kang, "Inhibitory processing in the recognition of homograph meaning", In Dagenbach, D. (ed.), *Inhibitory Processes in Attention, Memory, and Language*, Walham: Academic Press, 1994.

[205] Sweetser, E., *From Etymology to Pragmatics—Metaphorical and Cultural Aspects of Semantic Structure*, Cambridge: Cambridge University Press, 1990.

[206] Tabakowska, E., "Linguistic expression of perceptual relationships: iconicity as a principle of text organization", In Nänny, O. & M. Fischer (eds.), *Form Mining Meaning*, Amsterdam/Philadelphia: John Benjamins Publishing, 1999.

[207] Talmy, L., *Toward a Cognitive Semantics*, Vol. I: Concept Structure Systems, Cambridge, MA.: The MIT Press, 2000.

[208] Taylor, J. R., Linguistic Categorization: Prototypes in Linguistic Theory, Oxford: Clarendon Press, 1995.

[209] Taylor, J. R., *Cognitive Grammar*, Oxford / New York: Oxford University Press, 2002.

[210] Turner, M., *Reading Minds: The Study of English in the Age of Cognitive Science*, Princeton: Princeton University Press, 1991.

[211] Turner, M., *The Literary Mind*, Oxford: Oxford University Press, 1996.

[212] Warren, B., "Aspects of referential metonymy", In

K. U. Panther & G. Radden (eds.), *Metonymy in Language and Thought*, Amsterdam: John Benjamins, 1999.

[213] Werner, H. & B. Kaplan, *Symbol - Formation: An Organismic - Development Approach to Language and the Expression of Thought*, NewYork/London/Sidney: Wiley, 1963.

[214] Wierzbicka, A., *The Semantics of Grammar*, Amsterdam: John Benjamins, 1988.

[215] Yaning Nie & Rongchen, "Water metaphors and metonymies in Chinese", *Pragmatics & Cognition*, Vol. 16, No. 3, 2008.

[216] Zhuo Jing-Schmidt, "Much mouth much tongue: Chinese metonymies and metaphors of verbal behaviour", *Cognitive Linguistics*, Vol. 19, No. 2, 2008.

[217] Zipf, G. K., *Human The Psycho - Biology of Language: An Introduction to Dynamic Philology*, London/New York: Routledge, 1999.

[218] Zipf, G. K., *Human Behavior and the Principle of Least Effort: An Introduction to Human Ecology*, Cambridge, Mass: Addison - Wesley Press, INC., 1949.

后　　记

　　拙著《现代汉语缩略语的认知研究》即将付梓，心情倒出乎意料的平静。或许正应了"回首向来萧瑟处，归去，也无风雨也无晴"。

　　在繁重的教学任务和琐碎的日常事务中时间似乎永远不够用，留给科研的时间支离破碎，但科研又如同悬于头顶的达摩克利斯之剑，让人神经始终紧绷。这本小书的出版，也算是对自己一直以来孜孜以求的一点慰藉。读博时经历过"昨夜西风凋碧树，独上高楼，望尽天涯路"的怅惘；而今正品味着"衣带渐宽终不悔，为伊消得人憔悴"识尽愁滋味的欲说还休；但愿能早日步入"众里寻他千百度，蓦然回首，那人却在，灯火阑珊处"的坦然。

　　我的求学之路规划得不太合理，本科毕业六年后才幡然醒悟去读研，而硕士毕业五年后才顿悟去读博。专著的完稿离不开导师白解红教授的悉心指导。感谢白老师一直以来给予我学习和人生上的指引。犹记入学伊始，白老师谆谆教导我们要谨记"做人、读书、写文章"，这些年来我谨遵导师教诲，踏踏实实做人，勤勤恳恳读书，认认真真写文章。白老师严谨务实的治学作风和与人为善的处世之道值得我一生去学习。白老师经常鼓励我们多参加学术会议，多听专家讲座，多阅读名家论著、权威期刊，所有这一切都让我获益良多，感谢白老师培养我良好的科研习惯。

　　感谢湖南大学刘正光教授、国防科技大学梁晓波教授，以及湖南师范大学邓云华教授、秦裕祥教授、廖光蓉教授在专著写作过程中提出的宝贵意见，正是有了这些老师们的悉心指导，专著才得以顺利完成。

　　感谢上海外国语大学束定芳教授和华中师范大学张维友教授提出

的中肯修改意见。束老师是认知语言学方面的专家，张老师是词汇学方向的专家，感谢他们精彩纷呈的讲座和论著一直以来给予我专著写作的巨大帮助。感谢南京师范大学张辉教授在专著写作过程中给予的宝贵建议，张老师的《熟语及其理解的认知语义学研究》以及《认知转喻》给了我从认知语言学角度进行汉语本体研究的莫大启发。

感谢北京外国语大学王文斌教授、南京大学陈新仁教授、浙江大学张建理教授、四川外国语大学王寅教授，他们等身的著作、开阔的学术视野、严谨务实的作风、笔耕不辍的坚持让我受益匪浅，也极大地感染和鼓舞了我。

感谢我的硕士生导师唐燕玲教授，唐老师是我从事语言学研究的领路人，正是有了她的培养，才使我对略显枯燥的语言学有了兴趣，奠定了从事语言学研究的基础。也正是有了她的鼓励，我才有继续攻读博士的勇气。

感谢本书所引用文献的作者，正是他们的创造性成果开阔了我的视野，启迪了我的思维，奠定了专著写作的坚实基础。

感谢江西师范大学外国语学院院长李勇忠教授和科研副院长李玉英教授在专著出版和日常工作中给予的关心和帮助。李勇忠院长在概念转喻的研究上卓有建树，著述颇丰，让我受益良多。此外，在课题申报和日常的教学过程中李院长也给予了我极大的帮助和支持，感谢他一直以来的信任和无私的帮助。

谨向所有为此书出版给予帮助和支持的中国社会科学出版社领导和责任编辑李庆红老师致以最诚挚的谢意。李庆红编辑字斟句酌的认真态度令我感动，她的修改润色也使本书增色不少，感谢她的辛勤付出。

感谢父母亲一直以来的理解、支持与帮助；感谢妻子娟萍默默的付出和一路的相扶相持；感谢聪明懂事的儿子昊喆带给我的无尽欢乐。

南宋词人蒋捷曾以绝美的字句"壮年听雨客舟中，江阔云低，断雁叫西风"来形容中年。台湾作家董桥则将中年比作"下午茶"，认为"中年这顿下午茶是搅一杯往事、切一块乡愁、榨几滴希望的下午"。我不那么悲观,"下午茶之后是正餐",希望能尽快迎来自己学术生涯的"正餐"。

　　人的一生,命运与选择息息相关,选择教师,意味着选择清贫和奉献,意味着付出不一定都有回报。正如罗伯特·弗罗斯特诗中所言:"一片树林里分出两条路/而我却选择了人迹更少的一条/从此决定了我一生的道路"。但塞缪尔·乌尔曼在《青春》中告诫我们"岁月悠悠,衰微只及肌肤;热忱抛却,颓废必至灵魂"。我将遵从自己的内心,横而不流,在学术研究的道路上砥砺前行。

　　求知若饥,谦逊若愚,我将以此自勉,是为记。

蒋向勇

于江西师范大学外国语学院

2017 年 5 月 6 日